Edith Stein
diálogo judaico-cristão

Luís Carlos de Carvalho Silva

Edith Stein

diálogo judaico-cristão

EDITORA
IDEIAS&
LETRAS

Direção Editorial

Edvaldo M. Araújo

Preparação e Revisão

Maria Ferreira da Conceição
Thalita de Paula

Diagramação

Airton Felix Silva Souza

Capa

Bruno Olivotto

1ª impressão

EDITORA IDEIAS & LETRAS

Avenida São Gabriel , 495
Conjunto 42 - 4º andar
Jardim Paulista – São Paulo/SP
Cep: 01435-001
Editorial: (11) 3862-4831
Televendas: 0800 777 6004
vendas@ideiaseletras.com.br
www.ideiaseletras.com.br

Dados Internacionais de Catalogação na Publicação (CIP) de acordo com o ISBD

C331e Edith Stein diálogo judaico-cristão / Luís Carlos de Carvalho Silva. - São Paulo : Ideias & Letras, 2021.
272 p. ; 16cm x 23cm.

Inclui bibliografia e anexo.
ISBN: 978-65-87295-16-9

1. Filosofia. 2. Diálogo judaico-cristão. I. Título.

2021- 2506 CDD 100
CDU 1

Elaborado por Vagner Rodolfo da Silva - CRB-8/9410

Índices para catálogo sistemático:
1. Filosofia 100
2. Filosofia 1

Luís Carlos de Carvalho Silva é Doutor em Teologia Sistemática pela Pontifícia Universidade Católica do Rio de Janeiro; Mestre em Ciência da Religião pela Universidade Federal de Juiz de Fora; Pós-graduado em Teologia Pastoral pela Pontifícia Universidade Católica de Minas Gerais; Bacharel em Teologia pelo Centro de Estudos Superiores da Companhia de Jesus (atualmente FAJE) e licenciado em Filosofia pela UFJF.

Também é autor de *Edith Stein – João da Cruz: Teologia e Sociedade*.

Sumário

Apresentação

Esta obra analisa a vida de Edith Stein, demonstrando que ela é precursora na vivência dialogal entre judeus e cristãos. A base para essa edificação se encontra em suas obras, especialmente em *Sobre o problema da empatia (Einfühlung)*, além de sua própria vida, enquanto pessoa aberta às diversas questões humanas.

Os escritos de Edith Stein inspiram a apreensão do universo do outro, por meio da empatia, como caminho fraterno de união entre os seres humanos. A manifestação desse processo se verifica na biografia da autora, cujo itinerário demonstra que ela encarnou a empatia, relacionando-se com pessoas de diversas crenças em profundo respeito e harmonia.

Em Edith Stein se contempla a síntese da pessoa humana, com seus ideais, conflitos, busca pelo sagrado, relações intersubjetivas de todas as formas, bem como a militância pela justiça social. Apesar de rejeitada e humilhada pelo fato de ser mulher, judia e cristã, e ter sua vida exterminada em Auschwitz, ela triunfa. O seu legado polissêmico, principalmente a sua contribuição antropológica, está sendo redescoberto e propagado não só no meio católico, mas também no universo intelectual, o que influencia diretamente a convivência social.

Prefácio

Polissêmica é a vida e a obra de Edith Stein: nasceu em Breslau como filha de comerciantes judeus piedosos (1891), estudante de letras, de história e de psicologia na Universidade de Breslau e enfermeira da Cruz Vermelha alemã na Morávia (1909-1911), estudante de psicologia e de filosofia na Universidade de Gotinga, onde se encontra com Edmund Husserl (1912-1916), autora da tese "Zum Problema der Einfühlung", publicada no *Jahrbuch für Philosophie und Phänomenologie Forschung* (1917), professora assistente de Edmund Husserl na Universidade de Freiburg-im-Breigau (1917-1919), militante política no partido Deustshe Demokratische Partei (1918), pesquisadora e escritora de obras filosóficas e teológicas, de ensaios antropológicos, sócio-políticos e espirituais (1925-1931), conferencista nos maiores centros intelectuais europeus (1931-1932), monja carmelita em Colônia (1933), prisioneira política, deportada e mártir em Auschwitz-Birkenau (1942).

Dois aspectos nesta polissemia existencial são de grande relevância: "judia de nascimento e cristã por amor". Nesta última frase tão misteriosa e concisa se encontra o objeto deste novo livro de Luís Carlos, onde nos apresenta a grande autora como profeta e precursora do diálogo judaico-cristão, inaugurado oficialmente na Igreja Católica Romana, pelo Concílio Vaticano II, com uma cornucópia de documentos elencados, analisados exaustiva e criticamente, na terceira parte do livro.

Neste livro a vida e a obra de Edith Stein convergem com a primeira tese da filósofa, "Zum Problem der Einfühlung". É a partir da "empatia" que o projeto do autor se delineia e se delimita em três grandes momentos sociológicos (fenomenológico, psicossociológico e teológico), monograficamente desenvolvidos em três grandes capítulos, utilizando a melhor e mais atual bibliografia para as três áreas de conhecimento. Através de um único conceito, antropológico, sociológico e teológico, Edith Stein se revela como judia e cristã sem minimizar, sem "mascarar" os valores eternos das duas tradições religiosas, como "ponte viva" entre o judaísmo e o cristianismo vivenciados de modo constante e consentâneo. Sob o critério de "santidade", atestando o *sensus fidelium* cunhado por Vicente de Lérins, "*semel, semper et ubique*", Soror Theresia-Benedicta a Cruce foi catolicamente canonizada pelo Papa João Paulo II em Roma (1998); o governo alemão e o mundo estavam presentes na Basílica de São Pedro. Como um "midrash vivo", como hermeneuta viva do judaísmo, ela jamais o abjurou e o abdicou, morreu em Auschwitz, em absoluta coerência e consonância com a "Shoah", inserindo-se plena e conscientemente entre as vítimas do Holocausto, morrendo por e com seu povo, sofrendo inteira e perfeitamente o trágico destino dos judeus na história. Acho que ninguém pode desconsiderar este fato plenamente consciente em Edith, sobretudo em sua correspondência e na carta que escreve ao Papa, suplicando sua interferência por seu povo, a qual lhe é entregue em mãos por seu Diretor Espiritual, o Arquiabade de Beuron, Dom Raphael Walzer.

Luís Carlos nos faz ver como os valores indeléveis do judaísmo e do cristianismo foram continuamente preservados na grande obra da autora, nunca cometendo "inclusivismos reducionistas", nunca se referindo ao judaísmo como trampolim para o cristianismo, jamais minimizando ou inferiorizando a tradição judaica em uma escala, onde só é vista de modo virtual, ou seja, em relação à outra, a cristã, portanto irreal, sem consistência. Não foi esta a "tipologia" implementada por tantos autores, alguns célebres, cristãos? Mas Edith Stein se faz diferente. Do lado judaico, só se compara ao grande pensador Franz Rosenzweig em seu *opus summum* "Der Stern der Erlösung", onde o cristianismo é visto também como tradição própria; possuindo características do judaísmo (Deus é uma relação de identidade, de alteridade e de amor), para Rosenzweig as duas tradições não se misturam nem se excluem. Dois enormes nomes, dois grandes pensadores, duas grandes obras envolvendo as duas tradições, conscientes de que as duas identidades podem perfeitamente conviver na história, sem a perda de suas autonomias.

Edith Stein nunca interpretou as Festas Litúrgicas judaicas e como as vivenciou na Breslau de sua infância e adolescência, em família, e na célebre Sinagoga da cidade multicultural polonesa. Sob a ótica cristã, nunca "cristologizou" os salmos, nunca foi negacionista de uma marca indelével que recebeu ao nascer. É verdade que assumiu o batismo cristão inserindo-se na Igreja Católica Romana, em 1922, e ingressando no Carmelo de Colônia para ser monja, em 1933, recebendo um nome monástico: Sra. Theresia-Benedicta a Cruce. Pois este novo nome foi seu mote a partir de então, até seu último momento de vida em Auschwitz. "Teresa abençoada pela Cruz" é uma maneira de lê-lo, sem dúvida muito consciente para Edith. Como beneditina de coração, frequentadora da Arquiabadia de Beuron, espiritualmente dirigida pelo grande Arquiabade Raphael Walzer, conhecia muito bem o *Segundo Livro dos Diálogos de Gregório Magno*, onde sobre São Bento se diz "*benedictus nomine et vita*", "um monge abençoado pelo nome e pela vida".

Pois bem; Edith, parafraseando Gregório e Bento, queria ser abençoada pela Cruz. Fixou-se na Cruz de Jesus que nasceu e morreu judeu, não na Páscoa, esta, só judaica. Valorizando a Páscoa judaica e a Cruz de Jesus em um binarismo paralelo, a ponto de lhe dedicar uma de suas últimas obras teológicas, "kreuzeswissenchaft" (1941) assumia Edith, até através de seu nome e mote monástico, as duas tradições, aquela na qual nasceu e a outra adotada por amor.

Eis a estrutura do livro do Dr. Luís Carlos de Carvalho Silva, ora entregue ao leitor, delineando em uma síntese orgânica e única, perfeita, contundente e convincente as percepções proféticas da "Rainha Ester" dos nossos dias.

Sob minha intuição de teólogo, aí se encontra, fenomenologicamente, para usar a língua filosófica de Edith, o "retrato do retrato" de Edith Stein, autêntico, verdadeiro, perfeito, inserido tanto no judaísmo quanto no cristianismo, "sem mistura e sem confusão, sem divisão e sem separação". Uma única e mesma EDITH STEIN, por analogia ao único e mesmo Jesus da Confissão de Calcedônia (451), não em duas naturezas, mas em duas tradições, entre o KIPUR e a CRUZ.

Parabéns ao Dr. Luís Carlos de Carvalho Silva pelo "retrato" ímpar de Edith Stein com o qual nos brinda. Desejo muito sucesso para seu livro.

Antonio Henrique Campolina Martins
Professor Titular da UFJF

Introdução

As tradições religiosas judaica e cristã afirmam que, através dos séculos, o Eterno, em sua benignidade, sempre está em sintonia com o ser humano, e, respeitando a liberdade individual de cada um, procura despertar no coração humano o amor por si e por suas criaturas. Na Santa Escritura, os autores bíblicos humanizam a Deus apresentando-O como um ser necessitado de amor, a ponto desse amor se transformar em mandamento, conforme ensina a tradicional oração judaica, *Shemá Yisrael:* "Amarás a Iahweh teu Deus com todo o teu coração, com toda a tua alma e com toda a tua força" (Dt. 6: 5). Por meio da revelação divina, Deus se manifesta à humanidade propondo uma Aliança de amor. O convite se dá pelo fenômeno dialogal, que transcende fronteiras, culturas e religiões. No início do século XXI, constata-se que Ele continua a interpelar o ser humano para a vivência da Aliança, e a confirmação desse desejo divino se dá pela empatia, através da qual Deus apreende o que se passa na vida das pessoas, sentindo com elas o encanto pela existência e, também, padecendo de suas dores.

A cultura ocidental foi plasmada a partir da influência judaico-cristã, que prima pela liberdade individual. Esta brota da lição bíblica, na qual Deus cria o ser humano livre e o convida para aderir à construção de seu Reino na terra, por meio da Primeira Aliança com o Povo de Israel e a Segunda Aliança em Jesus Cristo. O povo judeu é o guardião da Aliança e o povo cristão recebeu o dom de suscitar nas pessoas o desejo de aderir à Aliança na vivência do amor.

No período histórico em que viveu Edith Stein (1891-1942), muitas pessoas haviam dito não à proposta divina, rompendo qualquer vinculação com um Ser Superior e, consequentemente, negligenciando o relacionamento interpessoal, o que – numa leitura espiritual – desencadeou a Primeira Guerra Mundial e demais crises que levaram ao conflito da Segunda Grande Guerra. A forte secularização da Alemanha no início do século XX influenciou a vivência social e religiosa de Edith Stein, e já na adolescência o seu sentimento religioso foi se diluindo até assumir um ateísmo, que se estendeu até os seus trinta anos.

Imbuída da ética judaica, a "filha de Israel" inicia sua trajetória universitária em busca de uma "Verdade" que viesse responder aos seus anseios mais profundos. Em meio aos seus estudos filosóficos, Edith Stein se depara com o paradoxo entre a idolatria da razão e a patologização dos sentimentos no campo intelectual, por isso, em sua tese doutoral, desenvolve o tema da empatia como base para uma vivência intersubjetiva que valoriza a racionalização, assim como os sentimentos, para uma integração equilibrada da pessoa no seio social.

Ao criar o ser humano à sua imagem e semelhança, o Eterno lhe autocomunica a empatia, a fim de que as pessoas encontrem a felicidade na convivência fraterna, por meio da relação interpessoal. Infelizmente, o solipsismo atravanca a alma humana, e muitos na sociedade acabam se divorciando, pondo fim à Aliança com o Divino e com as suas criaturas. No decorrer da história, o resultado tem sido lastimável, pois as pessoas, as culturas e as religiões vêm se estranhando de forma devastadora.

O atual contexto pós-moderno e relativista tem gerado um indiferentismo religioso muito grande na sociedade e, ao mesmo tempo, despertado muitos questionamentos entre as pessoas que, à semelhança de Edith Stein, se sentem instigadas a desvendar o mistério que sonda a humanidade e a transcende. Nesse sentido, este trabalho demonstra que, por meio do fenômeno da empatia, é possível a promoção do diálogo com as pessoas de outras culturas e religiões. A pessoa de Edith Stein é apresentada como aquela que, encarnando a empatia, traça o caminho da convivência fraterna entre as pessoas e, ao mesmo tempo, a vivência em seu relacionamento entre judeus e cristãos. Com o intuito de constatar essa percepção, este trabalho está estruturado em três capítulos, cada um com suas subdivisões proporcionando uma visão delineada de cada enfoque.

O primeiro enfoque é o filosófico, e apresenta Edith Stein se encontrando com a filosofia fenomenológica de Edmund Husserl (1859-1938), que utiliza como principal método científico a observação das manifestações humanas, dentre elas o sentimento religioso com suas doutrinas e rituais. A intuição de Stein acerca da apreensão da experiência intersubjetiva, trabalhada em sua tese doutoral *Sobre o problema da empatia* (*Einfühlung*), apresenta esse fenômeno como constitutivo da subjetividade humana. Stein, por meio do método fenomenológico, demonstra que a vivência da experiência do outro, apreendida pelo processo empático, permite perceber, imediatamente, a presença do outro, reconhecendo-o através da intuição, como um outro-eu.

A "filha de Israel", ao escrever a sua tese, quis afirmar a importância da concepção realista da pessoa, argumentando que o "eu" nunca se apresenta na forma abstrata, mas como um ato de presença em qualquer lugar onde se encontra. Isso permite entender que no fenômeno religioso se dá o encontro que Edith Stein define como "de pessoa a pessoa", com o intuito de delinear a forma e o caráter desse encontro pessoal, isto é, o ser humano que vive de modo autêntico o encontro com Deus pode estabelecer com Ele uma relação de filiação e de fidelidade, e, para a filósofa, o ápice desse encontro e amor recíproco se dá na *Ciência da Cruz*.[1] O segundo enfoque exposto é o psicossociológico, porque apresenta Edith Stein vivendo o fenômeno religioso de forma singular, pela experiência mística que tem, e pela vivência empática da fé com o judaísmo e o cristianismo. À medida que foi despertada para a presença do Ser Superior em contato empático com as criaturas, a filósofa experimentou a influência da religião em sua vida, sob diversos ângulos: em sua história pessoal junto aos seus familiares, no contexto cultural e político em que a tradição religiosa judaica e cristã estavam imersas, e diante do regime idolátrico ao nazismo. O capítulo prossegue narrando a descoberta da "Verdade", que há tempos era almejada pela filósofa, e a constatação do processo empático entre ela e Teresa de Ávila, Jesus de Nazaré e João da Cruz, conclui narrando o martírio espiritual e real da "filha de Israel e da Igreja Romana" na *Shoah*.

O terceiro enfoque é o teológico e retrata a "filha da Igreja Romana", após sua adesão ao catolicismo, iniciar um processo de perscrutar o mistério

1 O livro *A Ciência da Cruz* (1942) é o último trabalho de Edith Stein, no qual ela trata da pessoa e da liberdade humana. A fenomenóloga e mística, ao tratar da alma, do eu, da liberdade, atinge o ponto máximo de sua concepção personalista.

de Israel na história da salvação. Percebe-se nesse processo que a sua intuição no *Einfühlung* está em comunhão com a proposta da Aliança, realizada entre o Eterno e o povo de Israel e estendida a toda a humanidade em Jesus Cristo. Isso porque a Aliança implica que o ser humano se solidarize com o seu próximo e, assim, santifique o Nome de Deus. A reflexão acerca da Aliança é o segundo tópico e centro desse terceiro enfoque, que traz no primeiro as raízes históricas e teológicas, bem como os documentos e declarações oficiais das autoridades judaicas e da Igreja Romana sobre a aproximação e o novo relacionamento estabelecido entre as duas tradições religiosas. Já o terceiro tópico apresenta e aprofunda a empatia de Edith Stein com o Povo de Israel, bem como as intuições dela presentes nas encíclicas dos Papa Pio XI (1857-1939) e João Paulo II (1920-2005).

Os enfoques filosófico, psicossociológico e teológico se unificam e encontram harmonia na vida empática e polissêmica de Edith Stein, que, como seus contemporâneos, vive a perplexidade de um tempo conflituoso, imersa no turbilhão de agitações que avassalou a Europa no período das duas Grandes Guerras. Stein dá testemunho, com sua vida e obra, da necessidade de se aniquilar os preconceitos sociais e religiosos e não a pessoa humana, como se deu nos conflitos mundiais, a fim de que o diálogo prevaleça e, assim, se promova o ser humano, devolvendo-lhe a dignidade de filho de Deus.

I. Enfoque filosófico

A empatia como ato constitutivo da intersubjetividade

A fenomenologia despontou, no início do século XX, como ciência capaz de atingir as verdades essenciais da vida. Edith Stein usa do método fenomenológico para entender a essência da alma e o sentido da existência, investigando as relações humanas e centralizando o seu interesse na forma como o ser humano, em sua singularidade, entra em contato com o mundo do outro. Na medida em que avança em suas pesquisas, Stein passa a utilizar o termo empatia para tratar do ato constitutivo da intersubjetividade.

No segundo tópico deste capítulo encontram-se as bases para a constituição da pessoa humana e, consequentemente, a sua vinculação a uma comunidade local, onde o "eu" se depara com o "outro". Desse encontro pode brotar o diálogo, fundamentado na empatia, expressa no conhecimento, na acolhida e na vivência das pessoas. Trata-se, portanto, de um momento privilegiado de apreensão e vivência da alteridade.

Em seguida, ao tratar da dimensão espiritual da alteridade, compreende-se que o ser humano é sustentado por uma espiritualidade. Essa é uma experiência do sujeito, que a vive em sua singularidade, mas ao mesmo tempo encontra ressonância em outros sujeitos, que espontaneamente partilham suas experiências, gestando uma comunidade que verbaliza o sentimento religioso através de ritos culturais.

O capítulo conclui-se com a demonstração de que é possível ao ser humano se empatizar com o mistério divino. A comunhão, empatia por excelência entre o ser humano e Deus, impulsiona a pessoa a cuidar e valorizar a vida humana e todo o universo que a envolve.

1. Fenomenologia

Edith Stein entra na Universidade de Breslau com o intuito de descobrir a verdade sobre a existência humana, calcada na concepção da alma como eixo da pessoa, acreditando que alcançaria respostas às suas questões por meio da psicologia experimental. Todavia, o resultado das suas investigações demonstra a ineficácia das ciências humanas da época, que tinham um fundamento puramente racional e estavam embrenhadas do método naturalista e puramente mecânico, fortemente influenciado pelas seguintes correntes: relativismo, empirismo, psicologismo e ceticismo, que apresentavam a alma como algo irracional e mitológico.

Em meio aos seus estudos universitários, Edith Stein tomou conhecimento do pensamento de Edmund Husserl (1859-1938), filósofo de origem judaica e grande propagador da Fenomenologia, termo criado para designar uma concepção da filosofia como essencialmente descritiva.[1] Um de seus principais objetivos era o de tornar a filosofia uma ciência rigorosa, princípio que defendeu numa das suas obras mais importantes: *Lógica Formal e Transcendental*, publicada em 1929. O método fenomenológico, partindo de teses filosóficas muito diferentes e tendo em mira intuitos diversos, contribuiu para romper com as correntes filosóficas do século XIX e construir a filosofia contemporânea. Esse método consiste principalmente na análise da essência do dado, do fenômeno, e passou a ser, sobretudo após a Segunda Guerra Mundial, o método filosófico mais espalhado, a par do método lógico-matemático. Na leitura da obra *Investigações Lógicas* (1910), Stein encontrou pela primeira vez

1 O fundador desse movimento é Franz Brentano (1838-1917), que foi influenciado pelo pensamento aristotélico-tomista, como é fácil verificar pelo seu objetivismo, alto apreço pela análise pormenorizada e lógica.

as respostas às suas questões sobre conceitos básicos, como a essência da alma e o sentido da existência.[2]

A jovem universitária viu em seus estudos filosóficos uma forma de buscar a verdade,[3] por isso afastou-se da psicologia, porque esta lhe parecia "sem alma", e começou a desbravar o caminho da filosofia. Inicialmente, se deparou com a forte influência do pensamento de René Descartes (1596-1650), que, procurando encontrar a origem de todo conhecimento e sua estruturação, conseguiu elaborar um dos maiores conceitos filosóficos, o *Cogito Cartesiano*, e, ao mesmo tempo, instituir o "sujeito" como patente dominante. Essa proposta filosófica induziu Stein a se submeter ao império do subjetivismo e da centralidade do eu; daí pode-se entender que num primeiro momento o estudo da filosofia a conduziu à descoberta da liberdade com toda a independência.

Todavia, ao iniciar-se no estudo do método fenomenológico, percebeu a importância de se abster de todos os preconceitos e se ater aos "detalhes dos objetos percebidos pelos sentidos, para melhor clarificar o conhecimento daquilo que se apresentava. Husserl afirmava que um mundo objetivo exterior só poderia ser experimentado intersubjetivamente, ou seja, através de uma pluralidade de indivíduos percebendo que se relacionam em uma troca mútua de informações. Ensinava ainda que para conhecer o ser humano é preciso perceber organismos existentes em tempo real e no espaço".[4] Esse postulado

---

2 A obra de Husserl é impressionante, quer pela sua profundidade, quer pela sua extensão. Quando morreu, deixou cerca de 45 mil páginas manuscritas que foram salvas pelo padre belga Van Breda: *Sobre o Conceito de Número* (1887); *Filosofia da Aritmética* (1891); *Investigações Lógicas* (1900, 1902); *A Filosofia como Ciência de Rigor* (1910); *Ideias para uma Fenomenologia Pura* e *Uma Filosofia Fenomenológica* (1913); *Meditações Cartesianas* (1931), *Crise das Ciências Europeias e Fenomenologia Transcendental* (1939). Entretanto, muito se perdeu na perseguição nazista.

3 MAIMÔNIDES, Môses. *O Guia dos perplexos: Parte 1*. São Paulo: Landy, 2004. A certeza de uma única verdade, independentemente do modo como a ela se aceda, foi a marca deixada pelo rabino Moisés Maimônides, o Rambam, na baixa Idade Média. Dentre suas obras se destaca o *Guia dos perplexos*, que é uma espécie de guia àqueles que têm dúvidas sobre a filosofia ou sobre a religião devido à aparente contradição entre ambas. Para Rambam, a filosofia é um elemento central dentro da própria religião, porque aprender a filosofia é uma tarefa religiosa e a filosofia pavimenta o caminho para Deus.

4 RICOEUR, P. *Na escola da fenomenologia: Análises e problemas em Ideen II de Husserl*. Petrópolis: Vozes, 2009, p. 107-108.

do fenomenólogo modifica o modo subjetivista de pensar de Edith Stein, possibilitando-lhe incluir o outro em suas reflexões. Desde então, busca uma compreensão profunda da intersubjetividade, que culminará em sua tese de doutorado *Sobre o problema da empatia*.

Em relação à verdade, a estudante aprende com Husserl que esta é "*a luminosa certeza*" daquilo que é ou não é. Com esse postulado distingue o conhecimento essencial apresentado pela ciência e pela simples opinião. O filósofo argumenta que – para ultrapassar o naturalismo e evitar os perigos do psicologismo – a partir do conhecimento da lei da gravidade universal, constata-se que esta é uma verdade absoluta, mesmo antes de ter sido descoberta e teorizada por Isaac Newton; assim também se dá com a verdade que existe por si mesma e não procede daquele que a conhece. Para Husserl, a verdade é necessária e se impõe a toda inteligência. Concebê-la de outro modo seria cair no relativismo e o relativismo equivale ao ceticismo.

A palavra grega φαινόμενον (fenomenalismo ou aparência) propaga que o conhecimento se baseia somente sobre causalidades momentâneas e efêmeras da realidade. Para a fenomenologia, um objeto é como o sujeito o percebe, e tudo tem que ser estudado tal como é para o sujeito e sem interferência de qualquer regra de observação. Para chegar a essa conclusão, Husserl analisa três vertentes que apresentavam as suas teorias sobre o conhecimento na relação entre sujeito e objeto: a primeira é a realista, que sustenta o primado do objeto em si mesmo, o qual é apreendido pelo intelecto, ou seja, o ser humano tem sensações, e estas são a base da certeza do conhecimento. Defendem essa teoria os empiristas John Locke (1632-1704) e David Hume (1711-1776).[5] A segunda é o idealismo, que dá primazia ao sujeito, afirmando que há uma correspondência de suas ideias com as coisas existentes. Nessa vertente se destaca René Descartes, que muito influenciou Husserl.[6] A terceira trata-se da reflexão do filósofo Emanuel Kant (1724-1804), que procurou superar o impasse redistribuindo as funções do conhecimento, deixando de privilegiar um ou outro.

5 ALES BELLO, Angela. *Fenomenologia e ciências humanas*. Bauru: Edusc, 2004, p. 35.

6 *Ibidem*, p. 30-35. A verdade, para Descartes, é apreendida pela razão, e a alma coincide com a atividade do pensamento, pois ela é uma substância racional.

Essa vertente configura o conhecimento como um trabalho conjunto entre apreensão sensível das coisas e o intelecto, que fornece uma estrutura formal para essa apreensão, resultando numa síntese dessas duas instâncias, que seria o conhecimento. O resultado mais importante vinculado a esta concepção do conhecimento, enquanto síntese desses elementos objetivos e subjetivos, é a concepção da relatividade do conhecimento. Sendo o conhecimento algo que ao menos estrutura-se por vias do sujeito, mecanismos lógicos presentes na mente, é claro que o conhecimento se estrutura de forma relativa ao sujeito, a isto Kant chamou de "fenômeno".

A noção de fenômeno promove a reconstrução da semelhança sujeito-objeto através de uma correlação, pois não existe objeto que não esteja comprometido com o sujeito que o conhece, ou que o representa. O fenômeno se dá a partir da percepção do sujeito que faz a experiência da realidade externa a si, mas essa vivência está submetida à estrutura humana de cada indivíduo, logo, demarcada por situações culturais e limitações intelectuais ou outras. Assim, tem-se de um lado o sujeito do conhecimento, que é uma consciência que apreende a realidade como ela se constitui formalmente. De outro lado está o objeto, que é apreendido pela consciência. A fenomenologia se dispõe a elucidar a essência dessa correlação. Husserl batizará com o nome de "noese" a atividade da consciência e com o nome de "noema" o objeto constituído por essa atividade. Entretanto, se a correlação sujeito-objeto só se dá na intuição originária da vivência de consciência, o estudo dessa correlação consistirá numa análise descritiva do campo da consciência, o que conduzirá Husserl a definir a fenomenologia como "a ciência descritiva das essências da consciência e de seus atos".[7]

Além das influências de Kant e Descartes, Husserl recebeu também a influência do psicólogo Franz Brentano (1838-1917), que afirmava a existência da dimensão humana da psique, que não é mensurável segundo as medidas da psicofísica. O pensamento de Brentano fez com que Husserl se desse conta da

---

7 DARTIGUES, André. *O que é fenomenologia*. Rio de Janeiro: Eldorado, 1973, p. 13-24. Aqui não se trata da psicologia descritiva de Brentano, pois a consciência contém muito mais que a si própria. Nela se percebe a essência daquilo que ela não é, o sentido mesmo do mundo em direção ao qual ela não cessa de se expandir.

existência intencional do objeto na consciência. Ele é sempre um objeto para um sujeito; não é objeto em si, mas objeto percebido, ou objeto pensado, rememorado. Daí que a fenomenologia, para ele, tem a missão de buscar a consciência do sujeito através da expressão das suas experiências internas. Assim, percebe-se que o tema de investigação mais característico da fenomenologia é a consciência que se caracteriza pela intencionalidade, ou seja, toda consciência é consciência de algo; todo ato de consciência é sempre único em relação à outra coisa, um referir-se a algo. A percepção, a recordação, a imaginação, o pensamento, o amor, o ódio, o desejo, o querer são distintas formas de dar-se o viver da consciência. Uma importante tarefa da fenomenologia é a descrição dos tipos distintos de vivências, de seus gêneros, espécies e das relações essenciais que entre elas se estabelecem. Assim, a fenomenologia auxilia na superação do impasse entre interioridade (mente, ideias) e exterioridade (objetos, coisas). Logo, o conhecimento da exterioridade não exige que o sujeito abdique de sua interioridade e essa relação entre sujeito e objeto constitui o conhecimento; portanto, nem a consciência constitui sozinha o conhecimento e nem as coisas do mundo constituem o conhecimento, mas é o encontro simultâneo do sujeito e do objeto que promove o conhecimento verdadeiro.

Assim, pode-se constatar que a fenomenologia reintegra a objetividade científica ao mundo da vida, e sua metodologia pode ser definida como subjetiva, pois depende das experiências, percepções diferentes de cada pessoa de acordo com suas recordações, vivências, sentimentos, desejos e reações. Nesse sentido, a originalidade de Husserl consiste em "colocar entre parênteses" todos os sistemas vigentes, possibilitando-se assim a "volta às coisas mesmas" (*die Sache selbst*) a serem interrogadas, sem preconceitos ou pressupostos. Isso ele faz através da noção central de redução ou *epochè*, que é o processo intelectual que consiste em colocar fora de consideração ou suspender certos juízos ou certos conhecimentos.[8] Para a fenomenologia, os fenômenos são simplesmente as

8 *Ibidem*, p. 15-16. As principais reduções são: a filosófica, a fenomenológica e a eidética. *A redução filosófica*, em seu momento negativo, coloca entre parênteses todos os sistemas filosóficos vigentes; e, em seu momento positivo, procura voltar-se para as coisas mesmas; *a redução fenomenológica*, em seu momento negativo, suspende a crença na existência do mundo real ou do mundo transcendente; em seu momento positivo, ela procura colocar a

coisas, a realidade, condicionadas por certas estruturas lógicas da mente, como se mostram e como se oferecem à consciência, de maneira que a fenomenologia pode compreender-se como um método e um "modo de ver" que consiste em: examinar todos os conteúdos da consciência; determinar se tais conteúdos são reais, ideais, imaginários, etc.; suspender a consciência desses fenômenos, de maneira tal que resulta possível descrever a sua pureza, ou seja, adotar uma atitude radical, que é a suspensão ou pausa do mundo natural.

Segundo Husserl, a estrutura do conhecimento parte da percepção e evolui até chegar a toda uma série de operações ligadas ao pensamento e à lógica. A primeira etapa de seu pensamento, a partir da percepção, consiste em descrever o mundo dos fenômenos, conforme já foi demonstrado, e a segunda etapa é a da atitude reflexiva, pois por mais que a verdade seja universal e eterna, o ser humano que a procura é indivíduo situado no tempo e no espaço. Esta apropriação da verdade é, pois, eterna para este ser humano temporal, que consiste para Husserl na segunda fase do problema total da verdade. A fenomenologia vai recorrer à redução transcendental[9] para encontrar o caráter específico da realidade humana, que através da percepção conhece o mundo externo a si. Essa estrutura percepção/percebido é inerente à estrutura transcendental do ser humano. A percepção que se define por estrutura transcendental tem o sentido de que o ser humano já possui essas estruturas e, portanto, elas transcendem o objeto físico. O transcendental é aquilo que faz parte da subjetividade, é próprio do sujeito, não deriva de fora. Para Husserl, a estrutura transcendental é a estrutura dos atos entendidos como vivências, das quais o ser humano tem consciência. Dessa posição em diante, Husserl dirige-se abertamente para o idealismo, para a descoberta de um *eu transcendental*, para uma revelação última, a partir da qual se constituem os atos e o que

---

mente em presença do puro fenômeno, como correlato da consciência. Por fim, a *redução eidética* que, em seu momento negativo, coloca entre parênteses os fatos singulares ou os fenômenos naquilo que têm de singular, bem como o Eu empírico individual e, em seu momento positivo, revela ao espírito a essência – *eidos* – necessária desses fenômenos.

9 Embora tenha trabalhado até o final de sua vida na definição do que chamou *Redução Transcendental*, Husserl não chegou a uma conclusão clara. Basicamente, seria a redução fenomenológica aplicada ao próprio sujeito, que então se vê não como um ser real, empírico, mas como consciência pura, transcendental, geradora de todo significado.

lhes corresponde de objetivo, em diversos graus, até o mundo das coisas.[10] Distingue-se, assim, duas fases na fenomenologia: na primeira parece prevalecer a tendência realista, e, na segunda, a idealista. Dessa forma, se conclui que não há ponto de chegada da fenomenologia que não seja também ponto de partida em direção a horizontes imprevisíveis. Assim, o que parecia ser apenas descrições, tornou-se, por fidelidade ao dado, busca de fundamentos; o que se orientava em direção a uma filosofia das essências converte-se em filosofia da existência; o que se propunha como ciência e filosofia das ciências manifesta preocupações éticas. Os discípulos de Husserl escolheram aspectos específicos da fenomenologia para continuarem as suas investigações. Edith Stein focaliza os seus estudos na antropologia, e utiliza a análise transcendental para tratar da questão das vivências. Na última obra da filósofa, a *Ciência da Cruz* (1942), a autora atualiza a sua antropologia focalizando a liberdade, a alma e o eu do ser humano.

2. A pesquisa fenomenológica
Sobre o problema da empatia

Em 1913, durante o curso "Natureza e Espírito", ministrado por Edmund Husserl, Edith Stein aprendeu com seu mestre que só uma experiência intersubjetiva autoriza o conhecimento verdadeiro de um mundo considerado como exterior, isso é, por uma pluralidade de indivíduos que conhecem algo ou alguém e que se comunicam sobre tal conhecimento. Entretanto, como Husserl não determinou em que consistia esse fenômeno do conhecimento,[11]

10 MIRIBEL, Elisabeth. *Edith Stein: Como ouro purificado pelo fogo.* 2. ed. Aparecida, SP: Santuário, 2001, p. 45. Na jornada de estudos de Juvizy, Stein declarou: "a busca de um ponto de partida absoluto para a reflexão filosófica levou Husserl a uma nova espécie de dúvida cartesiana, a ideia da redução transcendental... e a consciência transcendental como um vasto campo de pesquisas. Sua tendência idealista se fez sentir pela primeira vez nas *Ideias.* Esta foi uma grande surpresa para os alunos de Husserl e objeto de controvérsia que ainda persiste".

11 STEIN, E. *Philosophy of psychology and the humanities.* Washington: Institute of Carmelite Studies, 2000. Marianne Sawicki, autora americana e intérprete da filosofia de

Edith Stein viu aí uma lacuna a ser preenchida[12] e propôs a seu mestre explorar o que era o *Einfühlung*.[13] De fato, até a ocasião do curso "Natureza e Espírito", Husserl estava apenas seguindo os trabalhos de Theodor Lipps (1851-1914), filósofo alemão que desenvolveu o conceito de *Einfühlung* interessado na descrição dos processos psicológicos para se compreender a mente do "Outro". Para Lipps, isso se daria por uma fusão entre o observador e seu objeto, em um processo inconsciente baseado na imitação interna. Husserl, por sua vez, continuará trabalhando o tema por algumas décadas e só publicará a sua obra *Meditações Cartesianas* em 1931, quando explicitará melhor a sua reflexão sobre o *Einfühlung*.

A grande dificuldade de Husserl era fazer a passagem do conhecimento do "eu" para o conhecimento do "outro". Daí o fato de ele projetar o conhecimento do "eu" de forma análoga no "outro". Essa relação se mostrou "egológica", porque nela se percebe a multiplicação associativa do "ego", o que não gera a reciprocidade e o conhecimento real da experiência do "outro". Dessa forma, o conhecimento do "outro" continuava sendo derivado da experiência do "eu". Husserl procurou clarear esse problema na *V Meditação Cartesiana*, quando tentou ser fiel à exigência idealista de querer que o "outro", como as coisas, fossem unidades de modo de aparição, um sentido ideal pressuposto.

Edith Stein, informa que em 1913 Husserl ainda não tinha percebido o problema da constituição do "nós", que consistia num conjunto de indivíduos fazendo algo em comum. Edith Stein coloca a pergunta: *fazemos tudo em conjunto ou individualmente? Se em conjunto, então, o "nós" se constitui de alguma forma. Se individualmente, como faço para constituir outro "eu" sem uma parceria? Tecnicamente, em termos lógicos, Husserl "escamoteou a questão". Isso significa que os seus argumentos para mostrar como é possível conhecer outras pessoas já confirmam aqui a sua existência desde o início.* É esse o problema que Edith Stein detectou em seus estudos e que a motivou para elaborar a sua tese sobre o *Einfühlung*.

12 STEIN, Edith. "Escritos autobiográficos y cartas". *In*: URKIZA, Julien; SANCHO, Francisco Javier (Orgs.). *Obras Completas*. Burgos: Monte Carmelo, 2005, p. 374, v. I.

13 *Einfühlung*, palavra alemã cuja raiz *fühl* é como no inglês *feel*: sentir. É um sentir no sentido de ter a capacidade de colher algo, de captar, de perceber. *Ein* quer dizer que de verdade se consegue entrar. *Ung* é sufixo para compor um substantivo. Essa palavra pode ser traduzida por dois termos: *entropatia* ou *empatia*, os quais derivam de uma palavra grega, *patia*, cuja raiz é *pathos*, que significa sentir ou sofrer. O termo *entro* significa que de alguma forma se consegue "entrar". Esse sentir dentro permite captar o que os outros estão vivendo.

Ao buscar conciliar o ideal com o real, o filósofo quer ver o "outro" ultrapassar a esfera própria de experiência do "eu", para fazer surgir, nos limites do vivido do "ego", um acréscimo de presença. Aquilo que o fenomenólogo quer que se acrescente sobre a experiência do "ego" torna mais plausível o jogo da "semelhança", mas não resolve o problema do estranho, pois o "eu" equipara o "outro" não somente à sua experiência atual, mas também à sua experiência potencial. O problema do "outro" mostra com clareza a separação latente entre as duas tendências da fenomenologia husserliana: a tendência descritiva e o que se pode chamar de tendência metafísica.[14]

Ao iniciar sua pesquisa, Stein percebe que aquilo que Husserl entendia por empatia e aquilo que Lipps chamava pelo mesmo nome não tinham nada em comum. Segundo Lipps, a empatia era o conceito central de sua filosofia, com um papel preponderante em sua Estética, sua Lógica e sua Metafísica. Em sua dissertação, Edith Stein retoma a teoria da fusão afetiva projetiva de Theodor Lipps e procura complementar o pensamento de Husserl acerca da empatia, acrescentando-lhe sua intuição fenomenológica do "outro". Ela segue o método de seu mestre, em sua abordagem fenomenológica da empatia, e a sua orientação em pesquisar o tema além de Lipps, também em Max Scheler (1874-1928) e Wilhelm Dilthey (1833-1911). Em seus estudos com Husserl, Stein aprofunda o seu conhecimento do método fenomenológico para melhor examinar a forma das coisas, os fenômenos, os fatos, as questões, as temáticas culturais e os problemas humanos. Percebe na abordagem fenomenológica um método que lhe permite conhecer e descrever os fenômenos na sua mais pura objetividade. Descobre ainda que o fenômeno, o objeto de estudo sobre o qual deve empenhar seus esforços, é o conhecimento da outra pessoa, bem como a relação e a comunicação com ela, cujo tema é a interpersonalidade, ou seja, a intersubjetividade.[15]

Graças à influência do filósofo Max Scheler, Edith Stein incluiu as relações humanas com seus aspectos afetivos em seus estudos.[16] Em sua obra

---

14 RICOEUR, P. *op. cit.*, p. 236, 309-313.

15 HOEGEN, M. *Edith Stein e il problema dell'empatia*. Roma: Studium, 1986, p. 102.

16 RICOEUR, P. *op. cit.*, p. 315. Em 1913, o filósofo alemão Max Scheler publica a sua obra *Phénoménologie et théorie des sentiments de sympathie, de l`amour et de la haine* e após

Natureza e formas da simpatia, Scheler trabalha os fenômenos da simpatia e as diversas manifestações do amor a partir da visão psicológica, social e descritiva.[17] Scheler atraiu a atenção de Stein pela sua reflexão acerca da esfera afetiva, valorativa e religiosa de forma explícita, o que a fez compreender que o método fenomenológico permite a análise da atividade cognitiva e em geral da vida reflexiva e afetiva. Isso leva Stein a se interessar pelo modo como o "eu" se coloca em relação com os outros e os conhece. A partir de então, adota uma fenomenologia existencial, que lhe possibilita adentrar na consciência individual e coletiva, descobrindo a fonte das várias modalidades de refletir a vida dos povos e de suas culturas. Em sua tese doutoral, vai demonstrar que os seres humanos têm as mesmas estruturas relativas ao conhecimento e à afetividade. Acrescenta que a sociabilidade é inerente ao ser humano, o qual, para viver, prescinde do outro. Recorre à empatia porque, graças a esta, a pessoa humana se abre aos outros para estreitar laços de amizade, compor uma família, construindo uma comunidade popular, social, estatal e mundial.

A fenomenologia, para Edith Stein, auxilia ainda para analisar de forma crítica os limites e os valores das ciências do espírito, que eram: sociologia, história, psicologia e antropologia. Estas eram submetidas pela corrente positivista em esclarecimentos fisicalistas. As ciências do espírito se contrapõem, principalmente desde Wilhelm Dilthey, às ciências da natureza, e ambas, em conjunto, formam o domínio total das ciências da experiência. Como o nome indica, as ciências do espírito diferenciam-se consoante os domínios de realidade pesquisados, bem como os modos de os considerar ou os métodos nelas implicados. A ciência natural prescinde da peculiaridade individual e ocupa-se com o universal, isto é, com as enunciações e leis aplicáveis de modo igualmente

---

dez anos lança uma segunda edição bastante modificada, de tal forma que ele prefere reeditá-la com o nome de *Nature et formes de la sympathie.* Nessa obra, o filósofo quis distinguir a simpatia do contágio afetivo e da fusão afetiva. A simpatia é uma forma de tomar parte ou compartilhar o sentimento do "outro" sem o repetir, sem experimentá-lo por duplicação como um vivido semelhante. O contágio afetivo seria antes um fenômeno de contaminação psicológica cega e quase automática, portanto, involuntária e inconsciente, capaz de se amplificar por uma espécie de ressonância afetiva. Assim, a simpatia distinguiria os seres, o contágio e a fusão afetiva os misturariam.

17 SCHELER, Max. *Nature et formes de la sympathie.* Paris: Payot, 2003, p. 439-474.

válido a muitos indivíduos e processos particulares. Seu modo de proceder baseia-se em que a coisa natural singular não possui qualquer marca peculiar individual, mas representa unicamente sua espécie em constante repetição. Como os indivíduos se parecem, a série deles não constitui propriamente um devir histórico, mas apenas uma simples reiteração indiferenciada e a-histórica na coexistência e sucessão espacial e temporal. Por detrás encontra-se a necessidade natural que tudo fixa, de modo unívoco e invariável, segundo a lei que diz: causas iguais produzem sempre efeitos iguais; por isso a ciência natural tem em mira a explicação causal. No polo oposto, delineia-se a ciência do espírito em sua essência, ocupando-se dos vários aspectos da vida espiritual e de suas objetivações, pelo que se apresenta, por exemplo, como ciência da linguagem, da arte ou da religião. Fala-se também de ciências da cultura porque o ser humano, com sua atividade criadora espiritual, vai necessariamente aperfeiçoando o que é dado na natureza; seu ato criativo é já em si cultura e produz bens objetivos culturais. Por tal forma se rompe o quadro do naturalmente necessário, obtendo-se um verdadeiro devir histórico; a vida do espírito, a atividade espiritual criadora da cultura desenvolve-se numa forma essencialmente histórica. Assim, as ciências do espírito movem-se no âmbito da história, podendo-se afirmar que se empenham na tarefa de compreender a história bem como o que nesta se tem realizado. A reflexão aplica-se, portanto, imediatamente ao concreto, ao singular, considerando-o justamente em sua peculiaridade única, irrepetível. Encontra-se já aqui o princípio seletivo, segundo o qual a atenção fixa-se naquelas pessoas, grupos, acontecimentos e feituras que realmente representam algo de novo, que contribuem de maneira essencial para o desenvolvimento da humanidade global e que, desse modo, exercem profunda influência sobre os contemporâneos e a posteridade. Tal seleção é possível porque neste caso os indivíduos, a despeito de sua natureza humana comum, não são inteiramente iguais uns aos outros, senão que, graças à força criadora e à liberdade do espírito, são capazes de elaborar e de imprimir um cunho próprio. A diferença entre ciências do espírito e ciências da natureza é um poderoso testemunho em abono da peculiaridade do espírito em frente de tudo o que pertence à ordem natural. Todavia, a orientação para o individual e concreto conduzia já em Dilthey, e também noutros autores posteriores, a um certo relativismo.

Em sua obra *Sobre o problema da empatia*, Edith Stein trabalha plenamente a alteridade abordando a essência dos atos da empatia, a constituição do indivíduo psicofísico e a empatia como compreensão de pessoas espirituais. A sua tese *Zum Problem der Einfühlung* foi publicada em Halle em 1917, depois que a filósofa começou a trabalhar como assistente de Edmund Husserl. Stein não quis incorporar à sua tese nenhuma ideia que poderia ser fruto de seu trabalho com Husserl, que na época já se debruçava sobre a questão intersubjetiva que viria à luz em sua obra *Meditações Cartesianas*. Então, ela imprimiu somente a segunda, a terceira e a quarta partes de sua exposição doutoral. Assim, o seu tratado era maior do que aquele que fora publicado: a primeira parte que se perdeu compreendia uma exposição da literatura existente sobre a empatia. As outras partes perdidas, segundo relata a própria Edith Stein em sua autobiografia, eram os "capítulos sobre a empatia a partir do ponto de vista social, ético e estético".[18] Ela confere a Husserl o mérito de conduzi-la a utilizar o conceito de empatia para a compreensão dos sujeitos alheios, ou seja, da alteridade. Para isso se serve das teorias do fenomenólogo acerca dos elementos constitutivos da pessoa: *Körper* (corpo material), *Leib* (corpo animado), *Seele* (alma), *Geist* (espírito).

Segundo Husserl, o merecimento maior do trabalho de Edith Stein está na elaboração fenomenológica das ideias de corpo próprio, alma, indivíduo, personalidade espiritual, comunidade social e estrutura comunitária, assim como o significado de empatia na esfera ética e estética.[19] No dinamismo e na experiência da empatia está toda a sabedoria da comunicação humana, que implica na consciência e na aceitação da própria identidade, bem como na consciência e na aceitação da identidade do outro, e a capacidade de sair de si para ir ao encontro do outro.

---

18 STEIN, Edith. "Etapa fenomenológica: Contribuciones a la fundamentación filosófica de la psicología y de las ciencias del espíritu: Causalidad psíquica, individuo y comunidad". *In*: URKIZA, Julien; SANCHO, Francisco Javier (Orgs.). *Obras Completas*. Burgos: Monte Carmelo, 2005, p. 64, v. II.

19 MIRIBEL. *op. cit.*, p. 57. Max Scheler acolhe as conclusões do estudo de Edith Stein sobre a empatia e as considera em seu tratado sobre o assunto, *Wesen und Forme der Sympathie* (*Natureza e formas da simpatia*).

A obra *Sobre o problema da empatia* se divide da seguinte forma: a primeira parte é um estudo da essência dos atos da empatia seguindo o método fenomenológico e a "redução transcendental" para se chegar com clareza à base última de todo conhecimento.[20] Uma das finalidades de Edith Stein, em seu trabalho, é precisamente "perceber e descrever estes atos em uma grande percepção da essência". Ela conclui essa primeira parte com uma confrontação crítica das teorias da apreensão alheias formuladas por Theodor Lipps e Max Scheler.

A segunda parte se refere à análise da empatia como problema de constituição do sujeito psicofísico. O indivíduo "psicofísico" é um "composto" de vários estratos: o *Eu puro* como sujeito de experiência e unidade de consciência; a *alma* como parte essencial do indivíduo, sua unidade essencial; o *corpo*, o qual está unido à alma vivida como "experiência", como "meu corpo" e, portanto, como algo vivo, "Leib e não Körper". Para Edith Stein, a corporeidade é a linha de demarcação que separa o mundo interior do mundo exterior, ou seja, o corpo vivente é o templo precioso do espírito. A existência da corporeidade, da psique e do espírito no ser humano é confirmada pelo "conhecimento do outro" que, por sua vez, passa pela sensibilidade originada pelas conexões psíquicas e pelas motivações espirituais. A filósofa ainda reflete o tema das relações intersubjetivas, a capacidade de comunicação com o outro e a possibilidade de se empatizar. Dessa forma, conclui que a empatia se manifesta como uma forma de experiência intersubjetiva que possibilita a constituição de um mundo objetivo.

A terceira parte trata do problema da pessoa com relação à empatia, partindo da interpretação da existência da pessoa de forma naturalística, porém, sua visão é de um caráter totalmente personalístico, porque, para a filósofa, a estrutura ôntica da pessoa se constitui de psique e espírito. A personalidade de uma pessoa se realiza inteiramente na individualidade da alma; mas a alma não é a pessoa. Realmente, o acento está na consciência da pessoa, na

20 O conceito husserliano de estrutura transcendental é o ponto fundamentalmente novo da fenomenologia. Husserl chama de "redução transcendental" os detalhes da sua apreensão como fenômeno próprio e específico da consciência; isto significa retirá-la de uma visão teórica, transcendente, para tomar conhecimento dela de modo preciso e objetivo, analítico, como simples experiência de consciência.

sua percepção subjetiva e intencional, enquanto constitutiva do objeto. Dessa forma, sua visão da consciência é entendida como espírito e não como algo de ordem natural. Assim, a empatia se movimenta nesse campo espiritual, já que a alma é a forma vivificante do corpo e mecanismo de comunicação com o seu mundo interior e exterior.

A partir dessas reflexões pode-se concluir: primeiramente, que o ser humano se compreende como um ser espiritual, capaz de sair de si e transcender-se, sendo tudo isso algo fundamental para o desenvolvimento do seu próprio ser, seja para conhecer o mundo, o outro, seja para conhecer a si próprio. Em segundo lugar, o aprendizado e a prática da empatia são essenciais para que o ser humano reconheça os outros como "sujeitos" de experiência, e não como meros objetos. Em resumo, o problema que Edith Stein se preocupa em solucionar é o da pessoa como sujeito espiritual. Este problema será a base de todas as suas investigações posteriores, sobre as quais o interesse antropológico centra sua preocupação primordial.

3. Sobre o problema da empatia

A proposta da tese *Zum Problem der Einfühlung*, apresentada por Stein à academia em 1917, demonstra que a empatia é a condição prévia de qualquer interação social do ser humano, e esclarece que quando o ser humano sai de si em direção ao outro, em seu retorno, volta mais pleno. O relacionamento empático possibilita uma partilha de experiências intersubjetivas, aumentando a interioridade das pessoas em diálogo, por meio da presentificação da cosmovisão do "outro", ao proporcionar a descoberta de valores que podem ser reconhecidos numa ação interativa. Na relação empática sente-se a existência de outro ser humano em sua singularidade, como "eu". Stein aprofunda a questão afirmando que há uma apreensão de semelhança e não de identidade, pois o "eu" compreende o "outro" como seu semelhante. Nessa relação, se reconhece que o "outro" é "outro" como "eu" e, como a socialização é uma necessidade humana, o "eu" procura entender o que há dentro desse "outro".

Nesse momento surge a constatação de que se está lidando com outro ser humano e não com um objeto. Aqui a contribuição da filósofa de Breslau é preciosa, pois ela se fundamenta teórica e existencialmente para afirmar a necessidade de uma posição espiritual e ética diante do "outro". Tal posicionamento implica o acolhimento do outro e a conscientização de que se está diante de outro ser humano, independentemente de sua religião, orientação sexual, etnia, língua e cultura, cuja vivência emerge diante da "minha". Esse desvelamento da vivência do outro e a sua compreensão pelo "eu" caracteriza o processo fenomenológico da empatia, que se dá primeiramente pela emersão daquilo que foi vivido pelo outro, como dor, alegria, etc., estampado em sua presença vital e, em seguida, atualizado de forma cooriginária no "eu". Por fim, a vivência do outro volta para o "eu" como conteúdo apreendido pela consciência.

Edith Stein enfatiza que a compreensão da fenomenologia aplicada ao ser humano levou ao conhecimento da consciência como experiência de sentido, dando significado para as coisas que existem no mundo, isto é, há uma apreensão de sentido dos elementos da natureza que surgem na experiência pessoal de modo original, por meio do fenômeno hilético.[21] A filósofa informa que há um sentido imanente nos entes, ou seja, nas coisas do mundo que surgem tendo um sentido que é desvelado ao ser humano. Isto se estende para a pessoa pelo seu próprio modo de existência que é atravessado em sua corporeidade, ou seja, o modo de ser de alguém ganha de alguma maneira expressão no modo como o seu corpo está organizado e no jeito que ele se desvela. A concepção do mundo e da existência que o ser humano possui tem a ver com o modo como seu corpo se coloca no tempo e no espaço. Quando o ser humano está diante de outro semelhante, o modo de ser do outro, as concepções presentificadas na sua corporeidade podem afetar o primeiro de

21 ABBAGNANO, N. *Dicionário de filosofia.* São Paulo: Martins Fontes, 2000, p. 499. Para Husserl, a hylé seria a "matéria subjetiva" que compõe uma percepção qualquer. A consciência de um objeto qualquer se daria sobre "dados constituídos pelos conteúdos sensíveis, que compreendem, além das sensações denominadas externas, também os sentimentos, impulsos, etc.". Os dados hiléticos formam a "matéria" sobre a qual a consciência se dá. A noção husserliana de hylé não pode ser, aqui, associada ao empirismo. Husserl não reduz os objetos percebidos a sensações. A hylé husserliana é considerada apenas como uma matéria que assume um papel importante na intuição de um objeto.

maneira originária; assim, também, a vida espiritual de outrem afeta de uma maneira originária o seu semelhante, porque a sua corporeidade é afetada pela presença espiritual dessa outra pessoa. Daí ser compreensível que o corpo, frente a esta pessoa, desvele o modo de ser, o sentido da vida dessa pessoa. Isso constitui o fenômeno originário da empatia, que não é resultado de operações psíquicas ou mentais, mas fato originário.

No processo empático, a pessoa não precisa pensar, nem projetar, para ser afetada pelo modo de ser de alguém, porque acontece um desvelamento originário de sentido das coisas e dos seres humanos, que se dá por experiência com qualidades estéticas. O fenômeno estético originado é cheio de significados, por exemplo: originário é o fenômeno do ser humano frente à paisagem que o afeta de modo imediato, enquanto o fenômeno estético produzido é aquele elaborado pelo ser humano como um quadro de uma pintura da natureza, que é um fenômeno estético produzido. Fato é que o ser humano afeta e é afetado frente aos entes do mundo e frente aos seres humanos, em virtude da apreensão de sentido e não por suas próprias reflexões. Essa apreensão se relaciona ao registro do espírito, que acontece na relação entre a pessoa e as coisas e as pessoas entre si. Essa possibilidade que o ser humano tem de ser afetado pelo sentido das coisas e pela presença do outro é devido à pessoa humana estar ontologicamente, de modo originário, aberta às experiências do espírito. Uma pessoa pode sentir o ânimo dos indivíduos, num ambiente, que pode ser triste ou alegre e ela empaticamente participar desse sentimento coletivo. Pode acontecer de um membro de uma família ou de uma comunidade, ao tomar consciência de uma situação existencial e assimilá-la, mudar a consciência comunitária, através de sua postura. Isso porque o modo como se lida com a pessoa afeta todo o grupo.

É próprio do ser humano criar realidades espirituais que são fenômenos suprapessoais, tais como: comunidade, estado, filosofia, religião, etc. Isso porque a estrutura do ser humano é relacionada ao "outro"; mas cada pessoa, ao lado das experiências pessoais que tem, participa de experiências suprapessoais, ou seja, os valores pessoais são atravessados pela comunidade. O ser humano, em virtude de sua constituição anímico-espiritual, necessita se suprir tanto corporal quanto espiritualmente. De fato, uma refeição tem significados afetivos e culturais e, ao se alimentar, desde os primórdios da humanidade, se constata que o ser humano comunga do horizonte comunitário, ou seja, a pesca e a caça eram partilhadas por grupos em que o modo de ser de cada um pode afetar aos outros, contribuindo ou não com a sobrevivência grupal, porque, desde sempre, frente ao grupo, o "eu" reconhece a sua singularidade e, ao mesmo tempo, reconhece o ser humano que o "outro" é na constituição societária.

A pessoa afeta e é afetada pela comunidade. Nessa reciprocidade ela se enriquece espiritualmente com a presença do "outro" e com os valores encarnados na cultura, como, por exemplo: a apreciação da natureza, dos rituais religiosos e das obras de arte. Todavia, também existem experiências egóticas não personalizadas, de propriedade do sujeito, como em espetáculos de vários tipos em que o sujeito vive de forma indireta a experiência de "outros" (artistas). Existem ainda sentimentos expressos, que são apreendidos, como em uma canção ou um poema, assim como na sensação de dor que se sente diante de alguém que está de luto. Como em qualquer sentimento, a felicidade, a tristeza, a excitação têm o seu próprio sentido de conteúdo específico.

Por meio do processo empático, Edith Stein analisa a comunidade e a sociedade, apresentando como as pessoas participam das formas sociais. Para isso, leva em consideração a questão da intencionalidade de cada "eu" na composição social de determinado lugar cultural. Ela conclui que existe uma sociedade quando as pessoas procuram se entender, o que supõe que cada sujeito considere o outro a partir de seu *alter ego*. Quando o sujeito vive o fenômeno de se "sentir na pele do outro" e reconhece nesse outro uma pessoa de igual dignidade existencial, é possível construir uma relação intersubjetiva que socialmente desemboca na vivência comunitária.[22] Por outro lado, quando se lida com preconceitos e não há liberdade de expressão, a base da vida comunitária é esfacelada.

22 STEIN, Edith. "Escritos autobiográficos y cartas". *In*: URKIZA, Julien; SANCHO, Francisco Javier (Orgs.). *Obras Completas*. Burgos: Monte Carmelo, 2005, p. 477-478, v. I. Como já foi anunciado, a tese doutoral de Edith Stein não foi toda impressa, e as partes finais, assim como o primeiro capítulo, se perderam. Em sua autobiografia, Stein informa que dedicou alguns capítulos à empatia do ponto de vista social, ético e estético. Na obra *Contribuições à fundamentação filosófica da psicologia e das ciências do espírito* ela retomará o assunto acerca do indivíduo e da comunidade.

A filósofa busca constantemente compreender o ser humano, situando-o em todas as suas obras como ser de liberdade, pois para ela a razão e a liberdade são constitutivas da pessoa. Assim, a razão deverá agregar-se à liberdade, visto que o ser humano nasce em liberdade; o que o prende é a sua própria natureza tão complexa e a sua submissão aos condicionamentos culturais. A pessoa, segundo Stein, possui potencial para alcançar a plenitude através de sua liberdade; para isso precisa desenvolver o seu potencial enquanto trabalha em meio às realidades nas quais está imersa, superando os seus próprios preconceitos e tendências instintuais. Nesse sentido, Edith Stein frisa a importância de a subjetividade estar aberta a um constante "devir" da existência humana.

4. A empatia como base para a constituição do ser humano

Edith Stein alicerça a sua reflexão antropológica em sólidos fundamentos filosóficos. Partindo de Descartes e de sua base filosófica helenista e latina, busca garantir ao "eu" o seu próprio ato reflexivo e sua certeza de existência em um mundo já existente. Em suas obras, desenvolve a questão da essência e da estrutura da pessoa humana, o que faz de seus escritos uma filosofia personalista. Eis alguns exemplos: na dissertação *Zum Problem der Einfühlung* (1917), a autora desenvolve a sua teoria sobre as dimensões que compõem o ser humano único e indivisível, formando uma unidade psicofísica de estrutura peculiar, cujo esquema corpo-vivente é fundamental para se compreender o modo como se constitui o "eu" em sua estrutura psicofísica que possui uma abertura em direção ao seu próximo. No livro *Indivíduo e comunidade* (1922), Stein afirma que é próprio do ser humano a promoção de relações interpessoais que possibilitarão a constituição de uma comunidade; já em *Uma investigação sobre o Estado* (1924), a autora destaca a sua concepção personalista do Estado calcada no direito universal do ser humano à vida; na obra *Ser finito e ser eterno* (1936) há todo um tratado sobre a essência humana e sua busca pelo Divino; já na obra *A estrutura da pessoa humana*, de 1933, mas publicada somente em 1994, Stein expõe o significado original do ser humano e sua vocação, bem como a necessidade do conhecimento antropológico para quem assume a tarefa pedagógica; por fim, na *Ciência da Cruz* (1942), a filósofa elabora a dimensão da liberdade humana e a elevação mística do ser humano ao encontro de Deus.

A pessoa humana é analisada por Stein no *Einfühlung* a partir de várias teorias, porém ela se encaminha para uma descrição fenomenológica do "ser humano" como pessoa concreta presente no mundo da vida, por meio de sua própria consciência, a qual o difere de outros seres que possuem, também, um fluxo de consciência propiciador de identidade pessoal. A filósofa vê no "eu" um "eu" real que se move em um mundo espacial, tem consciência, motivação, experimenta e é dotado de força vital. Diferentemente do "eu puro" da redução fenomenológica de Husserl, o "eu" para Stein tem sentimentos que nascem de sua profundidade, enquanto o "eu puro" não tem base existencial, apenas teórica idealista.[23] As manifestações de sentimentos indicam qualidades pessoais, assim como as propriedades constantes da alma, como a memória, que são elementos vivenciados e percebidos pela consciência pessoal de cada ser humano.

Stein concebe o "eu" como unidade de uma corrente de consciência que reflete sobre a vida externa e interna a si que, quando se depara com "outro eu" possuidor de um conteúdo vivencial, pode vir a se entrelaçar formando o "nós" que engloba várias correntes de vivências por meio da experiência empática da intersubjetividade. Essa experiência é originária porque o ser humano somente acontece com o mundo a partir de sua tríplice dimensão existencial: psíquica, corpórea e espiritual. No entanto, a primeira percepção que se tem do "eu" não é a sua corrente de vivências (sua interioridade e seu caráter), mas a sua corporeidade que permite conceber o "eu" como um objeto real capaz de ser apreendido por meio de sensações e percepções. Essa é a experiência

---

23 Husserl, em seus ensaios fenomenológicos, se propôs a descrever como o "outro" aparece, em quais modos perceptivos, afetivos e práticos. Em sua *V Meditação Cartesiana* segue a tendência idealista buscando constituir o "outro" em "mim"; pretende respeitar o próprio sentido que se liga à presença do "outro", como um "outro", que não sou "eu"; que tem seu mundo, que se percebe, que se dirige a "mim" e trava "comigo" relações de intersubjetividades, de onde surgem um único mundo da ciência e múltiplos mundos da cultura.

da criança quando consegue discernir os membros de seu corpo por meio da sensação em relação aos objetos e às pessoas que a circundam.

A autora continua a sua reflexão informando que o "*eu*" designa o interior da pessoa e a sua vida anímica e espiritual, e designa o exterior da pessoa, como corpo ou organismo físico. Assim, a realidade humana é considerada uma realidade composta, uma unidade de *corpo* e *alma*. O corpo é o primeiro lugar de conhecimento, encontro e abertura em direção ao outro e, principalmente, espaço em que se vive os sentimentos em geral, e é nessa dimensão que está inscrito o sentimento religioso. No início do século XX a palavra *alma* era empregada para indicar tudo o que não fosse *corpo*, por isso a filósofa enfatiza que na *alma* existem duas partes: a primeira é formada pelo *impulso psíquico*, que são atos não queridos, não controlados e nem originados na pessoa, mas que acontecem como reação a determinadas situações, como os instintos. A vida psíquica é própria da condição humana, pois existe uma força vital que caracteriza a psique, que anima a corporeidade; a segunda, que é chamada de *espírito*, é a parte que reflete, decide, avalia e está ligada aos atos da compreensão, da decisão e da reflexão.

A partir da fenomenologia, Stein descreve os fenômenos presentes na condição humana e os teoriza de forma rigorosa e sensível, descrevendo-o com os seus registros: corpo visto pela sua materialidade (corpo como coisa), pela sua funcionalidade (corpo visto como instrumento para transformar o mundo), pelo aspecto psíquico (corpo vivo) e por sua objetivação (compreendido por meio de conceitos e não por experiência viva). Por meio dessa descrição se pode compreender o ser humano como um microcosmo, pois nele se apresentam diversas facetas do universo: mundo das coisas, mundo vegetal, mundo animal e mundo espiritual. Edith Stein compartilha da mentalidade dos filósofos gregos e renascentistas que chamavam o ser humano de "microcosmos", pois nestes estão presentes todos os níveis do ser: físico, biológico e psicológico. A materialidade do ser humano procede dos minerais que estão presentes em seu corpo. Como os vegetais, o ser humano tem vitalidade, verticalidade e aparece como organismo completo; por sua vez, compartilha com os animais o fato de ser animado e ter mobilidade, contudo, o que o diferencia dos animais é que os seus movimentos partem de sua vontade e não de seus instintos. Por fim, o ser humano pode olhar as experiências vividas e ter uma posição reflexiva sobre elas. Esse é o centro de onde surge a noção do "eu". A capacidade reflexiva do ser humano, de fazer experiências e refletir sobre elas, faz dele um ser aberto para a transcendência, isto é, que pode sair de si e ir em direção à exterioridade ou à interioridade. Esse movimento funda a espiritualidade da pessoa, configurada em sua busca de sentido. Para ela, o significado das coisas e do outro a afeta tanto pela imagem, quanto pelo discurso que apresenta. Os fenômenos a sensibilizam porque tocam a sua dimensão existencial e a remetem a uma posição relacional frente ao outro ou às coisas que aparecem. Aquilo que existe chega à pessoa humana através de imagens, que são captadas por ela através do fenômeno da empatia, que "presentifica" as vivências, atualizando-as na consciência humana.

Quando o ser humano se encontra diante de outra pessoa ("*corpo vivo*") que aparece em sua materialidade, ele não é um simples corpo material, mas uma materialidade viva e sensível, percebido corporalmente. A alma humana, por estar na ordem psíquica da realidade, é o liame que vincula o corpo ao espírito, participando tanto da vida sensível quanto da vida espiritual. Isso porque é aspecto próprio do ser humano ser tomado pelo meio ambiente com suas características culturais, que nele despertam afeto, curiosidade e busca pelo desconhecido. Assim, o ser humano se apresenta como um ser que tem interioridade e um centro a partir de onde age a sua alma, porque essa está consolidada no corpo vivo e constitui com ele o indivíduo psicofísico. Edith Stein toma a noção bíblica do corpo, alma e espírito (1 Ts. 5: 23) para melhor retratar a verdadeira dimensão do ser humano na natureza, pois, na pessoa, o corpo, a alma e o espírito vão se compenetrando num processo dinâmico.

O ser humano é um eu que através de sua vontade e de seus atos cria coisas que constituem o seu mundo, movimentando-se a partir de sua motivação, que brota de seu espírito, cuja forma expressiva de se manifestar se dá na corporeidade, sendo que uma motivação conduz à outra e os sentimentos também seguem esta lógica, da seguinte forma: um sentimento motiva uma expressão de acordo com o sentido, e este sentido delimita um domínio de possibilidades de expressão. Entretanto, os atos espirituais, sejam através de pensamentos ou de sentimentos, se submetem à lógica racional, com seus valores, sua ética e sua prática. O corpo, por sua vez, se configura a partir do seu espírito, e se move em meio a significados e sentidos. Os sentimentos humanos adquirem forma na corporeidade, expressando alegria, tristeza e outras dinâmicas próprias do espírito que se externaliza na forma corporal, vivendo um contínuo processo entre atualidade e potencialidade. Parte da potencialidade se atualiza subordinando-se às ações da vontade, o que é percebido quando o espírito humano se coloca em abertura para o outro através de sua vontade, que aspira para o bem, o desejo, o amor.

A pessoa humana tem potencial para ser ontologicamente reflexiva, aberta para si mesma e capaz de refletir sobre o que lhe acontece em suas diferentes dimensões vitais. Frente ao outro ela sempre é chamada a agir empaticamente quando se sentir afetada pelo que o outro lhe apresenta. Em virtude desse fenômeno próprio da espécie humana, a pessoa tem experiências singulares, integrando o que o outro fala com o que ela sente. Dessa forma, o ser humano faz experiência do que o outro vive, uma vez que o outro o habita continuamente, o que demonstra que sua interioridade é comunitária e a experiência do outro passa a nuclear a vida da pessoa. Assim, o ser humano é açambarcado e mantido pelo comunitário; o seu caminho espiritual e psíquico depende da comunidade que o sustenta.

A comunidade humana é composta por pessoas cujas singularidades propiciam um encontro com a realidade espiritual do outro. É aqui, precisamente, em relação à vida espiritual do outro, que a empatia se torna propriamente um ato constitutivo do "eu". Na medida em que a pessoa é capaz de acolher essa dimensão do humano é que pode alcançar o propriamente humano em si. Por isso, para Edith Stein, a constituição do ser humano se compreende em seus atos cognitivos e, também, como um ato com implicações metafísicas, que é capaz de efetuar uma transformação real no sujeito, por meio da participação na vida do outro, vivida a partir de sua interioridade.

5. A noção fenomenológica do "outro"

A tese *Sobre o problema da empatia* pertence à fenomenologia descritiva, unida à fenomenologia da percepção do outro se incorporando à significação do mundo que se é percebido. A empatia coincide com as contribuições sobre o mundo intersubjetivo, onde se está implícita a constituição dos objetos culturais, da linguagem, das instituições que são uma questão básica para superar o problema do solipsismo, ou seja, com a saída do isolamento da consciência individual em si mesma, tanto em relação ao mundo externo quanto em relação a outras consciências. A tese steiniana tem como núcleo a aplicação da redução fenomenológica, no momento em que dois sujeitos são capazes de aproximar-se tanto, que a experiência de um é integrada na vivência do outro. Em seu estudo, a universitária de Breslau busca uma resposta ao problema relativo ao "eu", centro da pessoa humana, e ao problema relativo ao significado do ser em geral; investiga, ao mesmo tempo, a verdadeira essência da empatia e qual seja o momento empático que caracteriza a relação intersubjetiva. Ela trata, portanto, do fenômeno filosófico da empatia, muito além do simples acordo em sintonia com as criaturas. Esse é o nível da simpatia, enquanto a empatia afeta o centro da pessoa, seu querer e sentir.[24] Essa capacidade de compreensão da experiência alheia é a base da sociabilidade humana, onde se convive e se estabelece relações interpessoais.

No *Einfühlung,* Edith Stein apresenta os elementos que compõem o ser humano e sinaliza a necessidade do equilíbrio entre corpo, psique e espírito, para que a pessoa humana viva em harmonia consigo e com as outras.[25] Esse processo empático do "eu" clareia a concepção steiniana acerca da existência de um núcleo central no ser humano, de onde emana a verdade de si mesmo, um

24 ALES BELLO, Ângela. *Fenomenologia e ciências humanas.* Bauru: Edusc, 2004, p. 53. Nos idiomas neolatinos existe a palavra *simpatia,* que significa "sentir com": "eu sinto com, estou perto de". Também existe a palavra *antipatia,* que significa "eu estou contra".

25 Em sua obra *Ser finito e ser eterno*, Edith Stein retoma a estrutura do ser humano: corpo, alma e espírito, e apresenta toda uma evolução de sua forma de refletir a pessoa humana a partir da conciliação entre fé e razão.

centro a ser escutado, conhecido, acolhido como fonte de autenticidade, que, por fim, deve ser respeitado, em primeiro lugar, pela própria pessoa.

Na aplicação do método fenomenológico sobre o relacionamento humano, a filósofa intui que a subjetividade é de fundamental importância para a convivência com o outro e o mundo onde se desenrolam as relações. O ser humano recebe impressões do mundo e das outras pessoas, e o resultado disso é que terá sua própria vivência, elaborada e reelaborada em seu próprio ser, no seu "*eu*". De fato, há um conjunto de experiências que o outro revela, que se pode acompanhar na medida em que ele se expressa, de tal forma que não há como não ouvir o o outro, a não ser que o indivíduo não tenha sensibilidade subjetiva. Quando "eu" ouço o outro, o "meu" corpo e a "minha" alma se movem por aquilo que ele expressa, pois o outro é uma ação comunitária.[26] Logo, pode-se escutar o outro e acompanhá-lo no circuito de suas experiências de modo tal que essas experiências se reproduzam em "mim", na "minha" alma, no "meu" corpo, porque toda escuta é empática. De fato, corpo e alma se afetam pelo relato do outro, o que leva a um fenômeno de repertório de experiência que vive em "nossa" biografia pela presença do outro. Esse fenômeno se dá pela relação empática, porque existem em "nós" espaços de experiências que "eu" nunca vivi, mas que o outro viveu e que pela relação empática passa a existir em "mim".

Edith Stein se debruçou sobre as teorias genético-psicológicas da empatia, verificando a serventia delas para a apreensão da natureza do ato empático, do desenvolvimento do seu processo de atuação, da sua consumação, e de como ele é vivido na sua máxima plenitude. Ela afirma que apesar da individualidade de cada ser humano, é possível compreender a consciência do "outro" e acolher o fenômeno "da experiência vivida" na sua essência. Em sua tese doutoral, a filósofa discute e lança as bases para uma compreensão humana fundada na empatia, que é muito mais do que perceber o sentir do outro como próprio, é reviver as ações e os sentimentos do outro, é sentir com ele,

26 STEIN, Edith. *Sobre el problema de la empatía*. Madri: Trotta, 2004, p. 96-103. Nesse longo trecho, Edith Stein apresenta a questão do corpo vivo do outro como portador de fenômenos de expressão. Ela discorre acerca da postura de T. Lipps sobre o assunto e passa a elucidar a sua concepção do fenômeno da expressão.

é ter a capacidade de compreendê-lo, de saber partilhar com ele pensamentos e emoções em diferentes situações. A empatia pode ser considerada como a capacidade de penetração afetiva e de saber se colocar no lugar do outro sem perder a própria individualidade, ou seja, é uma especial percepção do "eu" em relação ao outro e um saber sobre ele.

A questão da existência do "outro eu" é própria da fenomenologia descritiva que busca respeitar a singularidade do outro, bem como introduzi-lo na dimensão dogmática de pertença ao "eu". A preocupação descritiva e a preocupação dogmática encontram o seu equilíbrio na ideia de uma apreensão empática do outro, ou seja, o outro está lá, é ele mesmo, e "eu" não vivo o seu vivido. O outro é apenas "presentificado", mas tendo por fundamento o seu corpo e os seus sentimentos, que são "apresentados" com evidência originária na esfera da "minha" experiência vivida, cooriginada. Portanto, o fenômeno se dá quando "em mim" é apresentada uma vivência pessoal que presentifica um outro vivido diverso do "meu". Esse vivido é uma vivência como a "minha", em virtude da equiparação entre "meu" corpo aqui e o outro corpo lá adiante. Essa configuração, em dupla, funda a constituição empatizante entre o vivido do outro e o "meu".

Nesse sentido, a empatia se identifica com o processo da intersubjetividade a partir da concepção steiniana de que só se compreende o outro profundamente quando se pode compreender qual é o fim de sua realização, que para a filósofa coincide com o "*telos*" pessoal ao qual todo ser humano é chamado: "o ato de amar".[27] Edith Stein, mesmo não sendo cristã, quando escreve sua tese, por meio dos ensinamentos judaicos acerca da importância do ser humano, pronuncia algo que é próprio dos valores cristãos, cujas raízes estão nos ensinamentos da Torá,[28] os quais, por sua vez, nos lábios de Jesus de Nazaré,

27 *Ibidem*, p. 116-120.

28 Em particular nos livros de *Êxodo* e *Deuteronômio* se encontram as leis de valoração da pessoa para uma reta convivência social. O capítulo 20 do livro de *Êxodo* apresenta os Dez Mandamentos, que são considerados a "Constituição" do povo de Israel e em *Deuteronômio* há um esmiuçar dessa constituição. Os outros livros (*Gênesis*, *Levítico* e *Números*), de diversas maneiras literárias também fazem alusões diretas e indiretas ao processo da fraternidade dialogal.

ganharam novo relevo.[29] Edith Stein afirma que não se ama o outro porque ele faz o bem, mas porque é valioso, por si mesmo. Quando abre sua reflexão para a ação divina sobre possíveis mudanças no interior da pessoa, acena para algo que fundamenta a existência do ser humano dialógico, conforme se verifica em suas ponderações sobre o espírito da pessoa humana. A dimensão espiritual do ser humano é tida por Stein como transcendência, porque esta é uma abertura que a pessoa tem para o mundo, para algo além de si mesmo, e para a sua própria interioridade. Pode-se acrescentar ainda que a abertura externa do espírito humano o coloca numa condição de necessidade do outro, porque a sua dimensão espiritual permite a vinculação interpessoal pelo fato de ela ser comunitária.

A relação empática permite superar os limites da aparência e, também, colocar em destaque as forças interiores direcionando emoções e sentimentos, a fim de que a pessoa possa descobrir seu espaço pessoal, social e profissional, tornando-se um cidadão responsável, produtivo e solidário. A compreensão da pessoa, no que concerne à sua dimensão espiritual, coloca o ser humano em contato com o mundo da cultura, visto que o "*homo faber*" cria tudo aquilo que se estende de seu ser ou o que lhe falta. Ele produz todos os objetos para seu uso, assim como todas as obras que exprimem as nuances correlatas do seu espírito, as quais se tornaram realidade. O compartilhamento das obras criadas e a sintonia em comungar dos mesmos sentimentos denotam a alteridade presente em cada ser humano. Assim, a natureza espiritual do ser humano o provoca para que ele se conheça e se coloque em disponibilidade em relação ao outro.

A metodologia fenomenológica demonstra que o ser humano vive numa precariedade constante porque na sua consciência tudo é fluxo, não havendo perenidade. São as atitudes humanas que fazem a pessoa se sentir viva, pois faz parte de sua constituição aquilo que se transformou em algo concreto frente ao outro. Por outro lado, aquilo que existe em potencialidade é a alma, e só se transforma em espírito aquilo que se realizou.[30] O momento presente, que se

29 No *Evangelho segundo Mateus*, no quinto capítulo, encontra-se um longo discurso de Jesus acerca das relações humanas, que se conclui com a proposta inalienável do amor que plenifica toda a vida social.

30 SAFRA, Gilberto. *Conhecimento, espírito e amor: Os eixos principais da condição humana. Estudo sobre Edith Stein*. São Paulo: Edições Sobornost: aulas ministradas no LET

esvai na fração do tempo, dá para o ser humano a compreensão do que seria ter vida plena, onde todas as potencialidades poderiam se manifestar no agora. É nessa experiência de si que o ser humano pode vir a conceber o divino como algo que é plena realização no agora. Para aqueles que creem, a consciência do divino está sempre presente no sentimento humano como referência, pois o espírito tem essa abertura para a transcendência, isto é, o ser humano concebe um ser que é potência de ser, como matriz do movimento da religiosidade.[31]

Nesse momento se insere a questão simbólica que faz parte da estrutura humana, mais precisamente no que se refere às formulações constituídas como resultado do sentimento religioso das culturas humanas. É característico da percepção dialogal o estabelecimento de relações de forma originária, ou seja, é próprio do ser humano ter as mesmas semelhanças estruturais, através do ato empático, isso porque o "eu" capta o mistério do outro não manifestado de forma explícita, mas comunicado pela intersubjetividade. Por conseguinte, o fenômeno da religião se apresenta com suas características próprias, o seu conteúdo está presente no ser humano e o interpela a uma vivência em comunidade e a uma experiência do *Totalmente Outro*. De forma empática, o ser humano experimenta originariamente o apelo para o diálogo, em virtude de sua constituição, que o desestabiliza de sua solidão e o incita à busca de outrem. Nesse sentido, é imprescindível reconhecer na subjetividade do outro a sua abertura e o seu chamado ao transcendente que se dá por meio do ato empático, colocando o indivíduo em condições de estar com o outro.

A empatia fecunda a possibilidade de um viver genuinamente humano criando uma sociedade dialogal. Entretanto, pessoas que foram desrespeitadas e desumanizadas temem o encontro com o outro, pois podem, consciente ou inconscientemente, ter criado barreiras, verdadeiras fortalezas para se proteger, como, por exemplo, o fundamentalismo religioso, político e o embotamento afetivo, que impossibilitam o diálogo. Segundo a psicóloga Carolina R. Damas Cardoso, que baseia-se em Edith Stein, se conhece o outro por meio

– Laboratórios de Estudos da Transicionalidade em 06 de agosto de 2005. "2 DVD". (Contribuições dos filósofos para a prática clínica).

31 STEIN, Edith. "Escritos antropológicos y pedagógicos". *In*: URKIZA, Julien; SANCHO, Francisco Javier (Orgs.). *Obras completas*. Burgos: Monte Carmelo, 2003, p. 572, v. IV.

da manifestação externa de suas qualidades internas, dos sentidos ou do intelecto, além das reações psíquicas e das peculiaridades pessoais. Os comportamentos pessoais podem fornecer o meio de manifestação dessas caraterísticas, destacando o aspecto da motivação que leva o indivíduo a se comportar de uma determinada maneira. Caso a motivação não seja suficientemente clara, deve-se buscar na vivência do outro os elementos que lhe confiram a aproximação de sua verdade pessoal. Stein admite que a maneira pela qual um ser humano é afetado pelo outro pode transformá-lo internamente. Assim, entende-se que esse conhecimento pode favorecer uma abertura ou um fechamento da própria vida da alma em relação à outra pessoa.[32] Nessas situações, o ato da empatia, enquanto ato concreto e originário, tem a missão de facilitar a redescoberta do outro, enquanto um ser que tem em sua interioridade um apelo para a comunhão. O encontro entre os "eus" se dará se o indivíduo se colocar frente ao outro em disponibilidade, por amor.

Edith Stein pontua que "só o olhar de amor, consciente de sua responsabilidade, que não perde de vista a pessoa humana, terminará descobrindo uma brecha pela qual entrará e derrubará os muros da fortaleza". Ela prossegue a sua reflexão ponderando que "Só o amor e o respeito pela sacralidade do outro podem possibilitar o encontro".[33] Isso implica o conhecimento da pessoa e a compreensão de sua orientação na vida, ou seja, o sentido último que esta pessoa escolheu para si que, por sua vez, denota as suas marcas, as suas feridas e aquilo que originou o seu modo de ser. A partir desse conhecimento, compreensão e acolhida, é possível se estabelecer um vínculo fraterno. O processo dialogal se fundamenta na empatia, que encontra na percepção o modo próprio de atuar junto ao outro, através do acolhimento, do conhecimento e da partilha experiencial vivida pelo outro. Dessa forma, a postura empática torna-se intersubjetividade dialogal, relevante para humanizar as relações e promover a fraternidade entre as pessoas de uma sociedade.

---

32 CARDOSO, Carolina de R. Damas. *Contribuições de Edith Stein para a psicologia científica*. Curitiba: Appris, 2014, p. 146-147.

33 STEIN, Edith. "Escritos antropológicos y pedagógicos". *In*: URKIZA, Julien; SANCHO, Francisco Javier (Orgs.). *Obras completas*. Burgos: Monte Carmelo, 2003, p. 575, v. IV.

Em sua obra *Uma pesquisa sobre o Estado* (1924), Edith Stein afirma que a comunidade é caracterizada pelo fato de que os indivíduos vivem "uns com os outros", graças à natural disposição do espírito de estar aberto à relação interpessoal. Isso possibilita a interpretação de que cada pessoa deve possuir a consciência de sua singular posição social e, consequentemente, o respeito pela função dos "outros". A filósofa, a partir da empatia, vislumbra uma sociedade harmonizada e equilibrada, se houver vontade íntegra do ser humano de edificar o mundo como extensão de seu próprio ser. Entretanto, a visão steiniana contrasta com a realidade em que vive: período de entreguerras, pobreza e militarização da Alemanha, crescimento do antissemitismo, desqualificação da mulher e frustração das expectativas do século XIX acerca do progresso nas áreas das ciências em geral, que daria mais qualidade de vida para a humanidade.

A vivência do ser humano produz fenômenos sociais como a abertura interpessoal, em que cada pessoa manifesta ser um centro de acontecimentos, por conta de sua liberdade e criatividade originária. Assim, como o ser humano frente aos entes da natureza está aberto aos sentidos, frente às pessoas ele se encontra e se reconhece, pois o outro é também um centro de acontecimentos. Isso deveria provocar um contexto de compreensão entre as pessoas que buscam um sentido comum, cuja abertura momentânea as coloca mais próximas da verdade. A experiência do "nós" permite à pessoa um acréscimo de força para poder decidir, repudiar, escolher ou assumir uma determinada postura na vida. A força de uma pessoa no meio social aparece de forma singular e se compõe da faceta corpórea (física), pela força anímica e do espírito, por exemplo: o momento de uma explosão emocional é anímica, enquanto a luta por um ideal é espiritual. A força aparece como uma unidade, mas são diferentes fontes ou registros de força que variarão de acordo com a constituição da pessoa.

6. A dimensão ética e espiritual da alteridade

O ser humano, graças à sua dimensão espiritual, está sempre defronte de si mesmo e de sua existência, em constante devir, o que possibilita a projeção do futuro e a criação de novos sentidos. É nesse processo que se forma e se funda a subjetividade humana que é anterior e, ao mesmo tempo, a base para a relação intersubjetiva. A empatia acontece na intersubjetividade por meio da percepção interna e externa, através da dimensão corporal do ser humano presentificadas em sua fisionomia que pode retratar fantasias, recordações e projetos. Nessa gestação surgem os sentimentos que afetam as pessoas por conta da semelhança estrutural entre elas, o que requer entre o "eu" e o outro o respeito às vontades singulares e a compreensão, pois todo ser humano acontece ao lado de "outro", mantendo a sua característica de estar em si e para além de si, sem perder nada de si mesmo. A esse fenômeno Edith Stein chama de vida espiritual, donde brotam as motivações humanas que tendem a determinar os seus comportamentos porque lhe dão sentido existencial e possibilitam uma vida ética.

Entretanto, o que acontece é que muitas vezes o ser humano supõe encontrar numa necessidade instintiva o sentido que ele busca.[34] Daí a importância da formação da consciência para que a resposta humana às suas demandas interiores tenha implicação ética, ou seja, a pessoa deve ser responsável por suas decisões, que direta ou indiretamente afetam o outro. Nesse sentido, o processo empático devolve a pessoa a ela mesma, no sentido de tomar consciência dos sentimentos e ações originadas nela (vivência originária) ou entender que pode estar agindo pela influência dos outros (vivência não originária). A ação empática não se caracteriza como se fosse uma comparação entre as pessoas, mas como reconhecimento da singularidade de cada um, permitindo assim dar o devido valor ao outro com sua história pessoal e seus valores existenciais.

A ética judaico-cristã na vida social interpela os indivíduos a conhecerem o sentido da vida verdadeira, superando toda alienação; ao mesmo tempo, incita a pessoa a se tornar ciente da realidade temporal e a conduz a almejar ir além dessa condição aspirando a um bem maior que os bens temporais. Por fim, suscita a admiração e o respeito pela vida presente na obra da criação, sentida por meio dos sentidos. A singularidade no ser humano será dada pela maneira como a pessoa tece a sua existência, tentando compor um projeto de vida que contemple a compreensão ética em relação a si, a tudo e todos que estão ao seu redor.

34 STEIN, Edith. *Sobre el problema de la empatia*. Madri: Trotta, 2004, p. 114-115.

A interioridade da pessoa tem mobilidade e acontece através de pensamentos, imaginação, sentimentos, linguagem e projeção. Essa abertura coloca o ser humano em liberdade para o infinito e faz dele um ser transcendente, por isso ele é um ser espiritual. A liberdade do "eu" se verifica na capacidade de expressão e no voltar-se significativamente para o mundo. Stein desenvolveu, através da fenomenologia da expressão, o modo originário como essa experiência de liberdade acontece na realidade, isto é, toda atitude expressiva reflete a realidade de um sujeito que procurar dar sentido aos gestos e às palavras utilizadas para transmitir uma mensagem que pode transcender as determinações espaços-temporais da causalidade. A expressão se mantém no âmbito da iniciativa e da liberdade individual e, por isso, vai além da capacidade humana de representação. Por detrás de toda expressão, encontra-se a vontade do "eu" chamado a voltar-se significativamente para a sua própria exterioridade, por meio de seu querer que gesta uma tomada de posição frente à vida.[35]A filósofa vive um drama existencial no momento de composição de sua tese doutoral, deparando-se com a frustração dos intelectuais europeus, que acreditavam na prosperidade social graças aos avanços e descobertas do século XIX.[36] Para ela, falar de liberdade é fundamental, pois a experiência da Primeira Guerra Mundial trouxe à tona a realidade decepcionante da escravidão humana às ideologias e aos bens materiais. A partir da liberdade espiritual, afirma que o

35 *Ibidem*, p. 69-74. Nestas páginas a autora descreve minuciosamente os fenômenos da expressão, que procedem da vivência e se ajustam ao material expresso através de linguagem e significado. A liberdade surge no contexto das vivências da vontade, que tem um valioso significado para a constituição da unidade psicofísica. A vontade se serve do mecanismo psicofísico para realizar a sua expressão.

36 STEIN, Edith. "A vida de Edith Stein: Infância e juventude". *Vida de uma família judia*. Herder: Friburgo-en-Brisgau, 1991, p. 246, vol. VII. O trecho abaixo descreve o estado de espírito de Edith Stein no período de redação de sua tese doutoral: "Pouco a pouco eu mergulhava numa verdadeira confusão. Era a primeira vez na minha vida que me confrontava com alguma coisa que resistia à minha vontade. Muitas vezes tinha me gabado de ter uma cabeça mais dura que as mais grossas muralhas, e eis que agora eu batia a fronte num muro inflexível, que recusava ceder. Isso levava-me tão longe que eu achava a vida intolerável. Não podia mais atravessar a rua sem desejar que um carro me atropelasse. E, quando fazia uma excursão, esperava ter uma queda e dela não escapar. Falando sério, ninguém suspeitava do que se passava em mim".

determinante para a pessoa ser livre é o defrontar-se com seu próprio interior, pois é no mais profundo do ser humano que está a liberdade para existir. A pessoa em contato com seu "eu" mais íntimo pode ter atitudes que efetuem o progresso evolutivo da humanidade. Dessa forma, é possível superar a busca do poder que oprime e a superação das limitações destrutivas presentes no âmago do ser humano. Edith Stein acredita que cada pessoa possua potencial para alcançar a plenitude, na medida em que fizer a "travessia pela caverna dos sentidos, onde o cautério, as chagas, são abrandadas pelo toque suave da descoberta do místico, da arte, da liberdade no mais profundo do homem", conforme atesta a sua obra *A Ciência da Cruz*.

Tudo o que compõe o mundo do ser humano é afetado pelo seu "eu", tem as marcas do seu espírito, a ponto do "eu" reconhecer no mundo do "outro" o seu modo próprio e individual de ser, graças ao fenômeno da empatia que proporciona a percepção completa de uma vivência interpessoal. Quando diante do "eu" surge o "outro eu" com sua corporeidade, há um desvelamento de subjetividade expressa no olhar, na fisionomia ou na postura. Essa emersão do vivido pelo "outro eu" afeta o "eu" de forma inesperada e de forma improvisada causa uma reação, como um contágio afetivo que provoca imitação. Esse é o ato de empatizar que se dá em virtude da semelhança estrutural dos seres humanos, permitindo mútuo entendimento entre as partes. Isso explica o fato de que a maioria das pessoas tem o potencial de se empatizar; se assim não fosse, o ser humano ficaria indiferente ao que acontece com os seus semelhantes. A experiência de Edith Stein de servir na Primeira Guerra Mundial como enfermeira da Cruz Vermelha a fez se deparar com o que ela discute em sua obra sobre a empatia: a liberdade humana fraquejando diante dos poderes temporais, e o ser humano enquanto materialidade, sendo ferido e morto, como alma, perdendo a sua sensibilidade, causando e, ao mesmo tempo, sofrendo os horrores da guerra e, por fim, vendo o espírito humano, em sua singularidade, perdendo a sua interioridade, ou seja, a sua capacidade de refletir e apostar a vida em valores que norteiam a sociedade em vista do bem comum.[37] Apesar

37 STEIN, Edith. *Sobre el problema de la empatia*. Madri: Trotta, 2004, p. 115. Edith Stein afirma que "o sujeito espiritual está submetido por essência a leis racionais e que suas vivências estão em um conjunto de ideias, sentimentos e opiniões compreensíveis".

dessa situação que caracteriza o "*Sitz in Leben*" de seu tratado, a autora insiste na possibilidade humana de alcançar o equilíbrio psíquico e superar as suas contradições, graças ao fato do ser humano ter uma existência inacabada. Stein crê que a partir da pedagogia pode-se aprimorar o projeto libertário das pessoas, visando o autodomínio; e, para que essa liberdade exista, o ser humano necessita cultivar a sua subjetividade para melhor vivenciar a situação invariável do "devir" da vida humana.

A busca de Stein pelo ato essencial da empatia se clarificou como movimento cognitivo que permite perceber a comum humanidade do outro, que se pode reconhecer ou não mediante a vivência ética. Num encontro onde se respeita a singularidade pessoal, o indivíduo vive de forma ética quando se abre ao outro, superando a tendência egoística ainda presente em algumas pessoas. No "outro eu" que se apresenta diante do "mim" está presente uma nova imagem do mundo da vida, com seu jeito de ser, valorizar e sentir as coisas. É a empatia que possibilita o entendimento dos valores presentes na vida do outro, assim como o seu querer, sentir e agir. Ela permite ao ser humano olhar a realidade e entender o outro em suas motivações e decisões ao longo da vida. Logo, o dinamismo da empatia é essencial na resolução de problemas sociais, em virtude da percepção daquilo que acontece com o outro, visando preservar e promover a dignidade de seu semelhante.

7. Do "*non liquet*" à "ascensão ao sentido do ser"

Em sua autobiografia *Vida de uma família judia* (1985), Edith Stein dá testemunho de uma experiência impactante para ela, que já não tinha mais apreço pela religiosidade. Trata-se de um acontecimento de 1911 em Chemnitz, quando seu primo Walter Courant faleceu e estava sendo enterrado no cemitério judaico. Após a oração do rabino e os cumprimentos de pêsames,

---

Isso leva a crer que a complexidade humana, com suas rupturas, levou o homem a mergulhar-se nas trevas da falta de diplomacia e no totalitarismo, que avassalaram a Europa nas primeiras décadas do século XX.

a jovem viúva de Walter, que era cristã, "ajoelhou-se junto ao túmulo e rezou em sua dor o *Pai Nosso* em voz alta. Nunca se vira isso naquele cemitério judeu, mas ninguém se manifestou. Todos estavam tocados".[38]

Essa comoção entre judeus e cristãos ficou gravada no íntimo de Stein e ao longo de seus estudos filosóficos foi percebendo, à luz da fenomenologia, a importância que deve ser dada ao mistério que abarca e ultrapassa a fronteira da razão e do sentimento. Ao término de sua tese *Sobre o problema da empatia*, a autora apresenta uma demanda explicitada nas palavras *non liquet*, isto é, "*não está claro*" se é possível se empatizar ou não com um "Espírito Protetor" ou com a "Graça Divina". Durante a sua estadia em Gotinga, Stein aprendeu a levar em consideração os fenômenos que tocavam a alma humana, a partir do testemunho de seus colegas universitários e de seus professores que possuíam algum credo religioso, na maioria cristãos luteranos e judeus.

Nas obras steinianas pode-se perceber que a sua base é sempre antropológica de cunho intersubjetivo, o que culminará com a confirmação de que é possível sim ao ser humano se empatizar com o ser divino, que, de diversas formas, segundo as tradições religiosas, busca também a pessoa humana para essa comunhão. Para o cristianismo fica mais evidente essa aclaração porque o mistério divino se revelou nas Três Pessoas Divinas e tem um rosto em Jesus de Nazaré. Stein afirma, em sua obra *Ser Finito e Ser Eterno*: "Se toda a criação estava prefigurada no Logos, a humanidade então estava figurada também, de forma particular. Aí está de fato o sentido do ser humano: nele o céu e a terra, Deus e a criação devem unir-se".[39] Isso é fundamental para a compreensão da vida interligada entre humanos e a ecologia que o hospeda e, mais ainda, para o diálogo inter-religioso, pois o Ser Absoluto, que recebe tantos nomes e, ao mesmo tempo, no judaísmo é inominável, se apresenta, segundo Edith Stein, extremamente empático e misericordioso. Nesse sentido vale ressaltar o texto escrito por ela a uma amiga, por ocasião da morte de seu mestre Edmund Husserl:

---

38 STEIN, Edith. "A vida de Edith Stein: Infância e juventude". *Vida de uma família judia*. Herder: Friburgo-en-Brisgau, 1991, p. 296, vol. VII.

39 STEIN, Edith. *Ser finito y ser eterno: Ensayo de una ascensión al sentido del ser.* México: Fondo de Cultura Económica, 2002, p. 533.

> Não tenho preocupação alguma pelo meu querido professor (Edmund Husserl). Estive sempre muito longe de pensar que a misericórdia de Deus se reduzisse às fronteiras da Igreja. Deus é a verdade. Quem busca a verdade, busca Deus, seja ou não consciente disso.[40]

Edith Stein, ao aderir a fé no Ser Absoluto, deixa transparecer em seus escritos a espiritualidade das Escrituras Hebraicas e Cristãs, que apontam para Deus como referencial de sentido para a existência humana e critério para a convivência equilibrada das pessoas na sociedade; com isso, é possível concluir que jamais se poderia usar seu Nome para dividir povos e desarmonizar culturas e famílias. Nesse sentido, aconteceu em 1893 o Primeiro Parlamento das Religiões Mundiais, na cidade de Chicago, Estados Unidos, contando com representantes das religiões mundiais, ali presentes.. Devido à importância desse evento, passou a ser considerado a "alvorada do pluralismo religioso" e, ao mesmo tempo, representou a "introdução das religiões asiáticas no Ocidente", expressando, ainda, o começo do diálogo inter-religioso. Um século depois, o Segundo Parlamento contou com a presença da liderança das religiões orientais, monoteístas e nativas, oriundas do Ocidente e do Oriente, e apresentou ao mundo o projeto de uma ética mundial. Para o teólogo Hans Küng, a Declaração sobre uma ética mundial foi formulada de modo que filósofos, agnósticos e ateístas pudessem aceitá-la mesmo que não compartilhassem com o fundamento transcendente de tal Declaração; já entre as religiões ela deve suscitar a cooperação para o bem comum da humanidade.

A Declaração do Parlamento das Religiões Mundiais constata que em diversos lugares do mundo, líderes e adeptos de religiões instigam à agressão, ao fanatismo, ao ódio e à xenofobia, gerando confrontos violentos na sociedade. Diante dessa realidade, as lideranças religiosas presentes no evento, ao se dirigirem a todos os seres humanos, religiosos e não religiosos, expressaram as seguintes convicções: todo ser humano é responsável por um mundo melhor; a sabedoria milenar das grandes tradições religiosas é capaz de apontar caminhos a favor dos direitos humanos, da liberdade, justiça, paz e preservação da Terra de forma incondicional. Para os que possuem uma motivação

---

40 HERBSTRITH. *op. cit.*, p. 243.

religiosa, uma ética tem a ver com confiança numa realidade suprema última, seja qual for o nome que esta receba e sem importar a natureza entre as diferentes religiões.

A imagem ideal de comunhão entre igrejas, sinagogas, templos e mesquitas virou tarefa de realização, concretização, a partir do diálogo em escala internacional dos membros dessas religiões, para o bem da humanidade.[41] Nas Sagradas Escrituras se encontram, de modo original, o fenômeno da empatia acontecendo e unificando o Ser Divino com o ser humano, conforme narra Lucas em *Atos dos Apóstolos* 9: 4: "Saulo, por quê me persegues?". Ou seja, Cristo se identifica (se coloca na pele) com os seus discípulos que são perseguidos por Saulo. Em princípio, essa vivência da pessoa com o mistério de Deus a subtrai de toda forma de massificação, corrupção e degradação do mundo criado, segundo exemplos bíblicos de personagens como o profeta Jeremias, que falando em nome de Deus contrariava o povo corrompido que o ridicularizava, os sacerdotes e o rei que lhe faziam oposição. No século XX não foi diferente, a história da filósofa de Breslau dá testemunho de uma vida vivida em benefício do povo de Deus.[42]

Além do cunho antropológico, em Edith Stein sobressai também a pedagogia que apresenta a formação do ser humano como processo no qual o seu potencial é plasmado numa estrutura em contínuo crescimento, conforme condições em que a pessoa desabrocha. A formação do caráter, do intelecto e da vontade requerem ação conjunta e organizada da família e da sociedade. Ao lado dessas instituições, Stein apresenta a tradição religiosa que deve colaborar na formação integral da pessoa por meio de suas instituições e enfatiza que ao ser humano foi dado um fim comum: "Sede perfeitos como é perfeito o vosso Pai do céu". Para se atingir tal meta, ao ser humano é conferida a graça divina a fim de que atinja a sua perfeição no desempenho de sua missão na terra, espaço temporal em que o homem pode ser ensinado a estreitar os laços com toda criatura e fortalecê-los por meio da comunhão da pessoa (ser finito) com

41 KNITTER, Paul F. *Introdução às teologias das religiões*. São Paulo: Paulinas, 2008, p. 25-26.

42 As Escrituras narram o fato de Deus falar ao coração humano, conforme o livro *Cântico dos Cânticos* 8: 4, e a cada pessoa Ele dá a liberdade e pede satisfação por seus atos nessa terra, conforme o livro de *Ezequiel* 18: 2.

o mistério inefável do Absoluto (Ser Eterno). Em meio a tanta falta de sentido pela vida, gestada pelo secularismo, materialismo e relativismo, a proposta formativa da filósofa é que o ser humano tome consciência de sua condição existencial limitada e finita. Todavia, ao mesmo tempo, lhe seja indicada uma via de acesso às virtudes, que lhe possibilitarão uma vivência satisfatória ainda nesta terra e, para os que têm uma convicção religiosa, a plenitude na comunhão com o Ser Eterno. Assim, diante da realidade precária da condição humana, existe a possibilidade de se criar uma vivência fraterna entre as diversas culturas e tradições religiosas, por meio da acolhida, simpatia, proporcionadas pela vivência da empatia que a todos abarca em suas realidades existenciais. No processo pedagógico de Stein se encontra a necessidade do ser humano se autoconhecer e assumir a responsabilização por seus atos, buscando a sua própria essência, demonstrada em suas vivências.

A reflexão steiniana ilumina os tempos atuais, pois coloca em relevo a necessidade do ser humano assumir uma postura empática para com toda criatura. Isso porque existe um parentesco, em nível espiritual, com o ser divino que faz do ser humano cocriador, ou seja, assim como o Criador Eterno criou o mundo e o colocou gratuitamente à disposição de suas criaturas, o ser humano também é chamado a colocar todo o seu potencial a serviço da construção de uma sociedade plural, que acolha toda as diversidades de vida e, ao mesmo tempo, contribua para o bem-estar social, respeitando os limites, a ética e a cultura de cada povo. É de uma preciosidade divina a vocação do ser humano de viver com os seus semelhantes de forma pacífica, independentemente de sua tradição religiosa, orientação sexual, cor da pele, nacionalidade etc. Nesse sentido, se entende melhor o esforço pedagógico de Stein para conscientizar as pessoas de sua responsabilidade com o seu próximo e com todo o universo criado.

A filósofa informa que na alma está a vida psíquica do ser humano, que é construída ao longo de sua história. Com essa afirmação entende-se que a sociedade precisa formar humanamente os seus membros, para que não haja o analfabetismo ético-funcional e nem a discriminação social. Todavia, torna-se difícil criar uma vivência pacífica e harmoniosa entre os povos quando o que proporciona a empatia em nível psíquico ainda está desnivelado por fatores sociais e humanitários. Uma forma de iniciar a solução do problema é a responsabilização do ser humano por seu semelhante, bem como a promoção social do "outro", para que ambos atinjam um patamar de parceria dialogal e respeito mútuo que os leve a um enriquecimento. Enquanto não se chega a esse horizonte de convivência harmoniosa, a sociedade continuará a viver situações de barbárie, porque a sociedade massificada despersonaliza o ser humano, que, perdendo os seus valores, deixa vir à tona os seus instintos primitivos, aproximando as ações humanas das dos animais.[43] A semelhança humana com os animais é evidenciada em alguns elementos como: vigor, debilidade, instintos, sensações e mobilidade, o que gera um certo "parentesco" entre ambos. Daí brota certa empatia com os animais de estimação, o que faz muito bem às pessoas. É, inclusive, terapêutico, conforme várias pesquisas, oficinas e laboratórios já confirmaram. Acontece que o aspecto agressivo do animal também está muito presente nos indivíduos, o que leva à desumanização das pessoas e à perda da racionalidade.

Edith Stein quer resgatar a inteireza do ser humano e, por isso, apela para os formadores de opinião, dizendo que não é possível refletir sobre a vida se não se empatizar com as pessoas em suas diversas questões, apreendendo as suas dores e refletindo possibilidades de tirá-las daquilo que as desumaniza. Talvez se possa afirmar que Edith Stein, militante e defensora de um Estado democrático, acredite que a ascensão do Estado somente ocorrerá quando este possibilitar a promoção e o desenvolvimento humano de seus cidadãos, em todas as dimensões da vida. Em sua obra *Vida de uma família judia* (1933-1939), Stein narra justamente o labor de um povo, lutando por sua sobrevivência de forma honesta, possibilitando aos filhos acesso à educação civil e religiosa. A autora esforça-se em suas muitas conferências para mobilizar o cidadão, a fim de que ele se valorize por aquilo que ele é e produz. Neste ser e fazer, Stein reabilita o humano ao *status* de ser racional e, nesse ínterim, eleva a dignidade da mulher, colocando-a no mesmo grau de igualdade que o homem, em seu valor como pessoa humana:

> Nenhuma mulher é somente mulher. Assim como o homem, cada mulher tem sua particularidade e sua inclinação

43 STEIN, Edith. *Sobre el problema de la empatia*. Madri: Trotta, 2004, p. 70-72. Por parentesco deve se entender aqui as expressões corporais inadequadas para a convivência social, mas que brotam de dentro do homem e são reprimidas.

> individual e, nesta inclinação, o talento para tal ou qual atividade artística, científica ou técnica. Em princípio, a inclinação individual pode manifestar-se em qualquer domínio, mesmo naqueles que nada têm a ver com a especificidade feminina.[44]

Edith Stein ainda acrescenta:

> Porque se pensava, há alguns decênios, que a mulher tinha seu lugar no lar e que não servia para mais nada, foram precisos longos e difíceis combates para alargar um campo de ação tornado muito estreito. Contra esse sistema, insurgiu-se um bom número de mulheres corajosas e decididas.[45]

A história relata que os humanistas, por conta da ascensão do nazismo, foram calados ou assassinados. A agressividade explodiu na culta Europa, e Edith Stein – propagadora da conciliação, através da empatia – vê seus projetos pacificadores sendo tragados pela violência, miséria e morte. Dos campos de concentração da Segunda Guerra Mundial, ela transmite aos condenados de todos os tempos a fortaleza e a serenidade para abraçar a morte como o encontro com Aquele que faz justiça e sente profundamente a morte de seus justos, conforme narra o *Salmos* 115 (116): "É sentida por demais pelo Senhor a morte de seus santos, seus amigos. Eis que sou o vosso servo, ó Senhor, mas me quebraste os grilhões da escravidão!".

Num ímpeto de mística amorosa, declara Edith Stein: "Não há um coração humano que compreenda o que reservas para os que te amam. Agora eu te possuo e não te deixarei jamais. Por onde quer que me conduza o caminho da vida, Tu estás ao meu lado, nada poderá separar-me do teu amor".[46]

Na pessoa de Edith Stein se revela uma fé surpreendente. Em seu período de ateísmo, ela acreditava no ser humano e professa em sua tese doutoral a

44 STEIN, Edith. "Escritos antropológicos y pedagógicos: A mulher. Seu dever segundo a natureza e a graça". *In*: URKIZA, Julien; SANCHO, Francisco Javier (Orgs.). *Obras completas*. Burgos: Monte Carmelo, 2003, p. 1172, vol. IV.

45 HERBSTRITH, W. *Edith Stein: A loucura da Cruz*. Paris: Editions du Signe, 1998, p. 22.

46 *Ibidem*, p. 33.

capacidade das pessoas viverem empaticamente a relação intersubjetiva de forma agregadora, pacífica e fraterna. Tendo recuperado a fé no Deus de Israel, acolhendo a fé dos cristãos, age profeticamente diante das atrocidades de seu tempo, dando testemunho para os crentes de todos os tempos, incitando-os a se desacomodar de uma religião sentimentalista, fundamentalista e alienada, para abraçar com amor e ardor um compromisso real pelas pessoas, em especial pelas mais vulneráveis e excluídas. A sua solidariedade com os desamparados desestabiliza o crente, que diz ser fiel às Escrituras, mas, no entanto, é omisso em seu papel político-social. Não há como professar uma fé no Deus de Israel e se esquecer de que este mesmo Deus exige que seu povo viva o direito e a justiça (*Salmos* 85). Ela pôde vivenciar de perto as contradições dos "crentes" de seu tempo. Conhece as fragilidades humanas e é por isso que buscou alimentar a espiritualidade das pessoas, para que consigam uma elevação espiritual e atinjam o sentido absoluto do Ser Eterno, mas para isso o ser humano deve perscrutar a sua alma a fim de conquistar o governo de todo seu ser, e, assim, encontrar no mundo o lugar a ele destinado. Aí sim, a sua vocação para a eternidade se cumprirá, conforme afirma Edith Stein em sua obra *Ser Finito e Ser Eterno*: "Todo ente finito é uma plenitude limitada e formada, mas não está inteiramente formado até seu aperfeiçoamento definitivo".[47] A autora explica que o ser humano, justamente por sua dependência da matéria, é limitado e precário, mas em virtude de sua dimensão espiritual ele tem um estreito laço de união com Aquele que é Eterno. O Verbo divino, ao se fazer carne, desce à profundidade do ser terrestre e o incita a trilhar o caminho à plenitude definitiva do Ser Eterno.

8. A empatia como pressuposto ético para a humanização

O ser humano, reduzido pelo processo fenomenológico à sua essência, apresenta-se desde sua concepção como um ser com múltiplas vivências

47 STEIN, Edith. *Ser finito y ser eterno: Ensayo de una ascensión al sentido del ser*. México: Fondo de cultura Económica, 2002, p. 430.

e, na medida em que se compreende como corpo vivo, sensível, passa a se distinguir, como ser único, frente a outros corpos físicos e pessoais. Como é de sua natureza a capacidade de se empatizar, ele tenderá a se colocar no lugar do outro obtendo por apreensão uma nova imagem do mundo, o que poderá conduzi-lo a um enriquecimento cultural e humanístico. O método fenomenológico descreve o ser humano com condicionamentos culturais, os quais Edith Stein chamará de conexão simbólica, apreendida através da expressão corporal, chamada de anímica. Através desse fenômeno a pessoa capta as manifestações culturais e vitais do outro e se apropria empaticamente dessas manifestações de forma cooriginal, o que pode ser positivo, mas também negativo, dependendo da forma com que se estabeleça a relação social entre as pessoas. Por fim, a análise fenomenológica fala da experiência de incompletude do ser humano, e Stein acrescenta que através da empatia os elementos valorativos do ser humano que em ato estão incompletos podem ser apreendidos pelos atos empáticos, que darão a completude ao ser humano.

No terceiro capítulo do *Einfühlung*, a autora trabalha a empatia como tarefa humana para o problema da constituição do indivíduo psicofísico, ou seja, a sua abordagem da empatia pretende ser um estudo do problema e uma busca de solução acerca dos encontros e desencontros das vivências humanas ao longo da história, porque a realidade complexa da existência humana pode lhe gerar uma fenda em sua estrutura, que quando exposta deixa a pessoa muito vulnerável. Nesse sentido, faz-se necessário que o ser humano tome consciência de si, pois as suas imperfeições podem provocar muita dor no seu ser e os seus sentimentos se entrechocarem. Isso ocorre porque o caos e o cosmos presentes em sua estrutura estão em constante interação. Essa insatisfação interna é externalizada na convivência social, onde a proximidade dos instintos humanos ao aspecto animal é aflorada em contextos limites. Mediante o mal-estar que afeta o ser humano em contextos complexos, surge de dentro dele este lado agressivo e, em alguns casos, destruidor.[48] Essa hostilidade faz

48 Segundo a definição da Organização Mundial da Saúde, considera-se violência o uso de força ou poder, real ou apenas ameaçado, contra si próprio, contra outra pessoa, ou contra um grupo ou uma comunidade, que resulte ou tenha possibilidade de resultar em lesão, morte, dano psicológico, deficiência de desenvolvimento ou privação (OMS, 2002). Os comportamentos agressivos são associados a problemas de ajustamento e

com que se rompam os limites de respeito às pessoas e às sociedades, violando os direitos civilizatórios dos povos em várias partes do mundo, no decorrer da história. Como forma de paralisar essas situações desumanizadoras, no Medievo, a Igreja, sendo influenciada por filósofos e juristas, assumiu a defesa de igualdade dos seres humanos numa mesma dignidade. Nesse período os matemáticos cristãos desenvolveram a teoria do direito natural, em que o indivíduo está no centro de uma ordem social e jurídica justa, tendo a lei divina prevalência sobre o direito laico tal como é definido pelo imperador ou o rei, delegados pela hierarquia eclesial. Com o Renascimento, os racionalistas dos séculos XVII e XVIII reformulam as teorias do direito natural, retirando a sua submissão a uma ordem divina e proclamando, em 1789, na França, a Declaração dos Direitos do Homem e do Cidadão. A proposta não se vinculava apenas ao povo francês, mas a toda humanidade, alargando o campo dos direitos humanos e definindo os direitos econômicos e sociais. Foi esta corrente de pensamento que acabou por inspirar o atual sistema internacional de proteção dos direitos do ser humano.

Entretanto, as duas Grandes Guerras vieram demonstrar as falhas na vivência desses direitos. De fato, o horror que se abateu sobre a Europa no século XX demonstra uma força irracional e agressiva do ser humano, expondo a feracidade de uma sociedade que, renunciando à empatia, deu margem à barbárie de viés econômico, ideológico e racista entre as pessoas e Estados. Sabe-se que o início do século foi bastante conturbado pela pobreza das massas populacionais, crises políticas e econômicas dos Estados europeus, além das interrogações pessoais acerca do sentido da vida. Isso porque as pessoas não estavam encontrando respostas no racionalismo e estavam frustradas com a realidade social.

No século XX, o espírito patriótico e o ideal de heroísmo apelavam à sensibilidade juvenil, e foi nesse contexto que Edith Stein interrompeu os estudos para servir como enfermeira num hospital militar na Primeira Guerra Mundial. Naquele momento a estudante de filosofia tinha para si que deveria estar disposta a correr riscos e fazer sacrifícios por sua pátria, que lhe vinha proporcionando formação humanista. Na busca pela saída da crise econômica

---

diversos sintomas psicopatológicos e transtornos, tais como Transtorno de Personalidade Antissocial, Transtorno de Personalidade Borderline, Transtorno Explosivo Intermitente, Esquizofrenia e Transtorno de Humor Bipolar.

e social, muitos europeus abraçaram o nacionalismo exacerbado nos anos trinta, servindo com bravura à pátria, sem se dar conta de que estariam sendo manipulados. Esse processo gestou o fim da convivência, que de certa forma era pacífica entre as diferenças étnicas na sociedade, e exacerbou a discriminação e o preconceito. Dessa forma, a fraqueza humana, somada à insatisfação de sua precariedade, cedeu espaço aos instintos violentos, fazendo vir à tona a figura do "bode expiatório" como forma de encontrar um culpado pela crise social e, assim, mascarar a incompetência dos governantes e das pessoas, em suas singularidades, em administrar o Estado e suas próprias vidas.[49]

A dimensão religiosa das pessoas viveu forte turbulência nesse período, com a alegação de que sua existência e práxis não estavam dando sentido à vida pessoal e comunitária. Com isso, o crescente ateísmo que avançava sobre a Europa e a Ásia foi se tornando militante e, posteriormente, instalou--se em alguns governos, quer sob a forma de comunismo, quer sob a forma de nazismo, ou seja, a religião, em particular o cristianismo, foi rejeitada nestes dois sistemas políticos e a consequência foi a tentativa da supressão dos valores do evangelho, bem como da ética judaico-cristã. Sob o formato de indiferença religiosa, o ateísmo atualmente encharca as diversas sociedades, num divórcio instalado, ou seja, um laicismo que renuncia aos valores conquistados pela sociedade ocidental, para um relativismo generalizado que compõe a chamada "modernidade líquida", termo cunhado pelo sociólogo polonês Zygmunt Bauman (1925-2017) para descrever a passagem sólida das instituições na modernidade para a versão líquida, onde tudo é volátil nas relações familiares, de grupos de amigos, de afinidades políticas, etc.

---

49 A expressão "bode expiatório" tem origem no ritual judaico, conforme consta no *Livro dos Levíticos*, em que Aarão, ao pôr as mãos sobre a cabeça de um bode, transmite para este animal todos os pecados do povo de Israel. As palavras "bode expiatório" são aplicadas em qualquer situação em que um inocente é responsabilizado por uma culpa que não tem. Nas relações entre etnias dominantes e dominadas esse processo ocorre frequentemente em épocas de crise em que uma sociedade transfere para uma minoria frágil e facilmente identificável os seus medos e infortúnios. A discriminação, o preconceito e a estereotipação voltam ciclicamente a afetar as sociedades que escolhem os mesmos ou novos bodes expiatórios, já que sempre que há uma pessoa, grupo ou etnia diferente, este é caracterizado por um estereótipo que normalmente se torna o "gatilho" que desencadeia a canalização da agressão.

Nesse cenário há o enfraquecimento da ideia de comunidade e a queda de instituições norteadoras que dariam segurança às pessoas a partir de sua base institucional.[50]

No *Einfühlung*, Stein constata que o grande perigo ao qual o ser humano está constantemente submetido é o de cair em uma vida puramente instintiva (na linguagem hobbesiana: "o Homem é o lobo do homem"), por isso ela perscruta a raiz do mal, mistério da iniquidade que gera a nefasta situação de desequilíbrio e violência no seio familiar e social. A filósofa afirma que o mesmo sentimento que motiva um ato de vontade, positivo ou negativo, também pode motivar um fenômeno expressivo, como o vandalismo, que é uma expressão de delinquência fruto de uma inconsciente insatisfação de determinada pessoa ou grupo em relação ao quadro social no qual está inserida, ou pior, é uma forma de deixar extravasar a agressividade contra o contexto que a circunda. Sempre que acontece essa queda, o ser humano é arrastado ao mal,[51] não enxergando e destruindo o ser humano, os bens sociais e a ecologia; por isso a autora afirma no *Einfühlung*: "*nós, pessoas civilizadas, temos que nos dominar, reprimir a expressão corporal de nossos sentimentos; somos limitados em nossas ações e, consequentemente, em nossos atos de vontade*".[52] Com isso, cabe ao ser humano conquistar a ponderação e o equilíbrio através da reflexão para evitar atitudes desastrosas e selvagerias, já que é diferente do animal, que na maioria das vezes

50 BAUMAN, Zygmunt. *Amor líquido: Sobre a fragilidade dos laços humanos*. Rio de Janeiro: Zahar, 2004.

51 STEIN, Edith. "Escritos antropológicos y pedagógicos". *In*: URKIZA, Julien; SANCHO, Francisco Javier (Orgs.). *Obras completas*. Burgos: Monte Carmelo, 2003, p. 309--310, vol. IV. Nesse trabalho pedagógico, Edith Stein concilia a natureza, a liberdade e a graça como princípios para compor a forma harmoniosa de vida, e, ao mesmo tempo, para contrapor o impulso da natureza humana, que, ao se deixar conduzir pelo ritmo de suas paixões, não consegue desenvolver uma personalidade profunda e equilibrada. Em um trabalho posterior, "Que é o homem? A antropologia da doutrina católica da fé" (p. 811-833), Stein parte da reflexão agostiniana sobre o mal para expor o mistério da liberdade humana, que a partir da vontade faz escolhas e em meio a essas opções se encontra o equívoco humano em se deixar corromper, escolhendo o que é mal. Aqui novamente vem à tona o que Edith Stein trabalha em sua primeira obra, quando trata do problema da constituição do indivíduo psicofísico: o fenômeno da expressão.

52 STEIN, E. *Sobre el problema de la empatía*. Madri: Trotta, 2004, p. 70.

ataca somente quando se sente ameaçado. Logo, os instintos do ser humano, que vem sendo "reprimidos" ao longo dos séculos, têm forte influência na vida social, inclusive na semeadura do mal na sociedade como um todo.

O filósofo Max Scheler cita Stein como uma das continuadoras da sua Teoria dos Valores, referindo-se à tese sobre a Empatia, na qual a autora retoma e desenvolve a doutrina do valor da pessoa.[53] Com a globalização, certos regionalismos ganharam notoriedade mundial, com indivíduos se identificando com determinados grupos, que em uma esfera menor podem ser chamados pela pertença exacerbada a grupos, times de futebol, partidos políticos etc., e em uma esfera maior podem ser denominados de nacionalismos.[54] Nesse universo, grupos afins buscam respaldar seus direitos e defender seus interesses em meio à pluralidade social. Para obter seus objetivos, se utilizam dos recursos disponíveis, mesmo que esses não sejam éticos. Edith Stein defende a busca pelo diálogo como valor humanitário para se conciliar os diversos interesses desses grupos, mesmo sabendo da incapacidade de muitos indivíduos dialogarem. Acrescenta que a construção de uma relação intersubjetiva requer pessoas equilibradas socialmente, por isso vai ensinando o ser humano a ultrapassar os seus próprios interesses mesquinhos e se empatizar com a realidade criada e incriada, para uma melhor compreensão da vida; o que é possível pelo fato do "eu" ser constituído como membro da natureza, tendo a alma fundada no corpo, sustentada por sua dimensão espiritual. Stein informa que o corpo, com seus instintos e apetites, precisa estar em harmonia com a psique e o espírito, sendo que na psique estão: desejos, tensões, reações ao mundo do corpo exterior. Já na parte espiritual se delineia a personalidade que toma ou não posições conforme a cultura, mas nem sempre, pois o espírito está continuamente sendo impelido a ultrapassar os seus horizontes reflexivos. Este é o campo da liberdade, que

---

53 MIRIBEL, Elisabeth. *Edith Stein: Como ouro purificado pelo fogo.* 2. ed. Aparecida, SP: Santuário, 2001, p. 56-57. Edith Stein vai ser muito influenciada por Max Scheler em sua concepção ética, através de seus livros, conferências, conversas e discussões sobre o mundo dos Valores.

54 O nacionalismo acentuado não desapareceu com o fim da Primeira Guerra, antes desencadeou a Segunda. No fim do século XX ainda perduravam as questões acerca dos Balcãs, do País Basco, da Irlanda do Norte, da Tchetchênia. Atualmente ainda existem relações complexas como, por exemplo, a da China com Taiwan e Tibete.

pode ser tomado como a grande riqueza da aventura humana sobre a terra; mas, quando essa riqueza não é bem administrada, impossibilitada e tolhida, as relações sociais declinam pelo fato do aspecto irracional do ser humano desestabilizar o seio familiar e a sociedade, com tudo o que nelas existe, como: religião, política, economia, etc.

Segundo a antropologia steiniana, o ser humano é chamado a construir o mundo ao seu redor de acordo com sua vontade e necessidade, o que configura um valor para o bem social pelo fato de que suas motivações brotam no íntimo de seu ser de forma criativa e correlativa, ou seja, "*Todo nosso mundo cultural, tudo aquilo que modelou a mão do ser humano, todos os objetos de uso, todas as obras de artesanato, da técnica, da arte, são correlatos feito realidade do espírito*".[55] Essa estrutura humana possibilita um constante progresso, na medida em que as pessoas usam os seus talentos para enriquecer a humanidade graças à empatia, isso porque o horizonte espiritual das pessoas progride quando compartilham suas conquistas e seus inventos, facilitando assim a sua vida e a de seu próximo. No *Einfühlung*, a filósofa fala da força potencial que as pessoas têm de transformar o mundo e a própria realidade. Exemplifica dizendo que as ações criativas das pessoas são "atos espirituais" que estão unidos numa relação semelhante a um feixe de raios de luz, que brotam do ser humano, como ponto de intercessão, e iluminam tudo ao seu redor. A experiência vivencial de cada pessoa é passada para outra, e a esse fenômeno ela chama de motivação; ainda, prossegue dizendo que um sentimento motiva uma expressão, que pode vir a se tornar real ou não, conforme a natureza do que é desejado. Isso porque há um domínio de possibilidades de expressões, provenientes de atos espirituais, que devem se submeter à legalidade racional, conforme a ética e a axiologia sociocultural, para se manter um convívio fraterno entre as pessoas.

Em sua pesquisa, Stein constata que existem certas patologias, contraídas ou genéticas, que requerem cuidados especiais, pois, em virtude de sua debilidade, a pessoa não tem condições de estabelecer relações intersubjetivas. Nesse sentido, existem instituições religiosas e governamentais que ao longo

---

55 STEIN, Edith. *Sobre el problema de la empatía*. Madri: Trotta, 2004, p. 110.

da história se mobilizaram para promover a boa convivência social cuidando dessas pessoas debilitadas e algumas vezes abandonadas por seus próprios familiares. Em relação ao contexto político-religioso, a filósofa informa que é necessário atenção e discernimento com quadros de alienação mental, aparentemente leves, de pessoas que contradizem as leis convencionais da boa convivência, querendo estabelecer os seus próprios interesses. Em seguida, fala da diferença radical entre as anomalias espirituais e as psíquicas. Por fim, trata dos casos patológicos que se apresentam como modificações na vida da pessoa pela aparição de uma enfermidade, como a depressão, que lhe retira o entusiasmo pela vida. Esses quadros de patologias se mesclam na estrutura humana, abarcando, portanto, a estrutura corpórea, psíquica e espiritual, o que afeta a ética relacional da vida na sociedade. O resultado desse quadro doentio é constatado por Stein na sociedade em que vivia, mas também é cruamente percebido nos dias atuais. Um exemplo histórico se encontra na análise do autoritarismo de certas pessoas na sociedade, cuja averiguação constata o adoecimento humano e a necessidade de um trabalho psicoterapêutico para se chegar ao equilíbrio psíquico. No autoritarismo religioso, político e social encontra-se uma pessoa ou grupo querendo impor o seu domínio sobre as demais pessoas a partir de uma necessidade existencial de ser superior, enquanto na verdade trata-se de um ser adoecido, talvez com um complexo de inferioridade, lutando para se autoafirmar por meio da manipulação, às custas da submissão do outro e do negligenciamento dos valores sociais. Por outro lado, de forma simples, os grupos humanos precisam se organizar, e a forma mais saudável é através do bom senso democrático, o qual delega autoridade para uma pessoa, em princípio equilibrada e capacitada para governar com diplomacia, visando ao bem-estar dos seus subordinados; porém, se essa liderança apresentar sinais de desequilíbrio, os mesmos grupos têm o dever de desautorizá-la em seu governo e passar para outra pessoa essa missão, a fim de que o grupo viva conforme a sua constituição.

A pesquisa steiniana sobre a estrutura do ser humano traz respostas e propostas para que a pessoa possa aprender a viver a liberdade com seus limites, bem como se deixar nortear por valores éticos que regulem a boa convivência social. Na contramão dessas propostas está o sujeito humano bombardeado por conflitos de toda espécie, que lhe debilitam o engendramento de uma formação pedagógica humanizadora. Na sociedade globalizada, tanto o ambiente familiar quanto o escolar padecem refletindo o *status quo*, cuja realidade educacional saiu de regimes estritamente fechados, com punições vexaminosas, e caiu em situações de libertinagem, por exemplo: na escola, para disciplinar o aluno se utilizavam vários recursos, dentre eles o uso da palmatória. Atualmente, a situação é outra, com a pluralidade de pedagogias há várias oportunidades de formação escolar com a devida orientação humanista. No entanto, a escola como reflexo de uma sociedade violenta padece a ponto de se tornar, em alguns casos, campo de guerra, com professores que são ameaçados e até assassinados por seus alunos. No ambiente chamado "familiar", o cenário se repete com situações violentas como o feminicídio, o uso de entorpecentes e outras situações danosas que esfacelam a relação familiar. Certos comportamentos desumanos encontrados em alguns indivíduos denotam a falta de equilíbrio e a incapacidade desses elementos de conviver em família e em sociedade. Por não reconhecerem os valores humanitários, se tornam capazes de realizar atos trágicos. Esse cenário evidencia a dificuldade humana de lidar com sua autonomia, disciplina e liberdade e, ao mesmo tempo, passar esses valores para as novas gerações. Por outro lado, felizmente, esse mesmo ser humano tem se aperfeiçoado na relação com seu semelhante de forma altruísta, graças à contribuição de muitos humanistas, por exemplo: nos escritos steinianos se encontra uma pedagogia que visa proporcionar ao indivíduo um real conhecimento de seu potencial e, ao mesmo tempo, uma sensibilidade para com o mundo ao seu redor.

A contribuição de Edith Stein e de tantos profissionais, como a do pedagogo brasileiro Paulo Freire, ajuda na construção de um mundo mais humanizado e esclarecido. A empatia entre as pessoas as torna corresponsáveis pelo desenvolvimento do seu semelhante, isto é, um ser ético, que reflete em suas atitudes os valores que geram uma sociedade justa. A vivência da ética implica como tarefa humana buscar compreender, apreender, ou seja, empatizar-se com o outro, conforme pode ser observado no filme *Gênio Indomável*, que narra um belo processo empático entre o psicoterapeuta Sean (Robin Williams) e o paciente Will (Matt Damon), que tem dificuldades em criar vínculos por conta de seu passado de maus tratos e abandono. A riqueza do filme está no fato de deixar claro que não há nada que substitua os sentimentos verdadeiros, mas para isso é preciso estar disposto a ouvir, a se colocar no lugar do outro, proporcionando a cura de suas patologias.[56] Como o processo é sempre progressivo se faz necessário não só analisar o contexto familiar e social das pessoas, mas a necessidade de promover esses indivíduos por meio de metodologias pedagógicas humanitárias. Em alguns casos, é fundamental a interferência do Estado – através da assistencial social – para retirar o indivíduo de situações de risco. Nesse sentido, cabe recordar o filme *Coringa*, lançado em 2019, pelo fato de apresentar o Estado abandonando uma pessoa com um transtorno psiquiátrico. O longa-metragem mostra que além da instituição estatal houve também por parte dos personagens da classe trabalhadora, da classe alta e de populares, total abandono e desprezo ao doente, o que o conduziu a um desajustamento à cultura e à sociedade, culminando em atos de barbárie.[57]

9. Empatia, vocação humana ao bem-estar

Em carta datada de 1935, quando Edith Stein já havia percorrido um longo caminho de amadurecimento em sua vida (experimentou a angústia da Primeira Guerra, a solidão e o abandono de seus familiares por ter abraçado a religião cristã, a recusa de seu magistério em várias universidades por ser mulher e também por ser judia, vivenciou o itinerário da fé, a entrega à vocação da vida religiosa e a comunhão mística com o mistério do Absoluto), expressou seus sentimentos ao sobrinho do cônego Schwind, seu primeiro diretor espiritual, com o seguinte texto:

> [...] você me faz sorrir quando pergunta como pude acostumar-me com a solidão do carmelo. Estive muito mais só na maior parte dos anos passados no mundo do que estou

56 *GÊNIO INDOMÁVEL*. Gus van Sant. EUA, 1997, 126 min.

57 *CORINGA*. Todd Phillips. EUA, 2019, 122 min.

> aqui. Nada do que deixei lá fora me faz falta e aqui encontrei o que me faltava lá. Só posso agradecer a Deus pela graça imensa e gratuita de minha vocação.[58]

Na obra *Sobre o problema da empatia*, pode-se captar um itinerário feito por Edith Stein para que o ser humano possa atingir sua vocação e chegar à plena integração do seu ser na vivência altruísta. A análise da empatia quer responder à pergunta: o que significa tomar conhecimento da experiência vivencial alheia? Para respondê-la, Stein trata de demonstrar que não se chega ao conhecimento do outro se não houver um conhecimento de si mesmo, partindo do universo fenomenológico do problema do "eu" que se constitui em relação a "outros eus". A riqueza deste processo intersubjetivo possibilita que os indivíduos se descubram como sujeitos de uma história pessoal que conflui para a comunhão e a realização individual, social e espiritual do grupo. A filósofa percorreu esse caminho e na citação acima demonstra a sua satisfação pelas experiências que possui e pelas conquistas obtidas no campo pessoal.

Husserl, conforme já foi mencionado, indica o "eu" como um polo egológico, ou seja, um lugar central onde tudo converge. Sua teoria sobre o "eu puro" afirma que todos os seres humanos têm uma função estrutural, essencial, que pode ser examinada, sem se referir a um específico "homem real". Isso, para ele, é evidenciado pela reflexão acerca das vivências do ser humano, que se dá segundo a intencionalidade reflexiva de cada um. Assim, o "eu" é aquela capacidade que o ser humano tem de ir a todas as vivências e de ver como essas vivências correspondem ao corpo, à psique e ao espírito. Husserl prossegue em suas reflexões, admitindo que se deteve muito no subjetivismo e, na *V Meditação Cartesiana*, para sair do solipsismo, ou seja, do isolamento da consciência individual em si mesma, tanto em relação ao mundo externo como em relação a outras consciências, ele recorre à intersubjetividade transcendental, supondo que as essências e as significações de um sujeito podem, por analogia, ter aspecto parecido com as dos demais. O pensamento fenomenológico, com a intenção de manter-se como ciência rigorosa, põe-se em movimento autocrítico em relação ao solipsismo metodológico moderno. Husserl afirma, em sua busca de

58 MIRIBEL, Elisabeth. *op. cit.*, p. 160.

fundamentação da existência transcendental do "eu" alheio, que o "outro" é para si próprio um "Eu", sua unidade não se encontra na *minha* percepção, mas nele próprio. O "outro" é experimentado por mim como estranho porque é ele mesmo, tanto quanto "eu", fonte de sentido e de intencionalidade. Já no livro *Ideias I*, no 29º parágrafo, Husserl narra o mundo circunstante natural, feito pelos "outros",[59] e introduz o tema da empatia ou *Einfühlung*, literalmente, "sentir em"; o sujeito sente-se em "outro".

Edith Stein se entusiasma com o processo da empatia, pois nele vê a possibilidade do ser humano evoluir em suas relações e alcançar um bem-estar social. Ela assimila a intuição de Husserl acerca das vivências humanas na alma psíquica, no corpo e no espírito. Porém, nas abstrações dele não encontrou a preocupação com as relações não intelectuais, como o amor, o ódio, ou seja, os sentimentos em geral que também levam ao conhecimento do "outro". Nesse sentido, a influência de Max Scheler foi fundamental para que o pensamento da jovem filósofa se abrisse para campos ainda não explorados, como o valor, a ética e as relações intersubjetivas. É por isso que a noção de empatia, dada por ela, assume um caráter específico, enquanto participação das vivências interiores que se tem em relação à outra pessoa, ou seja, o ser humano tem consciência de que o "outro" tem as suas próprias vivências e no contato com outras pessoas transfere sua interioridade. O "outro" se apresenta como alguém vivo, que pela sua corporeidade se distingue de um mero corpo físico. Pela sua vivência se constata o elemento emotivo em suas funções. Nesse sentido, pode-se realmente dizer que Edith Stein faz um retorno ao ser humano, em sua essência, ou seja, naquilo que ele manifesta de si. A empatia, no método fenomenológico, possibilita ao ser humano se expressar e apreender a expressão, o sentimento do "outro". Por isso, Stein declara para o sobrinho do cônego Schwind que no Carmelo não se sente só, ao contrário, participa ativamente da vivência das pessoas, com quem convive fisicamente, seja com as carmelitas, seja com as pessoas que a procuram para colóquios espirituais na portaria do Carmelo, mas também com quem convive de forma espiritual, apreendendo e se solidarizando com a realidade pessoal de cada um.

---

59 BELLO, *op. cit.*, p. 180-184.

Algumas expressões do ser humano revelam os seus anseios mais profundos, que vão de necessidades fundamentais, para sobreviver, até especulações metafísicas. Isso está claro na vida de Edith Stein, que parte de suas reflexões filosóficas acerca do "eu" em relação ao "outro" e chega à relação empática espiritual do "eu" em comum união com o Totalmente Outro. Nesse sentido, as espiritualidades judaica e cristã vão afirmar a existência de um ininterrupto chamamento de Deus para o ser humano voltar-se continuamente a si, e, ao mesmo tempo, se expandir globalmente, evoluindo. Na teoria steiniana da empatia, a filósofa leva a pessoa humana a compreender que é sujeita de sua própria história e, ao mesmo tempo, a faz compreender a sua estrutura existencial. Nesse processo, o ser humano vai aprendendo, através da convivência, a contemplar no outro "eu" alguns anseios que também são "seus", o que o conduz ao entendimento de que a constituição da alteridade se dá de forma pacífica, pois o movimento de compreensão e de reconhecimento não tem uma direção unívoca, mas é recíproca. A filósofa, através desse processo, já indica que o estar no mundo das pessoas é ser pessoa também e participar de suas venturas e desventuras.[60]

Essa reflexão faz vislumbrar o potencial do ser humano para a convivência intersubjetiva, pois ele não existe num mundo ideal, mas num mundo real, como informa a autora: "O mundo no qual eu vivo não é só um mundo de corpos físicos, além de mim também há sujeitos com vivências, e eu reconheço esse vivenciar".[61] O fenômeno empático suscita na pessoa a apreensão pela vivência do outro para uma parceria na caminhada pela existência, já que a estrutura humana constituída de corpo, psique e espírito é comum a todo gênero humano.

Na atualidade, cresce a consciência global da necessidade de preservação do meio ambiente, criando mecanismos que possam promover a sustentabilidade do planeta. A empatia com o cosmos pode ser abordada, de forma especial, quando Stein fala do vigor e da debilidade presentes na vida humana, dos animais e dos vegetais, além do fato de constatar a existência da dimensão mineral,

---

60 STEIN, Edith. *Sobre el problema de la empatía*. Madri: Trotta, 2004, p. 89-90.

61 *Ibidem,* p. 21.

vegetal e instintual na própria estrutura da pessoa humana. Graças à capacidade reflexiva e empática do ser humano, este vem assumindo a responsabilidade pela preservação da natureza, ciente de que não está separado dela, ao contrário, depende e vive nela. De fato, os seres humanos estão imersos no mundo que envolve a todos. Com o termo "mundo" entende-se não só as coisas, ou outros sujeitos humanos e a natureza, mas também os valores, os bens e a cultura. A relevância de se adquirir essa consciência incide na urgência de se estabelecer o respeito do ser humano para com a natureza, tendo clareza de que se trata de garantir, por meio dela, o respeito para com a vida das novas gerações.

As destruições do ecossistema têm se dado por fatores gananciosos ao longo da história, porém, foi no século XX que se evidenciaram os estragos produzidos no planeta por causa da ambição e dos desentendimentos entre os indivíduos, que levaram a gestar guerras e armas tóxicas. Também é importante salientar que existem fenômenos próprios da natureza que extrapolam os atos humanos e se dão pela própria constituição do planeta, como, por exemplo, a existência de placas tectônicas, que em sua movimentação provocam terremotos, tsunamis e outras catástrofes naturais. Todavia, a presença do ser humano e a sua atuação na esfera terrestre vêm modificando o meio ambiente, desencadeando fenômenos como, por exemplo, o aquecimento global, que ocorre em função do aumento da emissão de gases poluentes, principalmente derivados da queima de combustíveis fósseis, como a gasolina e o diesel. Esses gases (ozônio, dióxido de carbono, metano, óxido nitroso e monóxido de carbono) formam uma camada de poluição de difícil dispersão, causando o efeito estufa. Estudiosos do clima mundial afirmam que esse fenômeno ocorre porque tais gases absorvem grande parte da radiação infravermelha emitida pela Terra, dificultando a dispersão do calor. O desmatamento e a queimada de florestas e matas, como tem-se noticiado acerca da região amazônica e da Austrália, também colaboram para este processo de deterioração. Como essa camada de poluentes dificulta a dispersão do calor, o resultado é o aumento da temperatura global. Embora este fenômeno ocorra de forma mais evidente nas grandes cidades, já se verifica suas consequências em nível global. Nesses casos e nos fatídicos casos de bombas atômicas ou de vazamentos de usinas nucleares, é toda a natureza que padece: morrem pessoas, animais e plantas; os solos terrestres, os lençóis freáticos e os oceanos ficam contaminados. É necessário reverter esse processo, porque segundo a tradição judaico-cristã, no princípio, onde havia trevas e caos, Deus fez brilhar a luz e gestou harmoniosamente um belo cosmos. A missão humana é salvaguardar essa harmonia, para que o bem existente seja preservado, e, se ainda não existe, seja conquistado.

Nesse processo, a função da empatia se manifesta na compreensão entre as pessoas quando atingem o nível psicoespiritual, onde se manifesta, em toda a sua amplitude, o âmbito da vontade, fruto do desejo espiritual das pessoas, que supostamente deveria possibilitar a construção de um mundo seguro e saudável para se viver. Edith Stein prossegue suas reflexões dando um exemplo acerca da atuação de uma pessoa, em sua relação com o mundo, utilizando os termos da ação e reação, dizendo: "notamos também um efeito do indivíduo, sobre o mundo externo, em cada ação que produz uma mudança da natureza física, seja na ação instintiva ou na voluntária".[62] A discussão se amplia e ganha respaldo quando essa teoria se confirma no âmbito da natureza global, ou seja, na ação de indivíduos que em nome de determinada política religiosa ou ideologia explodem lugares de culto como mesquitas, sinagogas ou igrejas. Em contrapartida, vem a reação imediata com a retaliação em ondas de violência pelo mundo. Por outro lado, existe também a vontade humana que gera motivação para se criar uma corrente do bem, com ações concretas de fraternidade e diálogo. Edith Stein tratou todos esses fenômenos em suas investigações e em sua vida, indo ao essencial dos problemas para encontrar soluções que ajudassem o ser humano a recuperar a dignidade através da formação humana e social. Nesse sentido, a autora acrescenta:

> Se vejo como alguém procede motivado por uma resolução da vontade, por exemplo, levanta e carrega uma pesada carga por uma aposta, apreendendo o proceder da ação a partir do ato da vontade que aqui aparece como *primum movens* do processo causal, não como membro intermediário na série das causas físicas. Temos dado fenomenalmente o efeito do psíquico sobre o físico e também do psíquico, sobre o psíquico, sem mediação de um membro físico intermediário.[63]

62 *Ibidem*, p. 90.

63 *Ibidem*, p. 90-91.

De forma hermenêutica, o argumento steiniano permite uma correspondência de sua concepção de vontade com os trabalhos realizados no campo do diálogo inter-religioso, isto é, na busca pelo diálogo muito já se pensou e se discutiu acerca das reais motivações, para um intercâmbio entre as tradições religiosas, que favorecessem a vontade dos grupos religiosos de se unirem. Algumas pessoas de religiões diferentes se empatizaram e decidiram caminhar juntas na compreensão do universo religioso do outro, sem confundir e nem misturar as suas convicções religiosas, mas com o intuito de se enriquecerem com a convivência. O crente que até então causava estranhamento por conta de suas doutrinas é chamado a ser visto como contemporâneo e irmão que compartilha a vida no planeta numa mesma faixa de tempo. Desse modo, faz-se necessário todo um esforço para refletir e acolher esse irmão/irmã, por conta da diferença religiosa, sem sacrificar a identidade de ambos. Dentre as várias motivações desses interlocutores, o *primum movens* é a preocupação ética com a preservação da vida, já que o fenômeno da globalização aproximou os povos com suas culturas e crenças religiosas.

Nesta "aldeia global" as religiões se encontram mais próximas, com os seus fiéis tendo a missão de se esforçar para que haja a vivência do respeito, bem como do reconhecimento valorativo de cada instituição. Contudo, de quando em quando se tem notícias de vilipêndio a pessoas, objetos e cultos religiosos, em várias partes do mundo, por causa da intolerância religiosa. No início do século XXI cabe às instituições religiosas a abertura para as realidades da alma humana, com suas diversas manifestações, conforme a cultura de cada povo. O diálogo inter-religioso tem de levar em consideração a simpatia dos fiéis por determinada doutrina, consoante a tradição vivida, acrescentando também a leitura crítica dos acontecimentos históricos como as perseguições ideológicas "em nome de Deus". Corroborando isso, no passado e ainda hoje em alguns lugares do planeta, as próprias religiões foram fatores de divisões e de guerras, por isso o esforço de se implantar o diálogo inter-religioso com o objetivo de se promover de forma responsável a paz e o direito. Há tempos vem se tentando incrementar esse diálogo; a história das religiões apresenta algumas tentativas, como o marco histórico ocorrido em 1219, quando São Francisco de Assis visita o Sultão do Egito Malik al Kamil, na tentativa de se promover a paz, porque nas duas margens do Mediterrâneo a guerra e o ódio faziam com que o sangue de cristãos e muçulmanos fosse derramado nas Cruzadas. No oitavo centenário desse evento, dado em 2019, por iniciativa da Comissão Nacional para o Diálogo Inter-religioso e o Ecumenismo do Paquistão, importantes iniciativas e celebrações foram realizadas, tais como a leitura conjunta de passagens da Bíblia Sagrada e do Alcorão, voltadas a relançar a mensagem universal da tolerância, da amizade, do compromisso comum pela paz.

Na Mensagem do Pontifício Conselho para o Diálogo Inter-religioso, de 30 de agosto de 2011, a Conferência Nacional dos Bispos do Brasil (CNBB) cumprimentou os mulçumanos pelo término do Ramadã e os convidou, juntamente com os cristãos, a promover a dimensão espiritual da pessoa humana. Pode-se dizer que esse enfoque espiritual é profundamente steiniano e a argumentação da mensagem segue o mesmo raciocínio da filósofa ao afirmar:

> [...] a transmissão de valores humanos e morais às jovens gerações é uma preocupação comum a cristãos e mulçumanos. Toca a nós fazer-lhes descobrir que existe o bem e o mal, que a consciência é um santuário que se deve respeitar, que cultivar a dimensão espiritual os torna mais responsáveis, mais solidários, mais disponíveis para o bem comum.[64]

A tese de doutorado de Edith Stein termina focalizando a dimensão espiritual, como a ponte que integra o ser humano a si e ao universo do qual é chamado a fazer parte. Stein, em sua primeira obra, lançou as bases para a vivência empática do ser humano com o mundo e, no decorrer de sua carreira filosófica, foi fundamentando pedagogicamente cada argumento a favor da empatia, para que cada pessoa se capacite e tome consciência de seu valor e do valor de seu semelhante, a fim de que se possa constituir uma sociedade justa, conforme se percebe em seus trabalhos *Indivíduo e Comunidade* (1919) e *Uma investigação sobre o Estado* (1925). Já em seus escritos filosóficos, como cristã,

---

64 PONTIFÍCIO CONSELHO PARA O DIÁLOGO INTER-RELIGIOSO (Cardeal Jean-Louis Tauran). *Mensagem para o fim do ramadão: Cristãos e muçulmanos: Promover a dimensão espiritual do homem*. Cidade do Vaticano, 2011. Disponível em: https://www.cnbb.org.br/mensagem-do-pontificio-conselho-para-o-dialogo-inter-religioso-pelo-fim-do-ramada.

se percebe a continuidade de seu realismo crítico e, ao mesmo tempo, uma postura espiritual que dá base para a vivência comunitária, a partir do sentimento religioso, como escreverá em sua obra *Ser Finito e Ser Eterno* (1950), quando afirma que vestígios da Santíssima Trindade são encontrados de forma latente nas pessoas humanas e nas coisas do mundo.

Assim, através da constatação steiniana da necessidade de se valorizar os bens terrenos, como dádiva divina, percorrendo o caminho da solidariedade e respeito entre os povos e suas tradições religiosas, se chega à parceria entre as pessoas, que são constituídas de semelhantes traços, conforme a estrutura humana. Cada ser humano traz em si a capacidade espiritual de se empatizar com o seu ser mais profundo e, em sintonia com a sua estrutura corpórea, encontrar equilíbrio para a sua existência.[65] Quanto mais consciente de si, mais próximo estará de um autêntico bem-estar, com tudo o que é criado. Inclusive esta é a grande profecia de *Isaías* 11: 6-9, compartilhada e almejada por cristãos e judeus:

> Então o lobo morará com o cordeiro, e o leopardo se deitará com o cabrito.
>
> O bezerro, o leãozinho e o gordo novilho andarão juntos e um menino pequeno os guiará.
>
> A vaca e o urso pastarão juntos, juntas se deitarão as suas crias.
>
> O leão se alimentará de forragem como o boi.
>
> A criança de peito poderá brincar junto à cova da áspide, a criança pequena porá a mão na cova da víbora.
>
> Ninguém fará o mal nem destruição nenhuma...

65 STEIN, Edith. *Obras Selectas.* 2. ed. Burgos: Monte Carmelo, 1998, p. 88-91.

II. Enfoque psicossociológico

A empatia no contexto judaico-cristão de Edith Stein

Esta obra contempla, neste capítulo, o contexto sociocultural de Edith Stein, narrando inicialmente a imersão da família de Stein no judaísmo; passando, em seguida, para a demonstração do caminho intelectual e religioso da filósofa até sua entrada na Igreja Católica Apostólica Romana. Denota-se nesse percurso o senso de comunhão de Edith Stein com suas raízes judaicas, sua pátria e sua confissão religiosa.

A parte central do capítulo focaliza o encontro com a verdade, que foi a grande motivação de Stein, quando optou pela fenomenologia. A filósofa encontra o sentido para a sua vida no processo empático com Jesus de Nazaré, Teresa de Ávila e João da Cruz.

Por fim, no terceiro tópico, o texto explana sobre a profunda empatia de Edith Stein com o seu povo judeu, pelo qual vive um verdadeiro martírio espiritual, antecipando o que viria a seguir: o cruento sistema de extermínio nazista arranca as irmãs Stein do Carmelo e as conduz ao campo de concentração, onde Edith Stein é imolada juntamente com seus irmãos de sangue e de fé, para a Santificação do Nome (Lv. 22: 32), conforme o ensinamento da doutrina judaica.

1. A vida da família Stein no judaísmo

Em 1918 ocorre o término da Primeira Guerra Mundial, deixando uma grave crise econômica e social em toda a Europa, provocando assim a deterioração dos conceitos liberais e fazendo emergir novos modelos políticos ideológicos como o Socialismo e o Totalitarismo. Em 1933, Adolf Hitler (1889-1945) e seu Partido Nazista chegaram ao poder na Alemanha, com a pregação de que os alemães tinham o direito de expandir-se militarmente, retomando antigos territórios que já haviam pertencido ao antigo império germânico. No programa político do partido constava a quebra do Tratado de Versalhes, que havia imposto uma grande humilhação para o povo alemão; destacava a rivalidade e a competitividade externa com a Rússia, a França e a Inglaterra; elegeu como inimigos internos os judeus, os socialistas e os defensores da democracia parlamentar. O nazismo repudiava todos os valores do individualismo e do liberalismo democrático, pregando a total integração do indivíduo no seio da comunidade política do Estado. Os cartazes nazistas diziam, por exemplo: *Tu não és nada, teu povo é tudo*. A vontade do Estado deve ser a vontade do povo. Com esse programa, o Partido Nacional Socialista dos Trabalhadores Alemães conseguiu a simpatia de numerosa massa de descontentes, como os pequenos comerciantes, pequenos industriais e profissionais liberais, pessoas endividadas, desempregadas e ex-combatentes, que sofriam com a intolerável situação econômica que abalava o país. Caracterizado pelo totalitarismo,[1] monopartidarismo, anticomunismo e um nacionalismo histérico, o nazismo alemão usou um instrumento de dominação que agia através do convencimento e da força de forma prescritiva, alienando a consciência alemã e mascarando a realidade por meio da ideologia antissemita, que defendia que o povo alemão descendia de uma raça superior (ariana) e, por isso, tinha o direito de dominar "as raças inferiores": judeus, eslavos etc. A partir dessa ideologia o governo nazista propagou que os judeus eram uma grande ameaça ao Estado porque alguns pertenciam ao movimento comunista internacional e outros estariam atrelados ao liberalismo que provocou a Grande

1 São paradigmas na história os regimes totalitários de direita de Adolf Hitler e de esquerda de Josef Stalin, respectivamente na Alemanha e na antiga União Soviética.

Depressão de 1929. Dessa forma, o povo judeu precisava ser controlado, pois poderia corromper a sociedade alemã.

A perseguição aos judeus ficou institucionalizada com as Leis de Nuremberg, que privavam o povo judeu de direitos políticos e definia a identidade do judeu não por suas crenças, mas por sua hereditariedade. A partir de 1937 o governo nazista tomou os estabelecimentos comerciais dos judeus e os repassou para os "arianos". Muitos ficaram impossibilitados de exercer suas profissões, como os médicos e advogados e, como forma de serem facilmente identificáveis, o governo exigiu que carregassem em suas carteiras de identidade um "J" vermelho. Além disso, todos que não tinham o primeiro nome notadamente judaico recebiam um novo nome, "Israel" para os homens e "Sara" para as mulheres. Isso permitia à polícia identificar facilmente os judeus. Assim, o povo judeu foi sendo podado de seus direitos, passando a ser cada vez mais perseguido e excluído do convívio social.

A história do relacionamento das pessoas de origem judaica, nascidas na Alemanha, com seus compatriotas era salutar no início do século XX. Inclusive, havia forte influência da cultura alemã sobre o movimento sionista, de tal forma que nos assentamentos judaicos na Palestina o alemão era a língua adotada na educação escolar, e não o hebraico. A língua alemã foi adotada como a língua oficial dos congressos sionistas e o escritório desse movimento, em Berlim, acabou se vendo na condição de quartel general do movimento sionista em nível mundial. Os judeus fizeram os mais admiráveis esforços em prol da Alemanha e ajudaram-na a tornar-se poderosa. Desde 1870 até 1933 a Alemanha ganhou mais prêmios Nobel do que qualquer outro país. Na área da medicina, um terço dos prêmios foi conquistado por judeus.[2]

Entre a segunda e terceira década do século XX, Edith Stein foi uma personalidade conhecida e de prestígio nos âmbitos filosófico e católico nacional e internacional. Diante do cenário político-social que se ascende, ela se opõe à política do *Füher,* demonstrando que o povo judeu está imerso na história da Alemanha, contribuindo de várias maneiras para o progresso da nação. Nesse sentido, a filósofa escreve o livro *Aus dem Leben einer Jüdischen Familie, Vida*

---

2 JOHSON, Paul. *História dos judeus.* 2. ed. Rio de Janeiro: Imago, 1995, p. 440-492.

de uma família judia (1939), contando as experiências, lutas, crises e alegrias de judeus, cristãos e ateus em suas vidas diárias, no seio da sociedade alemã. Assim, ela queria contribuir com o fim do ódio racial. Nesta obra, a autora toma a personagem de sua mãe, Auguste Courant Stein (1849-1936), como modelo de mulher zelosa e trabalhadora, para demonstrar que os membros do povo judeu são cidadãos de pleno direito, integrados totalmente na construção da nação. Em seguida, passa a narrar os fatos de sua própria vida e de seus contemporâneos nas vésperas da Primeira Guerra Mundial e no período entreguerras. Com esse feito, estava desmentindo a caricatura que os nazistas impunham aos judeus e afirmava que qualquer discriminação ao povo judeu carecia de fundamento e violava um dos princípios sobre os quais se sustentava a nação alemã: a defesa e a proteção de seus integrantes.

Todavia, a realidade na Alemanha nazista continuava brutal, e, a partir de 1938, o povo judeu era ainda mais humilhado e espancado com o consentimento e a aprovação do governo. Registra-se neste tempo a destruição de sinagogas e dos estabelecimentos comerciais dos judeus, assim como a obrigatoriedade de usarem um distintivo que os identificassem. Inicialmente, uma braçadeira branca, com o desenho de uma estrela azul de seis pontas – Estrela de Davi –, presa na parte superior da manga direita de suas vestimentas exteriores; posteriormente, a ordem era de que a Estrela de Davi fosse amarela, sob um fundo preto, a ser usado no peito, com a palavra "Judeu" em seu interior. A ferocidade nazista avançou de forma cruenta também sobre eslavos, ciganos, homossexuais e deficientes físicos.

Paul Joseph Goebbels (1897-1945), ministro da propaganda nazista, supervisionava a literatura, o cinema e, sobretudo, o rádio e a imprensa. Com sua eloquente oratória incitava a população a combater dois inimigos do Estado: no âmbito interno, por meio da ideologia antissemita, confiscava os bens dos judeus e os segregava por serem considerados subumanos e responsáveis pelo caos interno do país; no âmbito externo, convocava a população a armar-se para a guerra, pois não admitia a imposição que o Tratado de Versalhes havia imposto sobre a nação.

O marco inicial para o segundo grande conflito ocorreu no ano de 1939, quando o exército alemão invadiu a Polônia. De imediato, a França e a Inglaterra declararam guerra à Alemanha. De acordo com a política de alianças militares existentes na época, formaram-se dois grupos: Aliados (liderados por Inglaterra, URSS, França e Estados Unidos) e Eixo (Alemanha, Itália e Japão).

Nesse período conturbado, Stein não teve condições de terminar sua autobiografia *Vida de uma família judia*, em virtude das dificuldades impostas pela situação histórica, política e social. Entretanto, com essa obra, a autora contribuiu com a história da Alemanha e dos judeus, narrando fatos que retratavam o cotidiano de pais de família, jovens universitários, crise econômica, dramas da Primeira Grande Guerra e outros acontecimentos que podem auxiliar numa compreensão maior da vida dos alemães judeus e cristãos do início do século XX.

Edith Stein nasceu no dia 12 de outubro de 1891, em uma próspera família de judeus na cidade de Breslau, capital da Silésia, na Alemanha. Após a Segunda Guerra Mundial a cidade passou a pertencer à Polônia com o nome de Wroclaw. A sua origem judaica será um fator de grande repercussão em sua vida, e a data de seu nascimento, naquele ano, coincidiu com a festa judaica do *Yom Kippur*, dia consagrado pelos judeus à prática da penitência. Antigamente, nessa data, o Sumo Sacerdote impunha as mãos sobre o bode expiatório, carregando-o simbolicamente com os pecados do povo e enxotando-o para o deserto.[3] Edith Stein era a caçula de onze filhos, dos quais quatro faleceram precocemente, ainda na primeira infância. Seu pai, Siegfried Stein, um comerciante de madeira, falecera em 1893, aos 48 anos, vítima de insolação em uma viagem de negócios pelo interior da Alemanha, quando sua caçula tinha apenas dois anos de idade. Restou à sua mãe, Auguste Courant Stein, e aos irmãos mais velhos tocar os negócios da família, no que obtiveram bastante sucesso. A mãe era uma mulher prática e, além do trabalho na madeireira, cuidava de seu lar e dos filhos, ensinando-os a viver de forma parcimoniosa, sem luxos ou ostentações. Nesse ambiente, Edith Stein internaliza a fé judaica, bem como as tradições e a cultura desse povo milenar. Em sua autobiografia, deixa esta transcrição da cultura religiosa judaica imersa na sociedade alemã:

---

3 MIRIBEL, Elisabeth. *Edith Stein: Como ouro purificado pelo fogo*. 2. ed. Aparecida, SP: Santuário, 2001, p. 34-35.

> Os meninos estudaram religião com um professor judeu; aprenderam também um pouco de hebraico [...]. Aprenderam os mandamentos, leram trechos tirados das Escrituras e decoraram alguns Salmos (em alemão). Sempre foi ensinado para eles o respeito para com todas as religiões, para nunca falar mal delas. O avô ensinou a seus filhos as rezas prescritas. No sábado à tarde, os pais chamavam os filhos que estavam em casa para rezar junto com eles as preces vespertinas e explicá-las. O estudo diário das Escrituras e do Talmud – considerado uma obrigação do homem hebreu nos séculos precedentes e ainda hoje para os hebreus orientais – não era mais praticado na casa dos avós, mas todos os preceitos da Lei eram observados com o máximo rigor.[4]

Em sua autobiografia, Edith Stein também conta sobre a prática religiosa vivida em família por ocasião das festas principais do judaísmo. Em relação à liturgia do *Seder* de Páscoa, ela se queixa:

> A solenidade da festa era empobrecida pelo fato que só minha mãe e as crianças menores participavam com devoção. Os irmãos que deviam fazer as orações em lugar de nosso pai, que tinha falecido, o faziam em modo pouco digno. Quando o maior faltava e o menor assumia a função de chefe da família, claramente se percebia o quanto ele não gostava de tudo isso.[5]

Por ocasião da festa da Expiação, "*Kippur*", demonstra a força da religião no seio familiar:

> Naquela tarde minha mãe ia para a sinagoga, acompanhada pelas irmãs mais velhas e também os irmãos achavam um dever moral não faltar. Ninguém de nós deixava o jejum, mesmo quando não tínhamos mais a fé de nossa mãe e não fazíamos as prescrições rituais fora de nossa casa.[6]

---

4 HERBSTRITH, Waltraud. (Teresia a Matre Dei). *Edith Stein: Em busca de Dios*. Estela (Navarra), Espanha: Verbo Divino, 1969, p. 16.

5 STEIN, Edith. "Escritos autobiográficos y cartas". *In*: URKIZA, Julien; SANCHO, Francisco Javier (Orgs.). *Obras Completas*. Burgos: Monte Carmelo, 2005, p. 201, vol. I.

6 *Ibidem*, p. 203.

O mundo judaico da família Stein reflete o mundo dos judeus que se deparavam com os desafios da secularização, uns lutando pela preservação das tradições judaicas e outros se tornando judeus assimilados, isto é, judeus que abandonaram a religião judaica e se deixaram levar pelos modismos de uma época racionalista com várias oportunidades de adesão seja em outras religiões, seja em outras áreas de uma Europa em ebulição. Em meio a essa conjuntura, alguns judeus se embrenharam no mundo da política radical, durante a segunda metade do século XIX. Esse grupo era formado por socialistas, tendo como principal representante Rosa Luxemburgo (1871-1919), que descendia de uma família de rabinos, mas nunca demonstrou interesse pelo judaísmo. Seu pai foi um rico comerciante de madeira que a enviou para estudar em Varsóvia, onde ela devotou toda sua vida à política revolucionária. Com a forte secularização que se abateu sobre os judeus na Alemanha, muitos se afastaram da religião e outros a conservaram, mas sem a prática dos rituais próprios do judaísmo.[7] Na contramão da secularização e do ateísmo crescente, Edith Stein vai se deparar, na Universidade de Gotinga, com muitos judeus que haviam aderido ao cristianismo, tornando-se membros das religiões protestantes e católica.

Em toda a Alemanha, os negócios dos judeus prosperavam, assim como os da família Stein. Logo que os negócios começaram a dar lucro, a Sra. Auguste Courant encorajou seus filhos a prosseguir seus estudos, orientando-os para as carreiras liberais. Edith Stein, nesse ambiente, plantou raízes profundas derivantes da Lei Mosaica com um *forte rigor moral*, e deixou escrito: "*A mãe nos ensinava o horror do mal. Quando dizia: 'é pecado', aquela palavra expressava o máximo da feiura e da maldade, e nos deixava transtornados*". Perto da sua transferência de Breslau para a Universidade de Gotinga (1911), a futura filósofa admite que não acreditava mais em Deus, mas estava embrenhada de um forte idealismo ético. Todavia, guardara grande estima e admiração pela piedade religiosa da mãe, de tal forma que quando ia à sua terra natal sempre a acompanhava à sinagoga, como depois de seu batismo e na véspera de sua entrada para o Carmelo.

7 JOHSON, *op. cit.*, p. 502. O aluno mais famoso da Escola de Frankfurt foi Walter Benjamim (1892-1940). O trabalho de toda a sua vida foi, basicamente, coletado e publicado por Adorno, em 1955. Benjamim estava entre os judeus que não professavam nenhuma religião.

Em carta datada de 04 de outubro de 1936, Stein dá o testemunho de que sua mãe deve ter conservado até o último instante de sua vida suas convicções religiosas. Auguste Courant Stein morreu com 88 anos, quando sua filha caçula já estava no Carmelo. Logo após a morte de sua mãe, Rosa Stein (1883-1942) pediu o batismo na Igreja Católica Romana. Já almejava há anos essa adesão, porém assustada com a reação severa de sua mãe à conversão da filha mais nova, não se atreveu a tocar no assunto até o momento adequado. Em seguida, também solicitou a entrada na Ordem Carmelita, mas por conta da idade foi convidada a morar no Carmelo em Colônia, assumindo os serviços na portaria, permanecendo como irmã leiga carmelita, não chegando a se tornar noviça nem a professar os votos religiosos. Isso porque os superiores do Carmelo achavam uma temeridade, diante da situação política instável e francamente desfavorável aos judeus, admitirem, quase de uma só vez, duas judias e irmãs de sangue à vida religiosa. Contudo, em junho de 1941, no Carmelo de Echt na Holanda, Rosa fez os votos como membro da Terceira Ordem de Nossa Senhora do Monte Carmelo.[8]

Em meio à turbulência provocada pelo nazismo, a família Stein se dispersou: alguns irmãos emigraram para os Estados Unidos e outros acabaram por desaparecer nos guetos e nos campos de concentração. De 1925 até o fim da guerra na Alemanha, o número de judeus passou de 564 mil para 15 mil. Só tinham direito à vida os judeus que pudessem ser úteis à máquina de guerra alemã. Nos países conquistados ou controlados por Hitler, havia uma média de oito milhões de judeus, dos quais seis milhões e noventa e três mil foram assassinados.[9]

8 Rosa Stein, nascida em 13 de dezembro de 1883 na Alta Silésia, esteve no comando da família, cuidando de seus irmãos adolescentes, enquanto sua mãe Auguste Courant trabalhava na madeireira herdada do marido. Mais tarde passou a cuidar também dos sobrinhos que moravam na casa de sua mãe, e no decorrer dos anos passou a ajudar no cuidado com os órfãos da cidade, até que o governo nazista proibiu essa colaboração vinda de judeus.

9 MIRIBEL, *op. cit.,* p. 198-199.

2. Da fé judaica à fé cristã

A autobiografia de Edith Stein, a seu pedido, não deveria ser divulgada enquanto os seus irmãos estivessem vivos, por isso a obra *Vida de uma família Judia* apareceu tardiamente para o público. No entanto, a carmelita alemã Waltraud Herbstrith,[10] considerada a melhor biógrafa de Edith Stein, publicou sua biografia em 1971, bem antes de sua canonização pela Igreja Católica Romana, baseando-se nos próprios escritos de Edith Stein, na biografia escrita pela Irmã Teresa Renata do Espírito Santo e nas recordações de seus contemporâneos.[11] Na biografia de W. Herbstrith, a vida de Edith Stein é polissêmica: feminista, educadora, escritora, filósofa, tradutora, amante da vida espiritual, judia e católica romana. W. Herbstrith conta uma história equilibrada e seu texto não é influenciado pelas controvérsias que se seguiram por ocasião de sua canonização, que se deram no relacionamento judaico-cristão e, também, no fórum íntimo da Igreja Católica Romana.

Em 1978 a Polônia solicitou à UNESCO que o campo de concentração de Auschwitz-Birkenau entrasse para a lista de patrimônio mundial da humanidade, o que foi aceito em 1979. A partir de então, não se pode realizar nenhuma modificação na estrutura daquele espaço, pois isso seria o mesmo que provocar uma tentativa de falsificação da história. Em princípio, Edith Stein foi morta na câmara de gás no Bunker 2 em Birkenau no dia 9 de agosto de 1942. Em 1979 católicos piedosos da Polônia erigiram uma cruz nas

10 Waltraud Herbstrith, filóloga e teóloga, escreveu vários livros sobre Edith Stein e construiu um extenso arquivo contendo as publicações da grande filósofa e, também, obras sobre sua vida e pensamento. Ainda conseguiu outros materiais, como imagens, filmes e roupas que ela teria usado.

11 FERMIN, Francisco J. Sancho. *Edith Stein: Modelo y maestra de espiritualidad.* 3. ed. Burgos: Monte Carmelo, 1998, p. 180-181. Teresa Renata do Espírito Santo (1891-1961) foi a religiosa que mais influenciou o Carmelo de Colônia, a partir dos anos 30, e, consequentemente, Edith Stein. Ela dedicou-se à música, à ciência e aos trabalhos domésticos, conforme a formação tradicional das mulheres burguesas da época. Além de ter sido escritora e primeira biógrafa de Edith Stein, teve também o mérito de "fundadora", por recuperar, depois da Segunda Guerra Mundial, o convento e a igreja original: "Maria Rainha da Paz".

ruínas do Bunker 2, aproveitando a visita do Papa João Paulo II à Auschwitz e afirmando a catolicidade do povo polonês que declarava ter perdido muitos compatriotas cristãos naquele complexo, além dos judeus. Transcorrido alguns anos, eis que o cientista político francês David Weizmann, em seu artigo "Auschwitz: lieu de mémoire ou lieu de négation?", informa que em 1985 o jornal belga *Le Soir* trazia como manchete: "Um convento de carmelitas no depósito de gás mortal em Auschwitz". O convento carmelita foi estabelecido em 1984 num edifício que fora usado pelos nazistas para guardar o zyclon que foi usado para gasear os judeus. Os recursos para a manutenção desse Carmelo vinha da Benelux (bloco econômico europeu formado por Bélgica, Luxemburgo e Holanda), que decidira oferecer um presente ao Papa polonês, por meio da organização *Ajuda a Igreja que sofre*, conclamando os católicos belgas a se mobilizarem financiando o convento. Em 1986 as comunidades judaicas da Bélgica e da França reagiram à permanência do Carmelo naquele espaço, pontuando que não havia dúvida de que muitos cristãos morreram em Auschwitz, principalmente padres poloneses, todavia, argumentam que atualmente o próprio termo Auschwitz tornou-se sinônimo de sofrimento judeu e genocídio, e que a presença das religiosas e de símbolos cristãos, como a cruz, podem ser ofensivos para a maioria dos judeus que visitam o campo de concentração para fazer suas orações.

Em sua homilia de 1º de maio de 1987, em Colônia, quando Irmã Teresa Benedita da Cruz (Edith Stein) foi beatificada, João Paulo II ressaltou a profunda solidariedade que ela sempre manifestou com o seu povo judeu. Entretanto, David Weizmann, em artigo no livro *Musées de guerre et mémoriaux*, afirma que em meio ao conflito entre judeus e católicos acerca da instalação das carmelitas em Auschwitz, a beatificação de uma judia convertida não reforçou o ecumenismo, mas gestou uma provocação que poderia insinuar que a Igreja Católica estaria reivindicando o sofrimento da *Shoah* para si.[12] O temor das lideranças judaicas era que houvesse uma "cristianização do Holocausto", e que Auschwitz, o símbolo do martírio judaico, se tornasse um acontecimento essencialmente histórico, podendo ser tomado, também, como um lugar a ser

---

12 BOURSIER, Jean-Yves (Org.). *Musées de guerre et mémoriaux: Politiques de la mémoire.* Paris: Éditions de la Maison des sciences de l'homme, 2005, p. 83-113.

lembrado pelo sofrimento cristão. A liderança judaica não admitia a hipótese de que a Igreja Católica Romana amenizasse a principal atividade no campo de concentração, que foi o extermínio em massa do povo judeu. Isso abriu um descompasso na relação entre judeus e católicos, principalmente quando, em 1988, uma cruz foi colocada no jardim do Carmelo no sítio de Auschwitz I. Como não houve a retirada do Carmelo, grupos judeus se manifestaram pelo mundo, e a Igreja Romana, em 1993, transferiu as religiosas para outro endereço fora do complexo de Auschwitz-Birkenau.

No fórum íntimo da Igreja Católica, o processo de canonização de Edith Stein ganhou impulso nos anos 80, quando os carmelitas apresentaram uma petição formal ao Papa Wojtyla, requerendo a aceleração do processo de beatificação da Irmã Teresa Benedita da Cruz. Essa aceleração era problemática para a Igreja de Roma, que demandava um tempo necessário e extenso para averiguação da vida, das obras e dos escritos dos candidatos a serem declarados beatos e santos da Igreja. João Paulo II, que havia estudado a fenomenologia filosófica de Edith Stein, comentou que seria necessário fazer uma revisão exaustiva de toda a sua obra, pela Congregação para a Causa dos Santos, com o objetivo de examinar se o pensamento steiniano estava de acordo com a "sã doutrina" da Igreja. Somente em 1986 a Congregação aprovou a petição apresentada pelo Postulador Geral dos Frades Carmelitas Descalços, que, interpretando o desejo das Conferências Episcopais da Alemanha e Polônia, solicitou que o martírio fosse incluído junto com a heroicidade de virtudes como motivo para sua beatificação. Essa, como já foi dito, se deu na visita pastoral do Papa à Alemanha no ano seguinte.

Entretanto, para a canonização, foi necessário aguardar mais tempo, em virtude da exigência do Vaticano de que a pessoa beatificada manifestasse um sinal reconhecido pela Ciência como algo extraordinário. Em 1998, os peritos do Vaticano reconheceram o milagre ocorrido com a menina Teresa Benedita McCarthy, nos Estados Unidos da América, que foi diagnosticada com um grave e irreversível caso de doença hepática, pelo médico judeu especializado em gastroenterologia de crianças, Dr. Ronald Kleinman.[13] Este, ao tomar ciência

13 Ronald Kleinman é Chefe do Departamento de Pediatria do Hospital Geral para Crianças (MGHfC) e Médico Chefe do MGHfC e Partners Pediatrics. É professor de

de que alguns médicos no Vaticano punham em dúvida a sua interpretação da cura como milagrosa, em junho de 1996, foi a Roma, e lá esteve cinco horas frente a uma junta médica explicando quão grave era o estado em que se achava a criança e concluiu que, humanamente falando, a pequena Teresa não teria recuperação. Diante desse episódio acerca de uma fundamentação científica para se chegar a um veredicto de fé, em torno da intercessão da Beata Teresa Benedita da Cruz, Dr. Ronald buscou conhecimentos sobre a vida de Edith Stein e sobre a polêmica acerca de sua canonização para o diálogo judaico-cristão e declarou:

> Confesso não compreender por que a canonização da Carmelita de origem israelita tanto perturba alguns ambientes judaicos, inquietos por julgarem que os católicos estão 'recuperando' Auschwitz: Creio que ela foi condenada a morrer porque era judia, mas no momento de sua morte era plenamente católica. A decisão da Igreja de honrá-la como Santa, a meu ver, em nada diminui o significado do Holocausto.[14]

O Papa João Paulo II, em seu discurso na festa da canonização de Edith Stein, salientou que ela foi deportada juntamente com a sua irmã Rosa e muitos outros judeus dos Países Baixos para o campo de concentração de Auschwitz, onde, com eles, encontrou a morte nas câmaras de gás. Em seguida, citou o jornalista Van Kempen, que conseguiu entrar em contato com ela no campo de triagem e relatou que a Irmã Benedita não quis fugir e nem receber um tratamento diferente dos outros judeus, pois, para ela, se não fosse possível compartilhar do destino dos seus irmãos e irmãs, num certo sentido, a sua vida estaria destruída. Por isso, o Papa acrescentou que Edith Stein é "Mártir por amor", ao comungar da sorte de todos os que eram perseguidos e mortos

---

Pediatria na Harvard Medical School e atua como Chefe de Gastroenterologia e Nutrição no MGHfC desde 1986. Fez mestrado na Harvard Medical School. Depois de concluir sua residência em Pediatria no Albert Einstein Medical Center em Nova York, Dr. Kleinman ingressou na Mass General em 1977, como pesquisador clínico de Gastroenterologia e Nutrição Pediátrica.

14 *REVISTA PERGUNTE E RESPONDEREMOS*, ano XL, 443, abril de 1999, p. 46. A Igreja de Roma reconhece como milagres fatos extraordinários depois de serem submetidos a meticulosos exames médicos.

pelo sistema nazista. O Pontífice concluiu seu discurso afirmando que, por meio da experiência da Cruz, Edith Stein redescobriu o Deus de Abraão, Isaac e Jacó, Pai de Jesus Cristo. Desde então, a filósofa passou a valorizar o fato de pertencer ao Povo de Israel e, consequentemente, pertencer a Cristo não só espiritualmente, mas inclusive mediante um vínculo étnico. Por fim, o Papa exorta a todos os presentes na Praça de São Pedro e aos leitores de seu discurso, a ver no testemunho de Edith Stein uma ponte sólida da recíproca compreensão entre judeus e cristãos.[15]

De fato, Stein é profundamente marcada pelo judaísmo, tendo inclusive nascido no dia mais solene de todos os dias santos judaicos, o *Yom-Kipur*, que em 1891 coincidiu com o 12 de outubro. Daí que independentemente da data, o dia de seu natalício sempre foi comemorado por ela e por seus familiares no Dia do Perdão e da Reconciliação para o judaísmo. A Sra. Auguste Stein era uma judia observante da Lei Mosaica e procurou educar os filhos dentro dessa espiritualidade. Nesse contexto, cabia à Edith Stein, já que era a caçula da família, no *Seder* da Páscoa, ou seja, no jantar cerimonial judaico em que se recorda a história do Êxodo e a libertação do povo de Israel, fazer a série de perguntas rituais sobre o sentido da ceia:[16]

> Por que esta noite é diferente de todas as outras noites? Em todas as noites não temos obrigação de mergulhar os alimentos nem uma só vez, enquanto nesta noite o fazemos duas vezes? Em todas as noites comemos pão com levedura ou matzá, ao passo que esta noite, só matzá? Em todas as noites comemos todo tipo de verduras, enquanto esta noite comemos marór – ervas amargas? Em todas as noites comemos sentados, enquanto esta noite todos nos reclinamos?[17]

---

15 Homilia do Papa João Paulo II na cerimônia de canonização de Edith Stein, 11 de outubro de 1998. Copyright 1998 – Libreria Editrice Vaticana.

16 A Páscoa judaica é inaugurada com o Seder, realizado dentro de uma estrutura litúrgica que inclui a leitura do Hagadá, um livro que contém a história de libertação dos hebreus, e o consumo dos alimentos, cada qual com sua ordem específica. O Seder Pascal é uma sucessão de procedimentos para se fazer uma reconstituição simbólica da história da saída dos judeus do Egito narrada pelos membros da família e seus convidados ao redor da mesa.

17 CHABAD. *Maguid*. Disponível em: https://pt.chabad.org/library/article_cdo/aid/1159569/jewish/Maguid.htm

Na Universidade de Breslau, Stein matriculou-se nos cursos de história e filologia, ingressando, em seguida, no curso de psicologia experimental dos professores Stern e Hönigswald, ambos judeus. Em virtude de seus dotes intelectuais, Edith Stein parte para formulações racionais para se chegar a algo que ela dará o nome posteriormente de "Verdade". Nesse meio convive com pessoas de crenças diferenciadas e permanece indiferente à religião, confessando mais tarde que até os 21 anos não conseguia acreditar na existência de Deus.[18] Fortemente marcada pela leitura das *Investigações Lógicas* (1900-1901) de Edmund Husserl, decidiu deixar sua cidade natal em 1913 para se inscrever em filosofia na Universidade de Gotinga, onde se encontravam os grandes filósofos E. Husserl, Adolf Reinach e Max Scheler. Os três eram de ascendência judaica e profundamente interessados em ética e religião.[19] Em Gotinga fez muitas amizades com os fenomenólogos, muitos dos quais eram judeus ou cristãos convertidos. O estudo da fenomenologia conduziu Stein a ver as pessoas religiosas e a fé como fenômeno a ser respeitado e estudado. O filósofo Max Scheler, que recentemente havia se convertido ao catolicismo, a encantava por conta de sua erudição e eloquência ao falar das ideias cristãs. Edith Stein passa, então, a considerar o fenômeno da fé e a refletir sobre a postura das pessoas religiosas com quem convivia, como o próprio Husserl, o casal Von Martius e o casal Reinach, convertidos ao luteranismo. O padre Jan Nota, jesuíta e fenomenólogo, que conheceu Stein na Holanda, informou que de Husserl ela aprendeu a acolher a verdade sem preconceitos, e com Scheler aprendeu a ver a possibilidade de ser católica e cientista ao mesmo tempo, mas ela mesma confessará:

> [...] naquela época, não devia fazer muito tempo que Scheler havia entrado para a Igreja Católica, pois em todos os sentidos, era o período em que sua alma transbordava de ideias católicas, das quais ele sabia fazer propaganda com todo o fascínio de seu espírito e o poder de sua linguagem. Foi para mim o primeiro contato com um mundo que, até aquele momento, me era totalmente desconhecido. Não me conduziu, porém, à fé. Abriu-me somente um novo âmbito de

18 MIRIBEL, E. *op. cit.*, p. 41.

19 HERBSTRITH, W. *Edith Stein: A loucura da Cruz.* Paris: Editions du Signe, 1998, p. 10.

> fenômenos, diante dos quais não podia permanecer insensível [...]. O mundo da fé, repentinamente se abria diante de mim [...] contentei-me somente em acolher sem resistência as sugestões que me vinham do ambiente e cheguei, quase sem perceber, a uma verdadeira transformação.[20]

Em 1914, a pacífica Gotinga foi surpreendida com a notícia do assassinato do príncipe herdeiro austro-húngaro por um sérvio, atentado esse que levou as potências da Europa à Primeira Grande Guerra, estrangulando a sociedade europeia e arrastando numerosos inocentes para as trincheiras de violência e morte. Nesse ínterim, os jovens universitários se veem na obrigação de servir à sua pátria. Edith Stein, por sua vez, também interrompeu os estudos, alistou-se como enfermeira voluntária da Cruz Vermelha e foi enviada para trabalhar em um hospital austríaco militar de doenças contagiosas, perto da frente russa em Maehrisch-Weisskirchen.[21] Esse hospital estava em território austríaco, no entanto, os pacientes eram húngaros, alemães, italianos e outros do Império Austro-Húngaro. Ali Stein aprendeu muito acerca da prática da empatia, por meio da comunicação, dos gestos, da solidariedade com os feridos, física e psicologicamente afetados pela guerra. Deu assistência a muitos moribundos infectados pela tifoide, até que no transcorrer da guerra houve uma ofensiva do exército alemão, que despachou os russos de volta para Varsóvia e o hospital ficou inoperante e foi fechado. Por seu trabalho e dedicação, Edith Stein recebeu uma medalha de Honra ao Mérito.[22]

De volta aos estudos, Edith Stein inicia a elaboração de sua tese doutoral, sob a orientação de Edmund Husserl, abordando um tema até então inexplorado nas pesquisas filosóficas: tratava-se do problema da empatia, *Einfuhlung*. Ao

---

20 STEIN, Edith. "Escritos autobiográficos y cartas". *In*: URKIZA, Julien; SANCHO, Francisco Javier (Orgs.). *Obras Completas*. Burgos: Monte Carmelo, 2002, p. 364-366, vol. I.

21 HERBSTRITH, W. *Edith Stein: A loucura da Cruz*. Paris: Editions du Signe, 1998, p. 9. Nesta obra, a autora informa que as questões políticas interessavam muito a Edith Stein. Apesar de ela ter sido influenciada pelas ideias liberais, não deixou de ser grata à Prússia, que lhe garantia "*o livre acesso às ciências humanas*". Em suas lembranças autobiográficas, estava muito consciente do dever contraído para com aqueles aos quais seus estudos colocavam-na em condições de servir, isto é, "*ao povo e ao Estado*".

22 MEDEIROS, Frei Tito Figuerôa de. "Judaísmo e cultura em Edith Stein". *Grande Sinal*, 54 (3): 299, 2000 (Petrópolis: Vozes).

término de seu trabalho, após a defesa, recebeu o grau de doutora em filosofia *summa cum laude*.[23] As ideias que Stein desenvolveu em sua tese lhe deram embasamento para os seus escritos posteriores sobre a pessoa humana, sobre organizações privadas, associações e, finalmente, sobre a organização do Estado. Juntamente com a tese doutoral, desenvolvia-se no íntimo de Stein a semente da fé. Inspirada por uma série de amigos cristãos, fenomenólogos, Stein foi conduzida ao estudo do cristianismo, apreendendo os ensinamentos dos Evangelhos. Teve contato com alguns grandes filósofos do cristianismo, como Santo Agostinho, Duns Scoto, Santo Tomás, que lhe chamavam a atenção, pois conseguiam, de forma impecável, conciliar a razão e a fé em suas reflexões.

O professor Reinach e sua esposa Anna eram cristãos convertidos e muito afáveis com Stein, por isso, em 1917, quando Adolph Reinach morreu em combate na guerra, Edith Stein ficou muito abalada com a notícia.[24] Todavia, a Sra. Reinach surpreendeu a amiga pela resignação e atitude de fé diante da fatalidade ocorrida com seu esposo, e a convidou para que a auxiliasse na organização dos trabalhos filosóficos de seu falecido marido para uma publicação póstuma. Para Stein, esse foi o primeiro encontro com a cruz e com a força divina que dela procede aos que a abraçam; desde então, sua incredulidade cedeu espaço à crença no Cristo, mas ainda era necessário descobrir nele a Verdade que tanto almejava para se tornar sua discípula. Isso se deu concretamente a partir da experiência mística e empática por meio da leitura da biografia de Santa Teresa de Ávila. Ao término do livro, a filósofa exclamou: "eis a verdade".

Antes da Segunda Guerra Mundial, cerca de dois terços da população alemã era protestante e um terço era católica romana. Na universidade de Gotinga, a maioria dos professores e alunos era de Confissão Luterana, inclusive as pessoas mais próximas a Edith Stein, como os fenomenólogos E. Husserl

23 STEIN, Edith. "Escritos autobiográficos y cartas". *In*: URKIZA, Julien; SANCHO, Francisco Javier (Orgs.). *Obras Completas*. Burgos: Monte Carmelo, 2005, p. 484-491, vol. I.

24 *Ibidem*, p. 50. Stein presenciou em Gotinga a felicidade do casal recém-convertido, por isso temia encontrar sua amiga esmagada pela dor. De fato, o sofrimento de Anna era profundo, mas a força de Cristo estava em sua alma, por isso – apesar da dor – de sua pessoa emanava uma nova luz que inclusive confortou Edith Stein.

e o casal Conrad-Martius. Aos 31 anos, quando aderiu profundamente à fé cristã, Stein não renunciou à sua pertença ao Povo de Israel, ao contrário, dizia estar reafirmando a espiritualidade dos patriarcas na vivência do cristianismo.

Todavia, era necessário definir entre a fé católica que a cativava, e a luterana, de seus amigos. Segundo o teólogo carmelita Francisco Fermin, Stein não se sentia tão convencida pela essência do luteranismo, que fechava a possibilidade da colaboração humana na obra da redenção e afirmava que "só a fé é o que justifica". Edith Stein, lendo a obra do teólogo Johann Adam Möhler (1796-1838), segue seu discernimento acerca do conteúdo e diferenças dogmáticas existentes entre catolicismo e protestantismo. A leitura desse livro foi uma grande ajuda no caminho da conversão até o batismo.[25] Outros dois autores que auxiliaram no processo de discernimento da filósofa foram Santo Agostinho, com o livro *As Confissões*, e Santo Inácio de Loyola, com os *Exercícios Espirituais*. Por fim, o encontro empático com a espiritualidade de Teresa de Ávila fez com que Edith Stein definisse o caminho a seguir. Ela pediu o batismo na Igreja Católica Romana e foi batizada no primeiro dia de janeiro de 1922, recebendo o nome de Teresa Hedwige. Teresa em sinal de gratidão à Santa Teresa, que lhe mostrou a Verdade no Cristo, e Hedwige em homenagem à sua madrinha, Hedwige Conrad-Martius, que era luterana. Assim, pode-se dizer que este batizado foi ecumênico, pois a Igreja Romana reconhece como sacramento o batismo da Igreja Luterana, porém para ser padrinho de um catecúmeno católico é necessário que esse padrinho seja realmente católico, pois é o representante da fé da Igreja junto ao seu afilhado. No caso de Edith Stein houve a permissão de que a madrinha fosse luterana. Talvez se possa ver aí um sinal de que Stein tenha o dom de conciliar ecumenicamente ao seu redor pessoas distintas e todas partilharem de forma salutar a harmonia da boa convivência, independentemente do credo que professem.[26]

Não obstante, no seio familiar a adesão de Edith Stein ao cristianismo foi rechaçada com muitos questionamentos, e o fato de ter que informar à mãe que

---

25 FERMIN, *op. cit.*, p. 144-149.

26 MIRIBEL, E. *Edith Stein: Como ouro purificado pelo fogo*. 2. ed. Aparecida, SP: Santuário, 2001, p. 67.

havia se tornado católica foi um grande desafio, pois a Sra. Auguste Stein exercia sobre sua filha um fascínio, por ser uma mulher que soube superar as dificuldades da vida e se manter inabalável em sua fé israelita. Certo dia, enchendo-se de coragem, a recém-batizada ajoelhou-se aos pés de sua mãe e lhe confessou: "mãe, sou católica". Para a família Stein, só os ignorantes, os que desconheciam a história das relações entre o cristianismo e o judaísmo no passado, se tornariam católicos. A posição da Sra. Auguste foi de um lamento profundo, externalizado em suas lágrimas.[27] Essa postura de sua mãe fez com que a filósofa não revelasse o seu desejo de ingressar imediatamente na vida monástica.

Nesse ínterim, o teólogo jesuíta Erich Przywara (1889-1972) encorajou Edith Stein a prosseguir suas atividades na Alemanha e no exterior e, também, recomendou que iniciasse a sua direção espiritual com dom Rafael Walzer (1888-1966), arquiabade do mosteiro beneditino de Beuron.[28] A ele, a filósofa comunicou o desejo de entrar para a vida religiosa, o abade, porém, conhecendo os talentos da filósofa, lhe aconselhou a dedicar mais tempo à oração e ao estudo da espiritualidade e, ao mesmo tempo, continuar lecionando no colégio das Dominicanas de Santa Madalena de Speyer, bem como a proferir conferências e debates pelo país e nas nações vizinhas. Em Speyer, Stein permaneceu oito anos recolhida em orações, pesquisas e cursos. As suas alunas deixaram o testemunho de que a professora era toda maternal, e sua ternura encantava a ponto de todas lhe respeitarem com singela obediência. Disseram que ela dava o exemplo de abertura a tudo o que fosse nobre e belo e tinha enorme capacidade de explicar os textos mais obscuros. Transmitia, ainda, uma humildade profunda e uma harmonia natural, consequência de sua inteligência ancorada em Deus e praticada na caridade, junto a diversos grupos religiosos e laicos.

Dom Raphael Walzer era engajado no combate pela liberdade humana e, sabendo da influência que Stein tinha no meio intelectual, procurou mantê-la por mais tempo possível nesse meio, como forma de evangelizar a sociedade que era abalada pela posição política na qual a Alemanha estava entrando.

---

27 MEDEIROS, Frei Tito Figuerôa de. "Judaísmo e cultura em Edith Stein". *Grande Sinal*, 54 (3): 300, 2000 (Petrópolis: Vozes).

28 STEIN, E. "Escritos autobiográficos y cartas". *In*: URKIZA, Julien; SANCHO, Francisco Javier (Orgs.). *Obras Completas*. Burgos: Monte Carmelo, 2002, p. 498, vol. I.

Dessa maneira, já que seus planos de entrar para o Carmelo eram adiados, a forma que ela encontrava para intensificar a sua espiritualidade era frequentar a abadia de Beuron, onde vivenciava uma profunda comunhão com o Mistério Inefável. Na capela da abadia passava horas em contemplação, o que chamava a atenção de um padre que fez a seguinte observação:

> Tive a impressão de assistir à oração da Igreja primitiva, aquela que vem retratada nas figuras em oração dos muros das catacumbas. Edith me parecia a encarnação viva dessa oração que a Igreja, de pé, mas já fora da terra, dirige a Deus. Estava como que perdida em sua união com Cristo e sem dúvida repetia com o Senhor o pedido fervoroso que ele dirigiu ao Pai: 'Santifico-me por eles, para que sejam também santificados na Verdade' (Jo, 17: 19).[29]

Edith Stein, graças à experiência da religião judaica na infância, abraçou a ascese cristã sem dificuldades e, antes mesmo de entrar para o Carmelo, encontrou um equilíbrio entre a seriedade diante dos problemas de seu tempo e a verdadeira compaixão, os dons do coração e os da inteligência. Em 1936, a filósofa publica o livro *A Oração da Igreja*, onde se pode captar a profundidade de sua vida interior:

> Em segredo e silêncio se realiza a obra da Redenção. É no diálogo silencioso do coração com Deus que são preparadas as pedras vivas pelas quais cresce o Reino de Deus e que são forjados os instrumentos escolhidos para a sua edificação. O místico rio que atravessa todos os séculos não é um braço desviado que se separa da vida de oração da Igreja, ele é sua vida mais íntima. A entrega total de nosso coração a Deus e o dom que Ele nos faz em troca, a plena e eterna solidão, tal é o estado mais elevado que nos seja acessível, supremo grau de oração. As almas que o atingem são, verdadeiramente, o coração da Igreja: nelas, vive o amor sacerdotal de Jesus. Ocultas em Deus com o Cristo, só podem irradiar em outros corações o amor divino que as possui e, desse modo, contribuir para a perfeição de todos na união a Deus, o que no passado e no presente, é o único desejo de Jesus.[30]

---

29 MIRIBEL, E. *Edith Stein: Como ouro purificado pelo fogo*. 2. ed. Aparecida, SP: Santuário, 2001, p. 96.

30 STEIN, Edith. *A oração da Igreja*. Rio de Janeiro: Agir, 1958, p. 49-51.

3. A empatia na vida de Edith Stein

A vida de Edith Stein é fortemente marcada pela realidade social do período chamado de entreguerras, quando a Alemanha ficou à beira da anarquia e da guerra civil. Como sua pátria tinha sido derrotada na Primeira Guerra Mundial (1914-18), o Tratado de Versalhes impôs à Alemanha a obrigação de arcar com as despesas provocadas às outras nações na guerra. A República, proclamada na cidade de Weimar, foi dominada por setores moderados que não conseguiram combater a miséria e nem controlar os movimentos políticos de esquerda. Sob pressão dos militares e de grupos nacionalistas totalitários, como os nazistas, a República de Weimar vivia ameaçada. A situação do país agravou-se com a crise mundial de 1929, que atingiu a economia que se recuperava desde 1923. A articulação entre monarquistas conservadores, setores militares e empresariado facilitou a ascensão de Hitler ao cargo de chanceler, em 30 de abril de 1933. Alguns meses depois, Hitler estabeleceu um Estado totalitário com um poderoso e disciplinado aparato paramilitar, destacando-se agrupamentos como as SA (sessões de assalto), e as SS (sessões de segurança), além da Gestapo, a polícia política do nazismo.

Na vida de Edith Stein se percebe um profundo grau de pertencimento à sua pátria, ao seu povo de origem, à sua fé religiosa. Sua origem judaica era motivo de profunda satisfação, pois para ela sua adesão ao cristianismo a fez encontrar o verdadeiro Deus de Israel. Diante da realidade em que se encontrava, a ilustre filha de Breslau percebeu que sua missão era viver o judaísmo e o cristianismo em unidade redentora.

No período em que estudava filosofia, refletia sobre os problemas sociais, especialmente a situação da mulher, por isso ingressou na "Associação prussiana para o voto das mulheres", de cunho socialista. Acerca do exercício dos direitos cívicos para as mulheres, escreveu:

> Do ponto de vista jurídico e político, as mulheres estavam na virada do século sob a mesma regulamentação legislativa das crianças e dos doentes mentais. A constituição do *Reich* de 1919 estabeleceu a igualdade de princípio que fez delas

> cidadãs com todos os direitos. Graças à obtenção do direito de voto ativo, tornaram-se uma força política que era preciso levar em conta daí por diante.[31]

Em termos sociais, a filósofa captava os sentimentos do povo de reconstrução nacional, por isso aderiu ao partido democrático, procurando dar respostas às realidades enfrentadas com a instalação da República de Weimar. Em suas meditações se desenvolvia a consciência da grande ameaça do Partido Nacional Socialista (nazismo) com uma crescente política antissemita. Desde 1925, com o início do movimento nacionalista de Hitler, os judeus são acusados pela miséria do país e considerados parasitas que impedem o verdadeiro progresso. No livro *Mein Kampf* (*Minha Luta*), de Adolf Hitler, se encontra o coração da ideologia nazista, com ideias antissemitas, anticomunistas, racistas e nacionalistas de extrema direita. Com a implementação dessa política pelo *Terceiro Reich*, a igualdade em direitos começa a ser desfigurada no terror de perseguições. O preconceito é tamanho que se uma pessoa tem sangue judeu, mesmo que seja de terceira ou quarta geração, passava a ser depreciada na sociedade.[32]

Nesse ambiente hostil, Edith Stein milita proferindo palestras acerca da intersubjetividade, da dignidade humana e outros temas afins, em diferentes países da Europa, como na França, na Suíça e na Áustria. Entre os anos de 1927 a 1933, a filósofa aproveita todas as oportunidades para incentivar as mulheres a olhar para si de uma maneira nova, a considerar a sua natureza distinta e tornarem-se trabalhadoras de forma significativa na reconstrução de um mundo que tinha sido devastado pela guerra. Acenava para uma política de reconciliação internacional que envolveria as mulheres, pois, segundo a conferencista, na vocação de uma mulher está a proteção da vida e a preservação da família,

31 HERBSTRITH *apud* STEIN, Edith. *A mulher segundo a natureza e a graça*, p. 20.

32 A expressão *Reich* significa reino ou império. Os historiadores consideram o Sacro Império Romano Germânico (843-1806) como o primeiro império alemão. O segundo refere-se ao período em que o Império Alemão foi um Estado governado pela Casa von Hohenzollem. Esse existiu desde a sua consolidação em janeiro de 1871, quando se deu o fim da unificação alemã até a renúncia do Kaiser Guilherme II, em novembro de 1918, após a derrota na Primeira Grande Guerra. Seguindo este mesmo raciocínio, os nazistas chamavam de *Terceiro Reich* o regime nacional-socialista de Hitler (1933-1945).

por isso, as mulheres não podem ficar indiferentes às decisões governamentais acerca das questões que inviabilizariam o bem-estar da família. Em suas palestras, a filósofa esclarece que as diferenças étnicas são, na verdade, uma riqueza da condição humana e incita seus alunos a reagir diante da injustiça das leis raciais, pois o cuidado com o outro deve ser inerente a toda humanidade.

Em março de 1931, Edith Stein deixa de lecionar no convento dominicano de Santa Magdalena, em Speyer, e procura uma vaga como professora universitária, porém, não consegue habilitação para exercer o magistério nas Universidades de Gotinga, de Freiburg-in-Breisgau, de Kiel e de Breslau, pelo fato de que as mulheres não tinham esse direito naquela época e, ao mesmo tempo, já se percebia uma resistência antissemita nos meios públicos.[33] No ano seguinte, Stein consegue uma regência de docente no Instituto Alemão de Pedagogia Científica, em Münster, que era um instituto de pesquisa do Estado, mas de orientação católica.

Em 1933, a filósofa, claramente consciente do curso do antissemitismo nazista, pede uma audiência com o Papa Pio XI (1857-1939) para denunciar as discriminações impostas aos judeus na Alemanha, inclusive aos convertidos ao catolicismo. No entanto, a Igreja havia declarado que 1933 era Ano Santo, em comemoração aos dezenove séculos da Paixão, Morte e Ressurreição de Jesus Cristo. Isso fez com que a cidade de Roma estivesse com mais peregrinos do que o habitual, e a audiência papal era oferecida para todos os peregrinos de forma geral, não havendo a possibilidade de uma audiência privada. Então, Stein tomou a iniciativa de escrever ao Papa Pio XI, relatando a realidade social da Alemanha e, em especial, a perseguição contra os judeus.[34] Neste ínterim, a filósofa recebe uma carta do Vaticano com uma bênção para ela e seus familiares, o que trouxe certa confusão se essa seria a resposta à sua correspondência. Posteriormente, veio o esclarecimento: o epistolário de Stein informa que Eugênio Pacelli era, desde 1930, cardeal secretário do Vaticano, e ele informou que o documento encaminhado a Stein era um formulário previamente impresso e não tinha referência à carta enviada ao Papa Pio XI, mas era alusivo aos dois tomos da tradução de Santo Tomás de Aquino, que ela havia enviado

33 HERBSTRITH, *op. cit.*, p. 25.

34 Conferir anexo I.

ao Papa. Logo, a carta enviada pelo Vaticano confirmava a recepção dos livros *Quaestiones disputatae de veritate* e expressava o agradecimento por este obséquio. Em virtude da proximidade temporal dessas trocas de correspondências, Stein supôs que se tratasse de mais uma montagem nazista e que sua carta com a denúncia da realidade social alemã e o apelo à intervenção do Vaticano não tivesse, de fato, sido entregue ao Papa Pio XI. A questão foi solucionada somente com a abertura parcial dos Arquivos Secretos do Vaticano, em 2003, onde a carta, datada de 12 de abril de 1933, foi encontrada.

A postura crítica de Stein frente ao Nacional Socialismo a insere de forma implícita no movimento sionista, que procurava alternativas para ajudar os judeus alemães, dentre elas a emigração da Alemanha para a Palestina.[35] Em 1938, já carmelita, a própria filósofa manifestou o desejo de emigrar para o Carmelo de Belém na Palestina, para assim não colocar em perigo a sua comunidade religiosa, mas a Ordem do Carmo a encaminhou para Echt, na Holanda, por problemas de fechamento de fronteiras na Palestina.

Ainda em 1933, Edith Stein foi demitida de seu cargo de docente em Münster, por causa da perseguição nazista contra o povo judeu. Por esta ocasião, a filósofa recebeu uma proposta de lecionar no Chile, na América do Sul,[36] mas recusou, crendo que era chegada a hora de realizar a sua vocação, entrando para o Carmelo.[37] Agora começaria uma nova etapa, onde o Carmelo se tornaria espaço para a empatia florescer espiritualmente pelo sentimento de pertença ao seu povo, como também no envolvimento eclesial e crístico que abarca o todo da humanidade, através do tempo e do espaço, experiência que se realizará na perspectiva das dimensões cósmicas simbolizadas na cruz, onde o divino e o humano, a vida e a morte se abraçam e mutuamente se fecundam, para o encontro definitivo com o Eterno.

---

35 Através do Acordo *Haavara*, assinado em 1933 entre a Federação Sionista da Alemanha e as autoridades econômicas do Estado Nazista, foi possível que aproximadamente sessenta mil judeus alemães e austríacos emigrassem para a Palestina. Ao emigrar, levaram consigo recursos financeiros e culturais que serviram para lançar as bases da infraestrutura do futuro Estado de Israel.

36 HERBSTRITH, Waltraud. (Teresia a Matre Dei). *Edith Stein: Em busca de Dios*. Espaha: Verbo Divino, 1969, p. 49-50.

37 *Ibidem*, p. 168-169.

Porém, antes de a filósofa ser aceita no Carmelo algumas dificuldades foram evidenciadas pelas superioras do monastério: já tinha 42 anos, era de origem judaica, não tinha o dote necessário para se manter no Carmelo e sua alta qualificação intelectual poderia trazer constrangimento às outras candidatas à vida religiosa. Entretanto, o Capítulo da Ordem acolheu o pedido da professora, que foi aceita no Carmelo, podendo ingressar em outubro do mesmo ano. Tendo vencido essa barreira, restava a Stein comunicar sua família acerca da decisão de ser monja e enfrentar as retaliações de seus familiares.

Em Breslau, o lar da família Stein recebeu a notícia inusitada com indignação. Hans Biberstein, cunhado da filósofa, se posicionou afirmando que a entrada dela para o convento, naquele momento, era uma traição ao povo judeu e sugeriu que seu gesto era uma fuga. Os familiares da candidata à vida religiosa não conseguiam compreender sua decisão de ingressar no Carmelo, e se indagavam: como ela, sendo tão culta e sábia, poderia abandonar o seu povo e ignorar os sofrimentos e os conflitos que no passado os judeus padeceram por causa dos cristãos? Dentre esses sofrimentos destaca-se aqui parte da história dos judeus na Península Ibérica, por ter certa semelhança com o que os judeus alemães viveram no início do século XX.

Nos séculos XIII e XX, os judeus ajudaram suas pátrias combatendo os inimigos externos e atuando profissionalmente para o bem da sociedade. Na unificação da Espanha, em 1238, os judeus eram entusiasticamente recebidos para povoar os territórios tomados dos muçulmanos, abrindo-se a eles o acesso a todas as áreas de comércio, manufatura e finanças. Segundo o historiador Hans Borger, ao descortinar-se a cena final da Reconquista, os judeus foram acuados e segregados, economicamente inferiorizados, culturalmente excluídos e socialmente humilhados. Em 1492, foi assinado o edito de expulsão dos judeus de toda a Espanha, caso não se convertessem ao cristianismo. Calcula-se que cinquenta mil judeus saíram da Espanha com destino à Itália, África do Norte e Turquia. Cinquenta mil converteram-se e cem mil foram admitidos em Portugal, pagando uma alta quantia de dinheiro. Em 1496, assinou-se o contrato de casamento do rei de Portugal com a princesa da Espanha, unificando a Península Ibérica e, consequentemente, as leis e restrições aos judeus também seriam unificadas. Em dez meses, os judeus deveriam se retirar da Península Ibérica ou se converter.

Dom Manuel, sucessor de Dom João II, considerando a perda econômica caso os judeus saíssem da Península, elaborou um plano de raptar e batizar todas as crianças judias, entre quatro e catorze anos, e separá-las de seus pais, forçando-os a aceitarem o batismo para poderem ficar na Península. Em 19 de março de 1497, sob o protesto de alguns clérigos mais conscientes, como o bispo D. Fernando Coutinho, uma massa enorme de menores foi arrebanhada, batizada e segregada. Ainda não satisfeito, Dom Manuel, com o intuito de livrar a Península Ibérica dos judeus, inventou que havia conseguido transporte para todos os judeus que desejassem sair de Portugal e da Espanha, e que estes deveriam se concentrar em Lisboa, preparando-se para a viagem. Esta preparação, na verdade, foi um momento de miséria e sofrimento, que terminou com a ordem dada por D. Manuel aos frades, de aspergir com água benta toda a multidão restante de obstinados, declarando-os cristãos. Assim, acreditava-se no fim do judaísmo na Península Ibérica: na Espanha em 1492 e em Portugal em 1497.[38]

Em Breslau, pouco antes da viagem de Stein para o Carmelo de Colônia, a Sra. Auguste Courant procurou a monja carmelita Irmã Mariana, que se encontrava na cidade para uma nova fundação, com o objetivo de persuadir a religiosa, para que encontrasse um meio de fazer com que sua filha desistisse de ir para o Carmelo.[39] O clima na casa da família Stein ficou bastante pesado e, com o coração dilacerado, a filósofa toma o seu caminho para o Carmelo no dia 12 de outubro.[40] Lá viveu a austeridade da Ordem, inclusive em relação às suas pesquisas. Somente alguns anos mais tarde os superiores da Ordem solicitaram que ela retomasse os seus trabalhos intelectuais. Enquanto isso, Edith Stein se deixava absorver pela experiência do mistério Divino e ao mesmo tempo era arrastada pela dor de saber da infeliz sorte do povo judeu e da incompreensão de sua mãe acerca de sua vocação monástica.

No Carmelo, a famosa filósofa vive humildemente o noviciado e recebe o hábito religioso em 15 de abril de 1934, quando professa os votos na Ordem

---

38 BORGER, Hans. *Uma história do povo judeu: De Canaã à Espanha*. 2. ed. São Paulo: Sefer, 2001, p. 447-453, vol. 1.

39 STEIN, Edith. "Escritos autobiográficos y cartas". *In*: URKIZA, Julien; SANCHO, Francisco Javier (Orgs.). *Obras Completas*. Burgos: Monte Carmelo, 2005, p. 507, vol. I.

40 *Ibidem*, p. 508-510.

de Nossa Senhora do Monte Carmelo. A partir daquele momento, passa a se chamar Irmã Teresa Benedita da Cruz. Na cerimônia estavam presentes alguns amigos, conhecidos, professores, filósofos, jornalistas, ex-alunos, sacerdotes e religiosas das mais diversas congregações. Faltaram, no entanto, os seus familiares. Rosa Stein, sua irmã, desejava estar presente, mas não podia deixar a mãe enferma sozinha. No entanto, lhe mandou o tecido com o qual foi confeccionado o vestido de noiva, usado por Stein no dia da vestição.

Em 1938, a perseguição aos judeus crescia devido às famosas Leis de Nuremberg, por isso, Irmã Teresa Benedita aceita o convite para refugiar-se no Carmelo de Echt, na Holanda. Mas, em 1940, a Alemanha nazista anexou o Reino dos Países Baixos. Sem ilusões a respeito de uma eventual melhora da situação, se prepara para uma nova fuga como possibilidade de escapar à morte. Em 1941, teve a oportunidade de dirigir-se para o Carmelo de Le Pâquier, em Freiburg, na Suíça, mas como não havia vaga para acolher também sua irmã Rosa, ela se recusou a partir deixando Rosa Stein para trás. A tensão pela vida do outro era muito forte em Edith Stein, por conta de ela estar impregnada da mentalidade judaico-cristã diante dos problemas humanos, por isso era impossível para ela deixar de ser solidária com o seu próximo. Nesse meio tempo, Rosa e Edith Stein são convocadas para apresentarem-se ao escritório da Gestapo, em Maastricht, onde são tratadas com muita grosseria. A filósofa é ameaçada porque a imposição nazista de usar o "J", para identificá-la como judia não constava em seu passaporte e tampouco o nome Sarah, usado para as mulheres judias. No início de maio de 1942, as irmãs Stein são novamente convocadas, desta vez em Amsterdam, onde são submetidas a longos e humilhantes interrogatórios. Nessa viagem, Irmã Teresa Benedita toma conhecimento da decisão de altos funcionários nazistas de exterminar os judeus na Europa, por meio da "*Solução Final*".

Em 1942, líderes católicos e protestantes da Holanda enviaram um telegrama conjunto ao Comissário do *Reich*, protestando contra mais uma deportação de judeus holandeses. Neste momento ainda não havia o conhecimento de que os deportados teriam os seus bens confiscados e que seriam executados no campo de concentração. Em 26 de julho de 1942, os bispos holandeses se posicionaram de forma explícita contra a política nazista, por meio de uma carta pastoral lida em todos os púlpitos católicos da Holanda, expressando solidariedade com o povo judeu. Em retaliação contra os bispos holandeses, os nazistas rapidamente aprisionaram mais de 300 católicos de origem judaica, entre os quais religiosas, religiosos e padres. Isso provocou muitos protestos por parte dos holandeses, o que levou o comissário adjunto, Schmidt, a comunicar em discurso oficial que o fato de terem invadido os locais católicos era uma represália em resposta ao protesto dos bispos da Holanda; e, como as comunidades protestantes se abstiveram de ler a passagem da carta pastoral relativa às negociações com as autoridades alemãs, elas não foram afetadas. Quando o reverendo Padre Hopster, S.V.D., de Venlo, publicou o relatório histórico dos fatos, adicionou como arremate:

> Após ter ouvido as explicações do comissário Schmidt, pode-se declarar que os religiosos e religiosas presos nesta ocasião foram mortos em testemunho da fé. Sua prisão foi efetuada por ódio às palavras de nossos bispos. Eram, pois, os bispos e a Igreja os visados e atingidos com a deportação dos religiosos e católicos de origem judaica.[41]

No domingo, 02 de agosto, às cinco da tarde, dois oficiais da Gestapo apareceram no Carmelo de Echt e prenderam as irmãs Stein. A Priora do Carmelo, Madre Antônia, lamentou dizendo que Irmã Teresa Benedita teve a oportunidade de desaparecer num convento numa ilha da Frísia, mas rejeitou fazê-lo porque não queria fugir da perseguição injusta usando documentos falsos. Rosa era conhecida e querida no quarteirão do Carmelo, por isso os vizinhos, irritados com as prisões das monjas, saíram às ruas rapidamente, para manifestarem-se contra mais essa atitude dos nazistas, mas de nada adiantou.

As pessoas de origem judia, mas convertidas ao catolicismo, aprisionadas pela Gestapo, foram descarregadas num campo de concentração de passagem, em Westerbork, ainda na Holanda, para se fazer a triagem daqueles que iriam para o leste europeu. É desse campo que se têm as últimas notícias das irmãs Stein. O jornal *L'Osservatore Romano* informa que no campo de triagem três pessoas tiveram contato com a filósofa: o jardineiro do mosteiro de Echt, o

41 MIRIBEL, E. *Edith Stein: Como ouro purificado pelo fogo*. 2. ed. Aparecida, SP: Santuário, 2001, p. 184.

jornalista Van Kempen, que prestava serviço no campo, e Wielek, funcionário do governo holandês. Eles aproximaram-se de Edith Stein para tentar lhe persuadir em uma fuga, já que não havia dúvida de que deveria ser transportada para um lugar cruento, mas a tentativa foi em vão.

O jornalista Van Kempen foi convidado a depor no processo de beatificação de Irmã Teresa Benedita e deixou este testemunho:[42] "Do seu ser silencioso emanava um forte influxo [...]. Falava com segurança humilde, a ponto de comover quantos a ouviam. Uma conversa com ela [...] era como uma viagem a outro mundo. Naqueles momentos Westerbork já não existia". Todavia, ela voltava o olhar para as pessoas ao seu redor e exclamava: "Nunca teria acreditado que os homens pudessem ser assim e [...] que os meus irmãos tivessem que sofrer tanto! Todos os momentos rezo por eles. Se Deus escuta a minha oração? Ele certamente ouve a sua lamentação".

Wielek relata que Edith Stein, "com confiança e humildade", disse: "O mundo é feito de contrastes [...], mas o final não será feito desses contrastes. Restará apenas o grande amor. Como poderia ser de outra forma?". [43]

Naquele local, algumas pessoas deram testemunho da presença serena de Edith Stein, que ajudava as crianças e as mulheres e fazia tudo para todos. Julius Markan, comerciante judeu da Colônia, que era encarregado de vigiar os prisioneiros, declarou:

> Entre os prisioneiros que me foram entregues no dia 05, Irmã Teresa Benedita, a freira alemã, me impressionou por sua grande calma e pela paz que difundia em torno de si. Os gritos, os choros, o estado de nervosismo dos recém-chegados, eram indescritíveis. A freira alemã passava entre as mulheres como um anjo consolador, pacificando umas, cuidando de outras. Muitas mães pareciam estar numa espécie de prostração, perto da loucura; permaneciam ali a gemer como que embrutecidas, abandonando seus filhos. A irmã Teresa imediatamente ocupou-se das criancinhas, lavou-as, penteou-as,

42 DOBNER, C. *Il libro dai sette sigilli, Edith Stein: Torah e Vangelo*. Saronno: Monti, 2008, p. 535.

43 Disponível em: http://www.osservatoreromano.va/pt/news/nos-olhos-um-sofrimento-desmedido-e-pacato. 9 de agosto de 2012. Acesso em: 07 de fevereiro de 2019.

> procurou-lhes alimentos e os cuidados indispensáveis. Durante todo o tempo de sua permanência no campo, dedicou-se a lavar e fazer limpeza, ocupando-se continuamente de obras de caridade, suscitando a admiração de todos.[44]

Num comboio de vagões de gado, apertadas no meio dos judeus e dos judeus-cristãos, as filhas da Sra. Auguste Courant partiram a caminho de Auschwitz, onde foram executadas. Antes, porém, Edith Theresa Hedwig Stein recebeu o número 44074, conforme informação da Cruz Vermelha, que datou sua morte no dia 09 de agosto de 1942. Dessa forma, Irmã Teresa Benedita cumpre plenamente o seu pertencimento empático ao povo judeu e cristão. Ela é judia de nascimento e, com sua adesão ao cristianismo, assumiu as suas raízes judaicas. No processo empático por ela vivido, em relação aos judeus perseguidos e assassinados, a filósofa presentificava, ou seja, vivia de modo não original a dor deles e se imolava espiritualmente no claustro. Agora, de modo original, ela vivencia em todo o seu ser o holocausto judaico. Entretanto, como cristã, o processo vivido por Edith Stein é idêntico, pois, segundo a doutrina cristã, tudo o que acontece ao "meu próximo" se refere a "mim". Logo, a dor do "outro" era apreendida empaticamente pela "freira alemã". Nesse momento fatídico da história, Stein presentifica em seu ser, em sua linguagem filosófica e cristã, "de modo original", a crucifixão do povo de Deus, conforme a barbárie proposta pelo regime nazista.

4. O encontro com a "Verdade" em Teresa de Ávila

O ambiente universitário trouxe para Edith Stein muita satisfação pelas conquistas intelectuais, porém, em seu íntimo, sua sede de saber não se apaziguava. Ela descreve este período de ardente insatisfação dizendo: "*a sede da verdade era minha única prece*".[45] No círculo fenomenológico conheceu

44 HERBSTRITH, *op. cit.*, p. 37.

45 MIRIBEL, E., *op. cit.*, p. 59.

Hedwige Conrad-Martius, que após seu casamento passou a residir em Bergzabern, no Palatinato, numa vasta propriedade rural. A casa dos Conrad-Martius se transformava no tempo de férias em ponto de encontro para os amigos do círculo fenomenológico de Gotinga. Stein passava com eles longas temporadas e acompanhava Hedwige ao templo protestante para o culto dominical, mesmo no período de seu ateísmo, e quando ia à Igreja Católica sentia pela Eucaristia um profundo respeito.

Nessa ocasião, alguns fenomenólogos estavam lendo os trabalhos de Teresa de Ávila, buscando compreender o fenômeno espiritual que a santa católica sabia contar com vivacidade. O interesse dos fenomenólogos pelas experiências místicas de Teresa de Ávila se dá pela busca da essência dessas experiências, pois tratava-se de algo subjetivo, mas que afetava a vida de vários grupos de pessoas influenciadas por Santa Teresa ao longo do tempo. Este "algo mais" carecia ser esclarecido e respeitado, apesar de não ter respaldo científico, o que fazia com que o elemento religioso fosse tomado em consideração e estudado em sua peculiaridade. Além de que Teresa de Ávila foi a grande reformadora de uma ordem religiosa muito expressiva na Europa, a Carmelitana, e era considerada uma das mais inteligentes mulheres da Espanha e, em geral, da Igreja Católica.

No verão de 1921, Stein, estando sozinha na casa dos Conrad-Martius, procurou um livro na biblioteca e se deparou com *o Livro da vida* de Santa Teresa escrito por ela mesma. Na biografia escrita pela Priora do Carmelo de Colônia, Madre Teresa Renata do Espírito Santo, encontram-se estas palavras, atribuídas à Edith Stein: "*peguei na biblioteca, por acaso, um livro intitulado* Vida de Santa Teresa, *contada por ela mesma. Desde o começo fui me sentindo como que cativada e só pude parar de ler quando terminei o livro. Fechando-o, disse para mim mesma: isto é a verdade*".[46] A Verdade era a presença de Deus e, ao descobri-lo, a futura carmelita sentia em si o desejo de entregar-se inteiramente a Ele.

O fenômeno da empatia se deu de forma clara de Edith Stein para com Teresa de Ávila. A filósofa de Breslau, que desde sua adolescência busca esclarecer o seu mundo interior e sente a sua alma se abrasar, diante do problema

46 HERBSTRITH, *op. cit.*, p. 72.

do sentido e da finalidade da vida humana, encontra em Teresa de Jesus uma mestra que a completa e a leva consigo até a luz de Deus. A partir da leitura do *Livro da vida*, Stein se sentiu revitalizada e aflorou ainda mais o seu ideal humanista, mas agora alicerçado pela experiência divina. Assim, tudo o que sonhou pôde viver de forma cooriginária através da vida de Teresa, e de forma originária por meio de suas experiências pessoais. A leitura da biografia de Santa Teresa pôs fim às exaustivas buscas da filósofa que humildemente se prostrou diante de outra mulher com a qual começava a se empatizar. Ela, que buscava a verdade total, encontrou-a no Cristo, por meio de Teresa de Ávila, que fez o impossível para que acontecesse a reforma carmelitana, acreditando que essa era a vontade de Deus.

Há tempos, o espírito de Edith Stein, sedento de saber, vinha lutando por meio da intelectualidade, para encontrar um sentido transcendente para a vida. A obscuridade foi deixando de eclipsar sua alma com a luz que Teresa de Jesus derramou sobre ela. A filósofa de Breslau não vê somente os "fenômenos", o movimento superficial da vida anímica, mas também a vontade, o entendimento, a memória e a substância da alma que são fatos inegáveis da experiência. A futura carmelita capta, durante a leitura, que o "mais íntimo e próprio" da alma não é um desconhecido, que a ciência propõe explicar como fatos anímicos, senão que é "algo que se aparece claramente perceptível, mesmo quando segue sendo misterioso". Essa descoberta pacifica o coração de Stein, que percebe nas palavras de Santa Teresa um contínuo hino à misericórdia de Deus, retirando a alma lutadora das sombras da morte e a introduzindo na luz divina.[47] Trata-se, para a filósofa, de uma luta que se deu no campo científico, das especulações pela busca de sentido para a existência, que agora se pacifica pela resposta dada pela espiritualidade libertadora. Stein descobre que para além das amarras das ideologias vazias de solidariedade, do desgaste da materialidade e da morte, encontra-se a verdadeira liberdade quando a pessoa humana se entrega totalmente a Deus no serviço ao próximo.

Liberdade e verdade são postulados da pessoa humana muito importantes para Stein, e ela os encontrou com igual intensidade na vida e obra de Teresa de

47 HERBSTRITH, *op. cit.*, p. 73-74.

Ávila. O manancial que dá saúde e vida e que transforma a alma recalcitrante é para Santa Teresa a oração interior. Insiste, continuamente, que toda salvação, toda liberdade do apego ao próprio eu e todo bem vêm à alma a partir da oração interna e silenciosa. Edith Stein se considera como uma caminhante que, através da longa e trabalhosa "noite do caminho", vislumbra a luz do amanhecer, e à medida que se vai elevando o sol de Deus, vai se descobrindo a paisagem da alma. A Grande Reformadora carmelita lhe retira a venda dos olhos, ensinando-lhe a deixar que descanse o entendimento ativo, pois Deus deseja visitar a alma na solidão e no silêncio, longe de todos os consolos terrenos e de todos os ruídos das preocupações do conhecimento. "No tempo de orar se deve, pois, deixar a alma tranquila, e deixar de lado a ciência", adverte Teresa de Ávila.

Não era tanto o texto que empolgava Edith Stein, mas a pessoa de Teresa que na autobiografia aparecia inteira, com sua verdade existencial e que lhe dava respostas que nem mestres e nem livros de filosofia lhe deram. A integridade intelectual de Stein e a sua sede da verdade fizeram com que avançasse cada vez mais no mistério de Deus. Tendo encontrado a Verdade em Cristo, ela se submete totalmente, começando a compreender a razão de sua sede existencial pela verdade desde sua juventude. Nas vivências de Teresa, Stein percebe sua vocação quando apreende que Deus não é um ser distante e abstrato, também não é um demiurgo, ou ainda o Senhor da Moral, mas sim um Deus que é amor transbordante a ponto de se encarnar no seio da humanidade para divinizar o ser humano desumanizado. Por isso a filósofa de Breslau dirá: "*eu me converti por amor*". Seus mistérios não são decifrados pelo entendimento científico, que pode ser comprovado passo a passo, mas somente a partir da entrega amorosa a ele.

A futura carmelita faz a experiência do encontro com o Totalmente Outro, através da mediação de Santa Teresa, que é uma grande mística, mas também psicóloga, mestra do conhecimento interior. Sabe unir o mais elevado fervor místico com uma pedagogia clara e realista. Isso fica evidenciado na ideia central que percorre o texto do *Livro da vida*: o problema existencial de Teresa de *ser* ou *não ser* uma autêntica monja. Este problema, em linguagem steiniana, se traduz como uma busca, também existencial, da verdade. A Grande Reformadora é, para Edith Stein, como um espelho de sua experiência e o modelo a seguir, porque percebe nela os seus valores, pelos quais tem lutado no decorrer de sua vida: como a valorização da mulher, a busca pela verdade autêntica nas relações.

Um pormenor que talvez Stein não tenha tido conhecimento é que Teresa de Ávila também era de ascendência judaica. Teresa de Cepeda y Ahumada nasceu em Ávila, Espanha, em 28 de março de 1515. Graças à historiografia moderna pode-se conhecer melhor as circunstâncias concretas do ambiente familiar de Santa Teresa. A falta de uma alusão à fidalguia de seu pai, no relato que a santa faz em seus numerosos escritos sobre sua família, não impediu que os hagiógrafos construíssem uma ascendência de alta nobreza, um tópico que nunca falta nas biografias correntes. Os silêncios de Teresa acerca da verdadeira ascendência de seu pai, Dom Alonso de Cepeda, nascido em 1480, trouxeram muitas dificuldades para os biógrafos prepararem o processo de sua canonização. Graças à investigação histórica dos últimos quarenta anos, sabe-se hoje que Teresa de Ávila descendia de um avô judeu, Juan Sanches, convertido em Toledo, por volta do ano de 1485. Era rico mercador, administrador de bispados e, provavelmente, odiado pelos "cristãos velhos", como eram chamados os cristãos que não tinham nenhuma ascendência judaica. Já os "cristãos novos" eram os judeus que recentemente recebiam o batismo cristão. Assim, conhecido e desprezado em Toledo, Juan Sanches com seus filhos, dentre eles o pai de Santa Teresa, se mudam para Ávila. Seus filhos, posteriormente, compraram o direito de fidalguia, e, casando com mulheres fidalgas, conseguiram penetrar o setor desta baixa nobreza, isenta de certos impostos, porém obrigados a viver sem trabalhar e sem renda, para que pudessem dissimular suas origens. De fato, Dom Alonso vivera sem ofício conhecido, usufruíra dos dotes de suas duas esposas – ficando viúvo, casou-se pela segunda vez, com Dona Beatriz de Ahumada, mãe de Teresa – e morrera em 24 de dezembro de 1543.[48]

O profundo lastro que Teresa deixou em Edith Stein irá influenciá-la em seu modo de sentir e viver a vida cristã e a vida monástica. A fenomenóloga inicia um processo de profundo conhecimento da espiritualidade carmelita

48 TERESA DE JESUS. *Livro da vida*. São Paulo: Paulinas, 1983, p. 359.

e mais uma vez se identifica com o grupo religioso ao qual pertence Teresa de Ávila: a Ordem do Carmo. Esta Ordem, originalmente chamada Ordem dos Irmãos da Bem-Aventurada Virgem Maria do Monte Carmelo, surgiu no final do século XI, próxima à cidade de Haifa, no atual Estado de Israel. A tradição bíblica narra que o profeta Elias se estabeleceu numa gruta nesse Monte, seguindo uma vida eremítica de oração e silêncio, por isso o interesse dos religiosos de residirem nesse local. Ao longo dos anos, os eremitas passaram a formar comunidades religiosas e, em 1226, o Papa Honório III aprovou a Regra do Carmo, sistematizada por Santo Alberto, Patriarca de Jerusalém. Devido às invasões dos sarracenos, o grupo migrou para o Ocidente no século XIII. No século XVI, aconteceu um processo de reforma do carisma da Ordem do Carmo sob a liderança de Teresa de Ávila e João da Cruz, o que fez surgir a Ordem dos Carmelitas Descalços.

Desde que fora batizada, Edith Stein almeja a consagração à vida religiosa, sentindo-se impelida a abraçar a espiritualidade carmelita-teresiana através da oração silenciosa e de seu imenso desejo de salvar as almas. Todavia, esse seu desejo de entrar para o Carmelo teve de ser adiado por mais de dez anos; enquanto isso, em meio aos seus trabalhos, Stein sempre reservava tempo para a intensificação de sua espiritualidade por meio da eucaristia e da oração mental, além de procurar conhecer mais a Mística Doutora de Ávila, que para todas as perguntas da filósofa dava sempre a mesma resposta: a loucura da cruz é o começo da verdadeira felicidade. Na doutrina mística de Santa Teresa, Stein encontra a confirmação de sua própria experiência de Deus. Sabe, porém, que está no início da vida mística, entretanto, se sente arrebatada pela experiência da Grande Reformadora. Empaticamente, a futura carmelita está neste mundo Teresiano, olha dentro dele e é nele que se dá sua existência e sua humanidade até o momento de sua expiação. A filósofa vive o que havia dito em seu ensaio fenomenológico acerca da experiência de um "núcleo pessoal", onde o seu "eu" examina todos os âmbitos da vida. Dessa forma, Stein é capaz de comparar a sua própria experiência de vida, antes mesmo de sua conversão, com a experiência de Teresa de Ávila.

5. A empatia com Jesus de Nazaré, O Cristo

A escritora Elisabeth de Miribel (1915-2005), em sua biografia de Edith Stein, informa que Paulina Reinach e sua cunhada Anna Reinach haviam presenteado Stein com as obras completas de Santa Teresa muitos anos antes de sua conversão, e que provavelmente a leitura das obras deve ter gestado na filósofa alguns sentimentos e reflexões sobre a pessoa de Jesus Cristo. Quando, porém, toma a leitura do *Livro da vida* de Santa Teresa em 1921, sente um impacto que muda a sua orientação fundamental. Em sua obra *Causalidade psíquica*, iniciada em 1918 e publicada em 1921, quando disserta sobre *energia vital, sensível e espiritual*, Stein permite que se compreenda o seu estado de espírito ou até mesmo a sua experiência mística:

> [...] existe um estado de repouso em Deus, de total abstenção de atividade espiritual, no qual a pessoa não consegue traçar planos, tomar decisões, nem mesmo fazer o que quer que seja, e no qual ela se abandona inteira ao seu destino, tendo submetido o futuro à vontade de Deus. Senti-me neste estado depois de uma experiência que ultrapassava minhas forças, consumiu inteiramente minhas energias espirituais e me tirou toda possibilidade de ação. Parecido com a inatividade por falta de impulso vital, o repouso em Deus é qualquer coisa de completamente novo e irredutível. Antes era o silêncio da morte. Em seu lugar aparece um sentimento de segurança íntima, de libertação de tudo que é preocupação, obrigação e responsabilidade com relação à ação. E à medida que me abandono a este sentimento, uma vida nova começa a apoderar-se de mim. Este afluxo vital parece emanar de uma Atividade e de uma Força que não são minhas, mas que, sem violentar minha vontade, começam a operar em mim.[49]

No dia primeiro de janeiro de 1922, Edith Stein recebeu o batismo e iniciou um aprofundamento na espiritualidade cristã. A filósofa mudou a rota

49 STEIN, Edith. "Etapa fenomenológica: Contribuciones a la fundamentación filosófica de la psicología y de las ciencias del espíritu: causalidad psíquica, individuo y comunidad". *In*: URKIZA, Julien; SANCHO, Francisco Javier (Orgs.). *Obras Completas.* Burgos: Monte Carmelo, 2005, p. 298, vol. II.

de sua vida, pois o que era busca se converteu em algo essencial para a sua história. De tal modo que o centro de sua existência passou a ser a sua amizade e intimidade com Jesus de Nazaré, que lhe proporcionou a comunicação entre o mistério do Absoluto e a precária condição humana, tendo um rosto e uma vivência que lhe tocou profundamente.[50] Para Edith Stein, o que importava era contemplar a verdade de Jesus e seu ser como único e absoluto, revelado na cruz, a mesma cruz experimentada por ela quando da morte de Adolph Reinach. O recolhimento intelectual que ostentava o primeiro lugar em sua escala de valores cedeu lugar ao recolhimento espiritual que favoreceu a compreensão de que Cristo morreu e está ressuscitado. É ele o Messias prometido ao Povo de Israel, mas não só, pois sendo o arquétipo e a cabeça da humanidade, reúne em si todo gênero humano.

Contemplar na capela das igrejas os vitrais com a história salvífica trazia grande alento para a filósofa, pois ali via, de certa forma, sua ascendência refletida e dizia que a conversão renovou o seu judaísmo e, ainda, a fez se sentir mais unida à Sra. Auguste Courant: "*enquanto estava em casa durante as férias, acompanhava a minha mãe à sinagoga, para demonstrar que não tenho nada contra a sua religião e que também ali se pode orar a Cristo*". Com o batismo, ela se sentia voltando às suas origens, pois o "Deus dos Patriarcas" é o mesmo que se revela em Jesus Cristo, o Novo Adão.

Em sua obra *A oração da Igreja*, Stein fala de seu encanto por Jesus, que devotamente viveu a religião judaica com entusiasmo, participando das rezas nas sinagogas, peregrinando a Jerusalém por ocasião das grandes festas e, no ápice de sua vida, se oferecendo na ceia pascal. É Ele o sacerdote que se imola no altar da natureza humana, edificando um templo superior ao de Salomão. Impressiona, nesta obra, algo que é próprio de Stein, a vivência da oração enquanto diálogo solitário com Deus, conforme narram os evangelistas sobre Jesus e conforme se sabe da vida da monja carmelita que buscava cultivar a vida interior enquanto espaço de intimidade com o divino que habita em cada pessoa humana.

50 STEIN, Edith. "Escritos autobiográficos y cartas". *In*: URKIZA, Julien; SANCHO, Francisco Javier (Orgs.). *Obras Completas*. Burgos: Monte Carmelo, 2005, p. 760-761, vol. I. A Roman Ingarden, Edith escreve: "Cristo é o centro de minha vida".

A empatia de Edith Stein para com Jesus de Nazaré a fez ter consciência de si, em sua singularidade judia e cristã. Pode-se dizer dela como o apóstolo Paulo falou de si: "já não sou eu quem vive, é Cristo que vive em mim" (Gal., 2: 20). Stein se identificou com as ações e os sentimentos de Jesus em suas vivências no mundo judaico e, para além daquele mundo, comunicando-se com sua abertura ao diferente e desprezado, com a pluralidade da vida humana e promovendo a dignidade das pessoas. Em conferência sobre a *Vocação do homem e da mulher*, a autora informa que seguir Cristo conduz ao desenvolvimento da vocação humana originária, que é ser a imagem de Deus. Todo ser humano é chamado a entregar-se totalmente a Deus e a seu serviço por amor a exemplo de Cristo que viveu essa entrega em plenitude.

O amor da filósofa por Jesus cresce na medida em que se familiariza com ele por meio da oração e de seus estudos. A sua busca incessante pelo sentido verdadeiro da vida encontrou resposta em Cristo, que se apresentou em sua natureza humana no seio da cultura judaica e, aos poucos, foi se revelando o Logos Divino, para toda a humanidade. Nele se manifesta o sentido da Providência Divina e a finalidade a qual o ser humano é chamado desde sua criação: a reproduzir a imagem do Filho, a unidade pessoal e a união com Deus. A Verdade como atributo de Cristo supõe em Edith Stein dois aspectos: um intelectual e outro experiencial. Como Logos, ele está presente em tudo, ou seja, tudo que existe é reflexo de seu ato criador. Assim, quem está buscando a verdade última do que existe, necessariamente está buscando o seu princípio, o próprio Logos, a Verdade suprema. Isso facilita a compreensão, quando o que se busca é o sentido da pessoa humana, que é a imagem mais próxima do Verbo de Deus. Só em Cristo se descobre essa unidade e totalidade do sentido do ser; a ele, porém, só se pode se achegar através da experiência vivencial. Esta tornou-se possível graças à Encarnação do Verbo no tempo, ou seja, Jesus em meio aos seus contemporâneos transmite uma mensagem salvífica que atinge a humanidade em todos os tempos, libertando o ser humano da condição do pecado e lhe proporcionando o aperfeiçoamento, para que viva em estado de graça, em comunhão entre si e Deus.

O mistério da Paixão, Morte e Ressurreição de Jesus é o eixo em torno do qual gira a vocação de Edith Stein e a chave para ler e interpretar a sua vivência espiritual. Esse mistério tem influência direta sobre a vida mística, ou seja, Stein interpreta os sofrimentos de Jesus refletidos na "noite escura da alma" e os membros do corpo místico de Cristo participam com Ele da eficácia "redentora, em virtude de sua divindade". A vida de Edith Stein foi se configurando a esse mistério do Cristo, em sua originalidade existencial e na singularidade de sua vida espiritual. Em meio à crescente perseguição aos judeus, ela participa empaticamente da agonia de seu povo e pede à Priora do Carmelo para se oferecer ao coração de Jesus como vítima pela paz.

> Querida Madre, permita-me oferecer-me como vítima ao Coração de Jesus em sacrifício de expiação pela verdadeira paz: que o reino do anticristo se desmorone, se possível, sem uma nova guerra mundial e que uma nova ordem seja estabelecida. Queria oferecer-me ainda hoje, pois que é a décima segunda hora. Sei que nada sou, mas Jesus o quer e não deixará de dirigir nestes dias o mesmo apelo a outras almas.[51]

Por fim, o processo empático de Edith Stein com Jesus de Nazaré passa pela visão que ela tem dele como o Novo Adão. As razões para isso se dão inicialmente pela unidade e continuidade da História da Salvação, ou seja, Jesus é o ponto de união com toda a tradição do povo judeu, do qual ela procede. Depois, Stein centraliza teologicamente Jesus na história da humanidade, enquanto ponto inicial, Logos Criador, e ponto de chegada – revelação de Deus – e caminho ao qual o ser humano é chamado a percorrer. A designação de Cristo como "Novo Adão" tem ainda um caráter histórico divino. É "novo" porque introduz uma novidade na história da Salvação, novidade que já possuía o primeiro Adão, criado à imagem divina, antes do pecado. Cristo, por sua vez, se apresenta como o arquétipo original perfeito do ser humano. Em sua natureza humana aparece a graça da natureza divina e o caráter eterno da Aliança por ele estabelecida, em favor de todo o gênero humano.[52]

---

51 STEIN, Edith. "Escritos autobiográficos y cartas". *In*: URKIZA, Julien; SANCHO, Francisco Javier (Orgs.). *Obras Completas*. Burgos: Monte Carmelo, 2005, p. 1307, vol. I. Carta dirigida a Ottilia Thannisch (1878-1958), em 26 de março de 1939.

52 FERMIN, *op. cit.*, p. 291-302.

6. Edith Stein e João da Cruz

Por meio de Teresa de Ávila, Edith Stein conheceu a Ordem Carmelita e a vida e a obra do místico João da Cruz, que com Teresa reformou o instituto, criando a Ordem dos Carmelitas Descalços. Assim como Teresa, uma profunda atração e simpatia exerceu também João da Cruz sobre a filósofa, que aos poucos foi criando um vínculo empático em nível espiritual com o santo. Existem, também, coincidências históricas na vida de ambos, às quais se pode fazer um paralelo: primeiramente, é bom recordar que Edith Stein perdeu o pai quando tinha dois anos; a figura da mãe é central em sua vida; aos 21 anos iniciou os estudos de fenomenologia com Husserl; na Primeira Guerra serviu como enfermeira num fronte; Teresa de Ávila lhe apresentou a Verdade da fé no Cristo, mudando a sua vida; passou os seus últimos dias presa num campo de concentração; os seus escritos são também de caráter antropológico e místico. João da Cruz, por sua vez, perdeu o pai, Gonçalo de Yepes, na infância, e a sua mãe, Catarina Alvarez, assumiu a família com destreza. Em sua juventude, trabalhou no Hospital de Medina e aos 21 anos foi enviado para a Universidade de Salamanca a fim de completar seus estudos de filosofia e teologia. Mesmo dedicando-se totalmente aos estudos, encontrava tempo para visitar doentes em hospitais ou em suas casas, prestando serviço como enfermeiro. Após fazer a sua profissão religiosa, concluiu com êxito seus estudos teológicos e, em 1567, foi ordenado sacerdote. No entanto, ficou muito desiludido pelo relaxamento da vida monástica em que viviam os conventos carmelitas. Em 1567, encontrou-se com Teresa de Ávila, que lhe falou sobre o projeto de estender a Reforma da Ordem Carmelita também aos padres.

Em 1568, juntamente com Frei Antônio de Jesús Heredia, João da Cruz iniciou a Reforma com o desejo de voltar à mística religiosidade do deserto, o que lhe custou maus tratos físicos e difamações por parte dos frades que não aceitavam a Reforma. Em 1577, João da Cruz chegou a ser preso por nove meses num convento que se opunha à Reforma do Carmelo. Nessas trevas exteriores, nele se acende a chama de sua poesia espiritual. "Padecer e depois morrer" era o lema do autor da "Noite escura da alma", da "Subida ao Monte

Carmelo", do "Cântico Espiritual" e da "Chama viva de amor". Nesses escritos percebe-se que o autor abraçou a cruz dos sofrimentos e contrariedades. Seu misticismo era a inspiração para seus escritos, que foram muitos e o colocam ao lado de santa Tereza de Ávila, outra grande mística do seu tempo.

Edith Stein se empatiza com João da Cruz e o chama de pai espiritual. Ambos eram teólogos, de uma cultura extraordinária, de inteligência ímpar e quando se consagraram como religiosos adotaram o sobrenome que para eles era "título de nobreza": Cruz. Ou seja, João de Yepes passou a ser chamado de João da Cruz e Edith Stein adotou o nome de Teresa Benedita da Cruz. Os dois santos compreendiam que seguir Cristo radicalmente era abraçar a cruz com todas as suas consequências, mantendo a fé na força redentora que dela brota em meio às adversidades da vida. João e Teresa Benedita foram marcados pela experiência da Cruz, ele desde a tenra infância e ela mediante a fé de Anna Reinach com a morte do marido na guerra. Os dois santos veem a cruz como o lugar escatológico da união nupcial do ser humano com Deus, acontecimento este antecipado pela experiência mística na qual o orante, por meio da "noite escura dos sentidos e do espírito", vivencia a dor e a delícia da cruz na união com o Crucificado. A dor em virtude da miséria que crucifica o ser humano retirando dele a dignidade, por meio de sofrimentos de toda espécie, e a delícia por ser conduzido por Aquele que foi crucificado ao jardim do paraíso, onde se experimenta a plenitude da luz celeste.

No tempo de João da Cruz, a espiritualidade católica vinculava o sofrimento humano ao padecimento de Cristo, de tal forma que quanto mais se sofria mais se estaria em comunhão com Deus. Por isso, o místico pediu a Cristo forças para trabalhar e sofrer muito, que não saísse desse mundo como superior de uma Ordem ou comunidade, e que o deixasse morrer desprezado e humilhado pelos seres humanos. De fato, João sofreu muito ao longo de sua vida, tendo graves dissabores por causa das incompreensões e calúnias. Foi exonerado de todos os cargos da comunidade, passando os últimos meses na solidão e no abandono. Faleceu após uma penosa doença, em 14 de dezembro de 1591, com apenas 49 anos de idade, no Convento de Ubeda, Espanha. Deixou como legado sua volumosa obra escrita, de importante valor humanístico e teológico, além de sua relevante e incansável participação como reformador da Ordem Carmelita Descalça.

A empatia entre os dois místicos evidencia-se na obra *A Ciência da Cruz* de Stein, na qual a autora escreve sobre a vida de João da Cruz, para a comemoração dos quatrocentos anos de nascimento do Grande Reformador. A biografia escrita por Stein é permeada pela experiência da "noite escura" vivenciada por João da Cruz em seu contexto histórico e místico. Admiravelmente na obra, de vez em quando surge a voz da monja carmelita denunciando a noite escura provocada pelo nazismo. Nas entrelinhas da vida do místico, a autora encontra ressonância para aquilo que se dava em sua alma, evidenciando sua empatia pelo Santo Reformador. A sua expiação perpassou sua tenra juventude sem que ela entendesse que a aridez que a sua alma sofria em busca da verdade era prenúncio do que a sua carne padeceria no Holocausto. Assim, os dois santos carmelitas foram contemplados pela graça divina, cada um à sua maneira.

7. Martírio espiritual de Edith Stein

Neste tópico, explana-se sobre o martírio espiritual de Edith Stein, Teresa Benedita da Cruz, permeado pelo caráter místico de sua união com o Criador. O enfoque espiritual do tópico se baseia nas fontes místicas de Edith Stein no Carmelo, principalmente Teresa de Ávila e João da Cruz. Vale ressaltar que a experiência mística dos três santos da Igreja Católica acena para a união da alma humana com Deus, ainda nesta terra. Isto acontece através da crença na possibilidade de percepção, identidade, comunhão ou união do ser humano com uma realidade superior, verdade espiritual, ou seja, o próprio Deus único, por meio da experiência direta no cotidiano. Essas experiências também são encontradas em outras religiões que apresentam caráter místico, como no judaísmo, a cabala; no islã, o sufismo; além de estarem presentes ainda no hinduísmo e budismo. Na intenção de atingir esse tipo de experiência, as tradições místicas fornecem ensinamentos e práticas específicas, como meditação e aperfeiçoamento pessoal, conforme a tradição cultural de seus fiéis.

No decorrer de sua vida, Edith Stein foi se deparando com o mistério da iniquidade que assolava a condição humana. Desde criança conheceu de perto a morte, com o falecimento de seu pai e as trágicas notícias de suicídio de pessoas próximas, inclusive dois tios, por motivos de dificuldades econômicas. Na juventude, participou da Primeira Guerra Mundial como enfermeira em um hospital para moribundos. Em seguida, acompanhou a subida desastrosa do nazismo ao governo da Alemanha. Antes de sua entrada para o Carmelo, e durante a sua estadia nos Carmelos de Colônia-Lindenthal, na Alemanha, e de Echt, na Holanda, esteve em profunda comunhão com a humanidade ferida. Em carta à Irmã Adelgundis, em 27 de agosto de 1933, demonstra o entusiasmo por ter sido aceita no Carmelo e, ao mesmo tempo, profunda preocupação com a realidade social dos alemães, especialmente os judeus:

> Aqui também estamos *in via*, pois o Carmelo é uma montanha muita alta que se deve subir até o cume. Mas o estar a caminho é uma graça muito grande e penso frequentemente, em minha oração, naqueles que gostariam de estar no meu lugar. Ajude-me para que eu seja digna da graça de viver no mais íntimo santuário da Igreja, ajude-me a oferecer-me por aqueles que lutam lá fora.[53]

Edith Stein tinha convicção de sua vocação e àqueles que insinuavam que ela estaria se escondendo da perseguição nazista, atrás dos muros do mosteiro, dizia com senso de humor: "*Deus não se obrigou a deixar-nos para sempre ali dentro*". Desde 1933, a filósofa se mostra preparada a sofrer com seus irmãos repelidos e assassinados pela ideologia nazista. Concebe sua vida religiosa no Carmelo como um incruento martírio. Já em 1935, responde a uma amiga que ali a julgava segura: "*Não tenha isso como uma certeza! Certamente eles vão me procurar aqui. E eu não acredito de forma alguma que vou ser poupada*". Nos anos seguintes, a tensão social foi aumentando, assim como a perseguição nazista aos judeus. Para salvaguardar o Carmelo, a monja foi transferida para a Holanda em 1938, após a fatídica "noite dos Cristais". Todavia, não tardou para os nazistas invadirem a Holanda, o que se deu em 1940. Nesse mesmo ano, no Carmelo de Echt, a priora encarregou Irmã Teresa Benedita de escrever algo sobre São João da Cruz, por ocasião do 4º centenário de nascimento do grande santo carmelita. Stein fez, então, um estudo sobre o mestre da

53 *Ibidem*, p. 1042.

"Noite Escura", no qual explora a essência da pessoa humana: o eu, a liberdade e a pessoa, de um lado; o espírito, a fé e a contemplação, do outro. A autora deu ao livro o título de *A ciência da Cruz*, iniciado em 1941 e escrito de uma vez, onde ela apresenta um tipo de autobiografia espiritual, registrando também o seu protesto contra a ideologia racista do nazismo.

Ao mesmo tempo em que procura compreender João da Cruz "na unidade" de seu ser, Stein quer também adquirir ideias claras sobre as leis do ser espiritual, e, para isso, ocupa-se de um escrito intitulado "Caminhos para o conhecimento de Deus", que contém a doutrina de Pseudo-Dionísio, "pai da mística ocidental". João da Cruz, como toda a tradição ocidental, desde o século IX, sofre uma forte influência dele. Em contraposição ao pensamento grego, Pseudo-Dionísio sublinha a visão bíblica do conceito de Deus: "Deus só pode ser conhecido na medida em que se revela".[54] Noutras palavras, Deus procura a alma mais do que esta a Ele. Essa é a imagem clássica, tanto nos textos Sagrados Hebraicos, quanto nos Evangelhos; o Eterno busca com ternura materna, solicitude pastoral e amor nupcial o Povo de Israel. E Jesus utiliza essa linguagem simbólica chamando a si mesmo de esposo, aguardando a resposta do ser humano a esta proposta amorosa. Edith Stein, filha de Israel, vive totalmente envolvida por essas ideias e deseja ardentemente se unir ao seu amado Deus.

Para Pseudo-Dionísio, a teologia é um falar de Deus à base de uma experiência pessoal. Decisivo é o seu trabalho sobre a "Teologia Mística", em que acentua que o conhecimento se torna tanto mais obscuro e misterioso quanto mais se aproxima da divina sabedoria. A ascensão da alma é, como a subida de Moisés ao Monte Sinai, uma ascensão no meio das trevas e do silêncio. A alma chega à união com Deus mais por negação, ou seja, reconhecendo nas criaturas aquilo que Deus não é, do que por afirmação (*analogia entis*) do protótipo na imagem, isto é, por semelhança da criatura com o Criador. Mas nos píncaros da união místico-amorosa com Deus, desmorona toda a imperfeita obra humana. Nem a afirmação, nem a negação podem alcançar a Deus, porque a alma "se une ao inefável em absoluto silêncio", e neste mistério se dão a conhecer mutuamente. Essas ideias servem para demonstrar a trajetória de

54 "Edith Stein: filósofa judia e mestra espiritual". *Grande Sinal*, 41 (2): p. 175-176, 1987 (Petrópolis: Vozes). Cf. *In*: "Tijdschrift voor Philosophie", ano 8, 1946, p. 37.

João da Cruz e, com ela, a de Edith Stein. É a esse caminho que ela dá o nome de "Ciência da Cruz"; com isso ela não quer designar nenhuma teoria, e sim uma verdade viva e eficaz.

Ao escrever sobre João da Cruz, Irmã Teresa Benedita explica que os sofrimentos do grande místico, ao longo de sua vida, encontram ressonância simbólica na "noite escura dos sentidos", na qual o santo renega a si mesmo, aceitando todo o sofrimento com amor e alegria. Esse sofrimento é causado não só pelas tribulações exteriores, mas também pelo dominar-se a si próprio, a fim de alcançar um vazio na alma, que só pode ser preenchido por Deus.

Edith Stein, na *Ciência da Cruz*, informa que a proposta de Jesus aos discípulos de que quem quiser acompanhá-lo deverá renegar a si mesmo, tomar a cruz e segui-lo (Mt. 16: 24) se dirige a todas as pessoas, porém, não são todas escolhidas por Deus para este caminho de total contemplação, de aceitação amorosa da Cruz, de qualquer cruz que Deus mande. A monja carmelita afirma, com João da Cruz, que a Cruz de Cristo pode ser simplesmente a cruz que decorre da vida de cada um, por conta das limitações pessoais que os seres humanos carregam. A monja explica que há uma diferença entre a meditação e a contemplação, sendo que a primeira se aproxima da espiritualidade inaciana, ou seja, é como que um treino das qualidades humanas ao serviço da maior glória de Deus, ao passo que a contemplação pede o vazio total da alma, mesmo que para isso seja preciso muito sofrimento, uma ascese interior radical, praticada com amor.

Como Jesus escolheu a cruz para instrumento de redenção, para os católicos a cruz se tornou símbolo de toda união com Deus, por isso, afirma Irmã Teresa Benedita: "a cruz é uma semente, que depositada na alma, desenvolve as raízes e se torna a forma interior do ser humano". Nesse sentido, assim como Pseudo-Dionísio, João da Cruz também não tem outro anseio senão tomar as almas "pela mão" e guiá-las até a montanha da união amorosa com Deus. Na linguagem de Stein: "*A união nupcial da alma com Deus é a finalidade para a qual foi criada, e é uma união adquirida pelo preço da cruz, consumada na cruz e selada com a cruz para toda a eternidade*".[55]

55 STEIN, Edith. *A Ciência da Cruz: Estudo sobre São João da Cruz*. São Paulo: Loyola,

Na obra *A Ciência da Cruz,* se percebe com mais clareza a empatia de Edith Stein para com João da Cruz na vivência do amor de Deus, simbolizada na cruz, onde a morte e a vida estão inseparavelmente interligadas. Irmã Teresa Benedita externaliza a certeza absoluta da vitória da luz sobre as trevas, transmitindo em sua obra a convicção de que a luz surge das profundezas da escuridão, ao narrar a passagem da alma pela "noite passiva dos sentidos e do espírito". O Deus que inunda de luz a alma humana é o mesmo que a atraiu para si na crucificadora obscuridade, aniquilando os seus pecados. A dolorosa ferida de amor dos abandonados se converteu em suave toque de amoroso anseio. A alma, sob a influência do Espírito, transforma-se em uma chama de vivo amor divino, que contempla o mundo com luz diferente e nova. Nas entrelinhas de sua última obra, pode-se perceber que Stein não só interpreta, mas fala por experiência própria da aridez provocada pela noite escura da alma. Na conclusão de seu estudo do Cântico Espiritual de João da Cruz, deixa de se esconder atrás de seu mestre e pai, e revela suas próprias ideias sobre o mistério da cruz. Nessas linhas pode-se ler todo seu destino e vislumbrá-lo à luz da Cruz, que a iluminará na noite misteriosa de seu fim:

> [...] Jesus Cristo é solícito para com a alma e entrega sua própria vida em favor da vida da alma, na luta contra os inimigos seus e dela. Ele afugenta Satanás e todos os espíritos malignos, onde quer que os encontre pessoalmente, e arranca as almas de sua tirania. Ele revela cruamente a malícia humana onde quer que se lhe oponha, cega, disfarçada e obstinada. [...] O homem novo traz em seu corpo os estigmas de Cristo como uma lembrança da miséria do pecado, da qual ele se livrou para passar para a vida divina, e do preço que foi pago por seu resgate. Este homem novo guarda uma dolorosa nostalgia da plenitude de vida até que lhe seja permitido entrar, pela porta de uma verdadeira morte corporal, para a luz sem sombras.[56]

Na escola de Santa Teresa e de João da Cruz, Teresa Benedita comprova que a livre entrega da vontade humana é decisiva para a união da alma com

2008, p. 220, n. 5.

56 *Ibidem*, p. 219-220.

Deus. Pela luz da fé, a alma dócil chega ao conhecimento da misericordiosa inabitação divina e a vive em conhecimento amoroso com o Deus Trino. Edith Stein frisa que o esforço religioso da vontade jamais obterá o efeito maravilhoso que se realiza no breve lapso de tempo de uma união mística: transformação tamanha que a alma não é capaz de reconhecer a si mesma. Com João da Cruz, a filósofa analisa a graça imerecida que a alma recebe do amantíssimo Deus, a consistir-se no fato de Ele se entregar e de a alma ficar vinculada à vida trinitária; de Ele adotar por filha a criatura pecadora para assemelhá-la a Seu Filho; em abraçar a alma com a mais profunda unidade esponsal. Então a alma já não se dá a si mesma, dá algo mais que a si mesma, a saber, "a Deus em Si mesmo".

Assim, a última obra de Edith Stein, escrita apressadamente, como que pressentindo sua própria morte, é um hino extraordinário à dignidade da alma humana, a qual Deus escolheu para fazê-la semelhante à imagem de seu Filho. Na imagem das núpcias divinas, Teresa Benedita da Cruz, filha do Povo de Israel com quem Deus se desposou, vê a mais íntima relação entre Criador e criatura. As demais relações esponsais são, para ela, somente prefigurações frágeis da verdadeira união nupcial, na qual Deus cuida da alma com tanto amor que nem mesmo o mais terno amor de mãe lhe pode ser comparado.

Nos últimos meses passados neste mundo, Stein, por estar envolvida com o trabalho sobre a vida e a obra de João da Cruz, revelou-se cada vez mais dócil à graça divina e profundamente mergulhada na vida espiritual. Diante da crescente perseguição sofrida pelos judeus e da realidade brutal que a Europa adentrava, a tristeza ia transformando a sua fisionomia. Tudo que Stein quisera narrar através de sua obra *A história de uma família judia,* que tinha a intenção de mostrar a presença saudável dos judeus na construção da sociedade alemã, se desmorona. Entretanto, esses fatos fazem implodir na autora uma profunda empatia pela humanidade padecente, especialmente por seus prediletos irmãos judeus. Em suas correspondências, Teresa Benedita evocava as figuras femininas da História da Salvação, como Débora, Judite e Ester, que salvaram os judeus em situações dramáticas, e deixou por escrito:

> Tenho consciência de que o Senhor aceitou minha vida por todos. Devo pensar sempre na Rainha Ester, que foi tirada

> do seu povo para interceder por ele diante do rei. Sou uma pobre, impotente e pequena Ester, porém, o rei que me escolheu é infinitamente grande e misericordioso. Isso é um grande consolo.[57]

8. A imolação de Stein no Holocausto

De longa data, sabe-se que a diáspora judaica foi atormentada por perseguições, mas de forma cruenta os *pogroms* da Rússia e da Alemanha nazista deixaram cicatrizes profundas na história da humanidade. Em 1933, Edith Stein pressente a devastação social que arrastaria a sociedade alemã ao caos e procura ajuda do Vaticano para que pressione o governo alemão. A solicitação foi atendida por meio da encíclica de Pio XI condenando o nazismo e sua ideologia racista em 1937. A filósofa sofre com a perseguição que se abateu sobre os judeus, da qual ela e seus familiares foram acometidos. Em 1939, pressentindo a própria morte, escreve em seu testamento: "Desde já aceito com alegria a morte que Deus me destinou, numa completa submissão à sua santa vontade. Peço ao Senhor de aceitar minha vida e minha morte para sua glória".[58]

No Carmelo de Echt, a monja de Breslau procurou seguir em tudo a vida espiritual do mosteiro. Entretanto, por conta de ter passado alguns dias em Amsterdam, quando fora convocada pela Gestapo, juntamente com Rosa Stein, para prestar depoimento, a filósofa tem total consciência da realidade cruenta fora dos muros e pressente que o perigo está rondando o Carmelo. No claustro, a autora termina o seu trabalho sobre São João da Cruz pouco antes de ser presa e enviada ao campo de concentração, onde foi executada. Na conclusão, deixa transparecer as suas próprias ideias e sentimentos acerca do mistério da Cruz. Com lucidez, diante das atrocidades sociais, convida o leitor – a quem a dor esmaga e que, diante do sofrimento desolador de milhões de

57 HERBSTRITH, *op. cit.*, p. 32.

58 HERBSTRITH, W. *Edith Stein: Vita e testimonianze*. Roma: Città Nuova, 2000, p. 59.

vítimas inocentes pelo mundo, corre o risco de cair no desespero – a erguer os olhos para o mistério de amor de um Deus Crucificado, para a salvação do mundo e a se deixar transfigurar nele.

Na *Ciência da Cruz*, Irmã Teresa Benedita oferece um belo texto de João da Cruz, mas que pode também ser aplicado à autora, pois ajuda a compreender o mistério da sua vivência interior, sua disposição total, por amor a Deus e por amor ao seu povo:

> *Só desejo que a morte me encontre num lugar isolado, longe do convívio com os homens, sem irmãos do convento para orientar; sem alegrias que me possam consolar, provado por todas as penas e dores. Gostaria que Deus me provasse como servo, depois d'Ele ter provado no meu trabalho a resistência do meu caráter; gostaria que me visitasse com a doença, como me provou na saúde e na força; quereria que me deixasse tentar no opróbrio, como o fez com o bom nome que tive diante dos meus inimigos. Senhor, digna-te coroar a cabeça do teu indigno servo com o martírio.*[59]

Ao falar assim pode-se compreender que João da Cruz, há tempos, estava configurado intimamente com Jesus Crucificado. Contemplando seu pai espiritual, Stein apreende empaticamente o conteúdo de seu desejo e, eis que tinha chegado o momento em que a filha de Israel haveria de morrer com morte de amor num dos episódios mais vergonhosos da história da humanidade, a *Shoah*. Diferentemente de João da Cruz, a morte de Edith Stein não terá testemunhas oculares. É escuridão completa! Já em relação ao santo místico, a autora descreve os seus últimos momentos e a sua morte assim:

> [...] morreu rodeado pelos seus irmãos Descalços, da sua Reforma, que cantavam os salmos penitenciais, tendo aos pés da cama o Prior, que o recebera mal, já arrependido, debulhado em lágrimas. Um dos seus grandes amigos leigos também estava presente. À hora de Matinas, o Senhor levou-o.[60]

---

59 STEIN, Edith. *A Ciência da Cruz: Estudo sobre São João da Cruz*. São Paulo: Loyola, 2008, p. 248, n. 5.

60 CARVALHO, Teresa Maria Martins de. *Veritatis Splendor*. "Testemunho de Edith Stein". 21 jun. 2004. Disponível em: https://www.veritatis.com.br/testemunho-de-edith-stein/

Sem tempo de concluir *A Ciência da Cruz*, Stein entrega as duas primeiras partes de seu manuscrito à Superiora do Carmelo, a terceira pode ser lida da seguinte forma: no dia 2 de agosto de 1942, dois oficiais da Gestapo batem à porta do mosteiro, exigindo que as duas irmãs Stein os acompanhassem. Então, as trevas da noite escura invadem o Carmelo.

A vizinhança na rua protesta em relação às prisões e uma conhecida vê que Rosa Stein, por estar tão apreensiva, ficou paralisada, mas sua irmã caçula a tomou pela mão e lhe disse: "*Vem, vamos sacrificar-nos com nosso povo!*".[61] Nesse eclipse da vida, as irmãs Stein caminharam para a morte.

Enfim, a busca para desvendar a verdade acabara, o momento nupcial se descortinava em meio às trevas caóticas do desrespeito à humanidade criada por Deus. A filósofa, elogiada por seus mestres, colegas e alunos, levara uma vida simples, dedicada ao estudo e ao magistério. Depois da conversão, obteve tempo para a contemplação feliz do Senhor da verdade que tão incansavelmente tinha buscado através da filosofia. Pessoalmente experimentou a dor da rejeição por ser mulher, judia, judia-cristã e monja. Edith Stein foi uma intelectual com poucas obras publicadas. Apesar de ter proferido conferências em alguns países da Europa, o nazismo conseguiu com que sua vida se tornasse invisível, com seus documentos desaparecidos, correspondências queimadas e arquivos fechados.[62] De Echt para Auschwitz, poucas notícias se têm das irmãs Stein. A escritora Elisabeth de Miribel oferece o testemunho da senhora Bromberg, que escapou da morte, acerca da postura da monja no campo de concentração:

> O que distinguia Irmã Benedita das outras religiosas era seu silêncio. Tive a impressão de que estava triste até o fundo da alma, mas não angustiada. Não sei como dizer, mas o peso de sua dor parecia imenso, aniquilante, tanto que, quando

61 HERBSTRITH, *op. cit.*, p. 285.

62 MIRIBEL, *op. cit.*, p. 199. As principais obras de Edith Stein não foram publicadas durante sua vida, por causa da perseguição que atingia as publicações de origens judaicas na Alemanha, que podiam ser publicadas sob um pseudônimo, mas a autora não aceitou se submeter a isso. Em 1950-1951, os editores Herder, em Friburgo de Brisgau e Nauwelaerts, em Louvain, resolveram publicar, conjuntamente, suas obras maiores em cinco volumes: *A Ciência da Cruz, Ser Finito e Ser Eterno, De Veritate* de Santo Tomás, e *Coletânea de ensaios pedagógicos.*

> sorria, esse sorriso nascia de uma tal profundidade de um sofrimento que fazia mal. Quase não falava e olhava sua irmã Rosa, frequentemente, com indescritível expressão de tristeza. Sem dúvida previa a sorte de todos. Era a única, dos foragidos alemães, que pressentia a dor. Não o seu sofrimento – ela estava muito tranquila quanto a isto, e direi mesmo, tranquila demais! – mas o dos outros. Sua atitude, quando dela me recordo, sentada naquela barraca, despertava em mim uma única ideia: a de uma Virgem das Dores, de uma Pietá sem o Cristo.[63]

Os judeus Rudolf Vrba (1924-2006) e Alfred Wetzler (1918-1988) conseguiram fugir do campo de extermínio nazista de Auschwitz-Birkenau em 1944, e seguiram para Eslováquia, onde apresentaram ao mundo o "Relatório Vrba-Wetzler", também conhecido como *Protocolo de Auschwitz*, em que deixaram transcrito os horrores da máquina de matar do nazismo. Depois de aprisionadas ou ludibriadas de que estariam sendo levadas para campos de reassentamento, as pessoas desembarcavam em meio a soldados armados e com cães furiosos no campo, onde havia a separação. As mulheres, crianças, idosos, e pessoas que os nazistas não consideravam aptas para o trabalho, eram enviadas diretamente para as câmaras de gás. Depois de asfixiados, seus corpos eram colocados em vagões de gado e transportados para a incineração ou para a vala comum. Provavelmente essa foi a morte de Edith Stein. Nascida em berço judaico, a monja católica Teresa Benedita morre como os judeus, aos cinquenta anos, na *Shoah*.

O teólogo alemão Martin Niemöller (1892-1984), por meio deste breve poema, também conhecido como "credo dos expectadores", chama a atenção de seus leitores para a necessidade de se questionar a realidade social, dialogar com as diferenças e proteger o próximo, independentemente de suas orientações de vida: "E não sobrou ninguém!".

> Primeiro, eles vieram atrás dos comunistas, e eu não protestei - porque não era comunista;
> Então eles vieram atrás dos socialistas, e eu não falei abertamente - porque eu não era um socialista;

63 MIRIBEL, E. *Op. cit.*, p. 190-191.

Então eles vieram atrás dos sindicalistas, e eu me calei -
porque eu não era um sindicalista;
Então eles vieram atrás dos judeus, e eu não reclamei
porque não era judeu;
Então eles vieram atrás de mim -
e não havia mais ninguém para falar por mim.[64]

9. Morte e Ressurreição

Um dos chefes do Movimento de Resistência na Holanda, M. Lenig, encontrou-se com Irmã Teresa Benedita no campo de Amersfoort e escreveu à Priora de Colônia que ela, provavelmente, compartilhou da sorte de trezentos presos enviados aos fornos crematórios de Auschwitz-Birkenau na Polônia, no começo de agosto de 1942. Três anos mais tarde, o *Jornal oficial* da Holanda, tendo publicado a lista das vítimas mortas em deportações, trazia a seguinte indicação: N. 44074. Edith – Teresa – Hedwige – Stein, morta em 09 de agosto de 1943 e N. 44075. Rosa – Maria – Inês – Adelaide – Stein, morta em 09 de agosto de 1942. Consultada a Cruz Vermelha holandesa sobre esta aparente contradição, pois os dois números de matrícula das irmãs se seguiam, não era possível que houvesse um ano de diferença entre suas mortes. A mesma Cruz Vermelha respondeu que se tratava de um erro de impressão e que as duas irmãs Stein deviam efetivamente ter morrido na câmara de gás de Auschwitz, em 09 de agosto de 1942.[65]

Muito já se questionou acerca do "silêncio de Deus" diante das catástrofes do *Século Sangrento* – como ficou conhecido o século XX, por conta das guerras de destruição em massa, como Hiroshima e Nagasaki. Todavia, para os judeus religiosos, o silêncio é rompido por meio da crença em algo mais, que está para além das câmaras de gás e da morte, vem da "fé na ressurreição

64 *ENCICLOPÉDIA DO HOLOCAUSTO*. Martin Niemöller: "Primeiro, eles vieram buscar os socialistas...". Disponível em: https://encyclopedia.ushmm.org/content/pt-br/article/martin-niemoeller-first-they-came-for-the-socialists

65 MIRIBEL, E. *Op. cit.*, p. 189-190.

dos mortos que ocorrerá quando for do agrado do Criador", conforme ensinamento bíblico, sistematizado por Moisés Maimônides (1148-1204). Este filósofo e rabino conhecido também como Rambam, a partir das Escrituras Hebraicas e da interpretação do Talmude, codificou os *Treze Princípios Fundamentais da Fé Judaica*, apresentando uma posição muito peculiar em relação à ressurreição dos mortos e a vinda do Messias. Para ele, a ressurreição se daria conforme a profecia de Daniel e poderia se cumprir a qualquer momento, não sendo necessariamente universal e não tendo a necessidade da relação com a vinda do Messias. Maimônides prossegue e diz que haverá uma era Messiânica na Terra, mas somente depois disso é que as pessoas teriam acesso ao "Olam Haba" (mundo vindouro), conforme a escatologia judaica. Afirmava que o Messias preconizado pelo judaísmo é a sabedoria de Deus, a Palavra de Deus.

O nome Cristo, em grego, vem da tradução do hebraico Mashiach, que significa *ungido*. Os discípulos de Jesus Nazareno receberam o nome de cristãos em Antioquia, conforme ilustra o texto de *Atos dos Apóstolos*, 11:19-26. A judia Edith Stein, que se tornou a monja carmelita Teresa Benedita da Cruz, tanto buscou a verdade que acabou encontrando-a em Jesus de Nazaré. Em sua morte a filósofa se une plenamente ao Messias prometido ao povo de Israel, e, em sua vida, proclama que Jesus não apenas semeia a sabedoria, mas é a própria sabedoria, não apenas ama a verdade, mas é a própria verdade, não apenas anuncia e ensina a Palavra de Deus, mas é o Verbo eterno de Deus encarnado no seio da humanidade, segundo o credo religioso cristão.

A fé cristã professa a fé judaica na ressurreição, seguindo os ensinamentos das Sagradas Escrituras, como testificam as Escrituras Judaicas. Em *Ezequiel* 37, há o ensinamento sobre a ressurreição dos corpos, a partir da visão da planície coberta de ossos secos. Já o profeta *Isaías*, 26:19 afirma: "Que os vossos mortos revivam! Que seus cadáveres ressuscitem! Que despertem e cantem aqueles que jazem sepultos, porque vosso orvalho é um orvalho de luz e a terra restituirá o dia às sombras".

Em *Jó* 19: 25-27 encontra-se a belíssima passagem que conforta o personagem abatido por muitos sofrimentos: "Eu sei que meu Redentor está vivo, e aparecerá, finalmente, sobre a terra. Por detrás de minha pele, que envolverá isso, na minha própria carne, verei Deus. Eu mesmo o contemplarei, meus olhos o verão, e não os olhos de outro".

A crença na ressurreição ganhou mais consistência no século II a. C. conforme a narração do martírio da família dos Macabeus e a profecia de *Daniel* 12, que se deram num período de intenso conflito dos judeus mediante a imposição à força da cultura greco-helenística. "Tu, execrável como és, nos tiras desta vida presente. Mas o Rei do universo nos ressuscitará para uma vida nova e eterna, pois morremos por fidelidade às suas leis" (2 Mc. 7: 9).

Nas Escrituras cristãs, encontram-se várias passagens acerca da ressurreição. Dentre elas a de Jo. 11: 24, em que Marta proclama sua fé na ressurreição no último dia. O próprio Jesus defende a ressurreição da carne contra os ataques dos saduceus:

> Na ressurreição dos mortos, nem os homens tomarão mulheres, nem as mulheres, maridos, mas serão como os anjos de Deus no Céu. Mas, quanto à ressurreição dos mortos, não lestes no livro de Moisés como Deus lhe falou da sarça, dizendo: 'Eu sou o Deus de Abraão, o Deus de Isaac e o Deus de Jacó?' Ele não é Deus de mortos, senão de vivos (Mc. 12: 25-27; Mt. 22: 30-32).

Jesus ainda iria declarar a verdade da ressurreição em outras passagens do evangelho, conforme se encontra em Jo. 5: 28-29; 6: 39-40 e Lc. 14: 14. Em *1 Coríntios*, 15: 12-14, Paulo coloca a ressurreição final no mesmo nível de certeza da ressurreição de Cristo:

> Ora, se se prega que Jesus ressuscitou dentre os mortos, como dizem alguns de vós que não há ressurreição de mortos? Se não há ressurreição dos mortos, nem Cristo ressuscitou. Se Cristo não ressuscitou, é vã a nossa pregação, e também é vã a vossa fé.

No século I, chamado de *judaísmo tardio* ou época de Jesus, a crença na ressurreição dos mortos, no final dos tempos, era bem aceita e propagada entre os judeus, segundo a *Oração das 18 petições* (heb. *Sh`mone-Esre*), que consistia na súplica que cada judeu fazia de manhã, de tarde e de noite, para que Deus "vivifique os mortos". Em suas obras *Antiguidades Judaicas* e *Guerras Judaicas*, o autor judaico Flávio Josefo (37-100 d. C.) informa que, na passagem para a Era Comum, os grupos judaicos dos fariseus e essênios professam a fé na ressurreição.

Na tradição cristã, os teólogos seguiram a doutrina apostólica, calcada no querigma da Paixão, Morte e Ressurreição de Jesus Cristo. Atenágoras (133--190), apologista cristão de Atenas, escreveu um tratado sobre a ressurreição dos mortos, demonstrando primeiro a possibilidade da ressurreição, sua conveniência e necessidade, depois prova que o ser humano é imortal, já que é racional, e como, por outra parte, está composto de alma e corpo, ele não pode conseguir com perfeição seu fim e sua bem-aventurança se o corpo não voltar a se unir com a alma. Agostinho de Hipona (354-430) deixou o seu posicionamento, afirmando que a carne ressuscitará, a mesma que é sepultada, a mesma que morre, esta mesma que vemos, que apalpamos, que tem necessidade de comer e de beber para conservar a vida; esta carne que sofre enfermidades e dores, esta mesma tem que ressuscitar.[66]

Entre os teólogos contemporâneos, Andrés Torres Queiruga afirma que a fé na ressurreição implica a compreensão do mistério da cruz. A sombra da cruz pesa sobre todo ser humano e é justamente por meio da cruz que se pode entender que o mal é algo inevitável em um mundo finito. Deus só poderá eliminar esse mal à custa de destruir a sua própria criação, interferindo continuamente nela e anulando-a em seu funcionamento, ou seja, para livrar Jesus da crucifixão, teria que suprimir a liberdade dos que o condenaram ou suspender as leis naturais para que os instrumentos da Paixão não o matassem. Acrescenta Queiruga: "Além disso, se fizesse isso com Jesus, por que não com as outras vítimas da tortura, da guerra, das catástrofes e das doenças?". Provavelmente, para Jesus, em sua formação religiosa judaica, a tendência era de se pensar que Deus interviria no último momento para libertá-lo ou ainda que mantivesse a esperança da ressurreição no fim dos tempos. Todavia, o Mestre de Nazaré, a partir de sua intimidade com o seu Abbá, compreendeu que Deus não abandona o seu povo e que a desgraça que ora se abate não é um sinal da ausência divina, mas algo forçosamente causado pela finitude do mundo ou pela malícia da liberdade finita. Esses dois pontos do conhecimento de Jesus são expressos pelo evangelista com as palavras que brotaram dos lábios de Jesus no alto da cruz, expressando profunda confiança: "Pai, em

66 GOMES, C. Folch. *Antologia dos Santos Padres.* São Paulo: Paulinas, 1979.

tuas mãos entrego o meu espírito" (Lc. 23: 46). Queiruga expõe que Deus responde a Jesus ressuscitando-o dos mortos. Isso implica para o fiel cristão, primeiramente, a compreensão do caráter transcendente da ressurreição que não permite esperar "milagres" divinos, como fuga da realidade. Ao contrário, Jesus convoca os seus discípulos à práxis histórica, para que colaborem com Deus em sua luta contra o mal, por meio da vivência do mandamento do amor. A segunda implicação refere-se ao caráter real e definitivo da ressurreição que é o único que permite responder à terrível pergunta pelas vítimas, que, mortas, nada podem esperar quanto a soluções a partir da história.[67]

A fé na ressurreição permite ao fiel compreender que a vida de Jesus não foi rompida pelo terrível trauma da morte, mas foi acolhida e glorificada por Deus. Logo, não se trata de uma "segunda" vida e nem um simples "prolongamento" do presente, mas de sua única vida, revelada na profundidade de suas latências e realizada na plenitude de suas potências. Isso implica uma valorização da vida terrena, pois a esperança na ressurreição não significa uma fuga ao além, mas, ao contrário, supõe o cultivo da vida comunitária, a promoção humana e a transformação social. Neste sentido é que a comunidade cristã, através dos evangelhos e das epístolas paulinas, apontou para aqueles que se julgavam "salvos" que não menosprezassem esta vida, seja na renúncia ascética, seja no abuso libertino (2 Tess. 3: 10b-13). Os textos neotestamentários deixam para os crentes, de todos os tempos, o testemunho de que a vida eterna – "a que se encontrará a si mesma plenamente realizada na ressurreição" – é a mesma que se vive aqui e agora em toda a radicalidade, no seguimento de Cristo.[68]

Willibald Bösen, teólogo alemão, afirma que Deus demonstra o seu poder superando a morte com a ressurreição de Jesus, pois até então a morte era vista como um "monstro faminto, perambulando pelo mundo e devorando o que lhe obstruía o caminho". O teólogo indaga: "a morte – um poder ao lado de Deus?", e responde que "na ressurreição de Jesus, Deus evidencia-se como o poderoso, como o vencedor sobre a morte, o inimigo maior". Neste sentido, a ressurreição é o sim poderoso de Deus em relação a Jesus, porque a

---

67 QUEIRUGA, Andrés Torres. *Repensar a ressurreição.* São Paulo: Paulinas, 2004, p. 276-277.

68 *Ibidem,* p. 278.

morte não teve a última palavra, já que ela não representou nenhum "*ex-itus*", nenhuma "saída", ao contrário, ela é "*transitus ad vitam*", passagem para a vida. À luz da Páscoa de Jesus pode-se compreender a morte como portal para o *shalom* do final dos tempos para todo ser humano e, o mais importante: à luz da Páscoa, a vida aqui e agora deve se transformar de tal forma que toda pessoa possa viver com dignidade, o que implica abraçar a ética cristã e vivê-la em meio às diversas culturas por meio de uma profunda empatia. O teólogo afirma que as aparições do Ressuscitado são fundamentais para alicerçar as bases da crença na ressurreição, já que ninguém esteve presente nesse evento e Cristo não retorna do mundo dos mortos ao mundo terreno, como Lázaro e a filha de Jairo, mas "ele sobe" até a transcendência escatológica, isto é, Jesus ressuscita no mundo *totalmente pertencente a Deus,* o que levou os evangelistas a tentarem descrever de forma simbólica tamanho evento, profundamente enraizado na experiência de seus discípulos e discípulas. Em meio às suspeitas oriundas do contexto greco-helenístico com seus deuses e semideuses, era necessário provar objetivamente que o Ressuscitado era alguém real e corpóreo, conforme demonstra *Lucas* 24: 36-43, o que o colocava acima de toda divindade pagã e respaldava o anúncio do querigma pascal. Continua Bösen, pontuando que o momento das aparições não pode ser estabelecido com exatidão, porque a aparição de Deus não pode ser limitada, ou seja, se para Deus só existe o hoje e o agora, isso significa que o Ressuscitado pode se manifestar na vida das pessoas em qualquer tempo, conforme se atesta na vida de Edith Stein, que aos trinta anos teve uma profunda experiência do Cristo Verdade.

O teólogo prossegue sua reflexão informando que um elemento muito importante para o judeu, e que por isso é citado com relevância pelos evangelistas, é a sepultura vazia. Segundo a antropologia judaica, Deus criou o ser humano "como unidade constituída de corpo e alma e, nessa sua composição essencial, o determinou para uma existência duradoura". A ressurreição, nesse sentido, significa a ressurreição do ser humano todo, isto é, o ser humano com corpo e alma. Extrair dessa unidade o corpo ou a alma significava a destruição de uma unidade constitutiva, por isso a ressurreição apenas da alma era algo inaceitável para o judaísmo. Com essa compreensão, o assassinato e a cremação dos judeus pelos nazistas constituíram um crime duplo, porque roubaram das pessoas não só a existência física, mas também a escatológica. No entendimento judaico de ressurreição da época de Jesus e para o judaísmo ortodoxo hodierno, a totalidade do ser humano ressuscita, tanto sua alma quanto seu corpo, por isso a insistência evangélica de informar que no túmulo de Jesus não havia quaisquer vestígios de um morto. Além disso, "corpo" não significa a carne, mas a identidade de uma pessoa, com sua história de vida individual. Inclusive, a carne pode até se desfazer na morte e, no fim dos tempos, Deus, que a criou, pode recriá-la, conforme Paulo informa acerca do corpo espiritual (1 Cor. 15: 35--50). Assim, os escritores neotestamentários estão de forma apologética equacionando a controvérsia com o judaísmo e a filosofia grega que, por sua vez, negava a importância do corpo, enfatizando apenas a imortalidade da alma.[69]

Edith Stein interpreta a ressurreição a partir da compreensão fenomenológica da entrada da pessoa no céu, sustentada pelo clarão luminoso da glória de Deus.[70] A filósofa tem ciência das tramas da vida humana e, ao mesmo tempo, da aparente impotência divina diante das entranhas destruidoras do mal que arrancariam sua vida desta terra, porém conserva sua fé em Deus e no ser humano. Ciente do poder do Deus de Jesus Cristo, a ele se confiou no seguimento e enfrentamento das realidades brutas, dando testemunho do evangelho com nobreza e simplicidade em meio ao caos provocado pelo nazismo na sociedade europeia. Em consonância, encontra-se na obra *Ser finito e Ser Eterno* (1936) o pensamento de Stein afirmando que quando a vida terrestre chegar a seu fim, então cada pessoa humana se conhecerá "tal como é conhecida", conforme 1 Cor. 13: 12, isto é, tal como é diante de Deus, bem como a finalidade para a qual foi criada de maneira pessoal. Também poderá vislumbrar o que ela conseguiu realizar nesta vida na ordem da natureza e da graça, em virtude de suas livres decisões.[71] Edith Stein, em sua obra a *Ciência da Cruz*, descreve sua visão acerca da passagem desta

---

69 BÖSEN, Willibald. *Ressuscitado Segundo as Escrituras: Fundamentos bíblicos da fé pascal*. São Paulo: Paulinas, 2015.

70 STEIN, Edith. *A Ciência da Cruz: Estudo sobre São João da Cruz*. São Paulo: Loyola, 2008, p. 256, n. 5.

71 STEIN, Edith. *Ser finito y ser eterno: Ensayo de una ascensión al sentido del ser*. México: Fondo de Cultura Económica, 2002, p. 519.

vida para a eternidade, informando que a gradual mortificação da natureza física dá lugar à luz sobrenatural e à vida divina, realizando-se, assim, no cristão, uma nova humanidade de Cristo, a qual corresponde à ressurreição da morte na cruz.[72]

Em sua morte, Stein unia seu martírio à morte redentora do judeu, reconhecido pelos cristãos como o Cristo, que vence toda a morte e plenifica o ser humano com a glória da vida divina. Nesse sentido, a crença judaica e cristã na ressurreição unifica as duas religiões e isso é descrito no poema "Fogo de Pentecostes", de Edith Stein:

> *Quem és tu, Luz que me inundas e clareias o meu coração?*
>
> *Tu me guias, qual mão carinhosa de mãe. Se de Ti me desprendo, não saberia caminhar nem mais um passo. Tu és o espaço, que cerca meu ser e em si me acolhe.*
>
> *Saindo de Ti, mergulho no abismo do nada, de onde tu me tiraste.*
>
> *Tu estás mais próximo a mim do que eu a mim mesmo, e mais íntimo do que meu interior – no entanto, continuas intocável e incompreensível, arrebatando o que existe: Santo Espírito – Eterno Amor.*
>
> *Não és tu o maná, que passa do coração do Filho ao meu, comida dos anjos e dos santos? Ele, que da morte para a vida se levantou.*
>
> *Também a mim ressuscitou para a vida.*
>
> *Arrancou-me do sono da morte, e nova vida Ele me dá de dia para dia.*
>
> *Um dia sua plenitude inundar-me-á totalmente, vida de tua vida – Sim, tu mesmo: Santo Espírito – Eterna Vida.*
>
> *És tu o raio que estala do trono do Juiz e irrompe na noite da alma, que nunca se reconhece a si mesma.*
>
> *Misericordioso – inexorável, penetra-lhe os abismos sombrios, e ela, assustada com a visão de si mesma, cede-lhe confiante o lugar – Santo temor, início daquela*

72 STEIN, Edith. *A Ciência da Cruz: Estudo sobre São João da Cruz*. São Paulo: Loyola, 2008, p. 220, n. 5.

sabedoria, que vem das alturas e nas alturas nos ancora fortemente –, tua realidade nos cria de novo: Santo Espírito – Raio Penetrante.

És tu a canção do amor e santo temor, que ecoa eternamente ao redor do trono de Deus, que une em si o puro som de todas as criaturas?

A sintonia que une os membros com a cabeça. Nela cada um encontra feliz o sentido misterioso de seu ser e flutua em júbilo, em tuas torrentes: Santo Espírito – Eterno Júbilo.

És tu a plenitude, a força do Espírito, pela qual o Cordeiro rompe os selos do livro da vida, por um eterno decreto de Deus.

Impelidos por Ti, os mensageiros do juízo galopam pelo mundo e separam com espada afiada o Reino do meio das trevas.

Então, tornar-se-ão novos o céu e a terra, e tudo aparecerá no devido lugar pelo teu sopro: Santo Espírito – Força Vencedora.[73]

73 STEIN, Edith. *Obras Selectas.* 2. ed. Burgos: Monte Carmelo, 1998, p. 599-600.

III. Enfoque teológico

A empatia e o diálogo judaico-cristão em Edith Stein

A terceira parte desta obra apresenta a empatia de Edith Stein com o judaísmo e o catolicismo, apresentando a obra steiniana em consonância com os documentos da Igreja Romana e as declarações do judaísmo acerca do diálogo judaico-cristão. Inicialmente, a reflexão parte da abertura judaica às demais nações a partir da festa do *Shavuot*, que sinaliza ao povo de Israel que quando este se unir promoverá a revelação da unicidade de Deus, o que unificará todas as nações. Nesse sentido, este trabalho propõe que a empatia, conforme ensina Edith Stein, seja caminho de sensibilização, abertura e comunhão de todos os povos.

O historiador francês Jules Isaac (1877-1963) trabalhou incansavelmente para promover a aproximação do judaísmo com o catolicismo romano. Em comum com Stein, Jules Isaac apostou no aspecto pedagógico da formação das novas gerações, para que aprendam a apreciar o mistério da revelação presente nas duas tradições religiosas. A atuação de Isaac influenciou o evento ocorrido em Seelisberg, onde se definiu dez pontos para que os cristãos tivessem consciência de que o cristianismo está enraizado no judaísmo. O Papa João XXIII (1881-1963) acolheu o apelo da conferência de Seelisberg, ocorrida na Suíça em 1947, e solicitou ao Cardeal Augustin Bea (1881-1968) que entrasse em contato com os movimentos, dentro do catolicismo, de aproximação com o judaísmo e apresentasse no Concílio Vaticano II um documento que respaldasse o desejo romano de entrar em comunhão com os judeus. Desse processo dialogal nasceu o documento *Nostra Aetate*, que possibilitou a abertura da Igreja Católica Apostólica Romana para o pluralismo religioso.

Desde 1928 a Igreja Romana pontua a sua reprovação ao antissemitismo e, em 1937, o Papa Pio XI condenou, através da encíclica "Mit Brennender Sorge", o sistema nazista, com seu racismo e intolerância religiosa. A Igreja Católica, no Concílio Vaticano II, propôs o diálogo inter-religioso como forma de acolhida, respeito e aceitação do universo cultural das tradições religiosas. A Igreja afirmou, ainda, que a permanência de Israel é um sinal da fidelidade de Deus ao povo eleito. A reconciliação entre judeus e católicos tem se firmado nos últimos sessenta anos, contando com a legitimação de documentos e declarações oficiais, o que vem favorecendo a aproximação das duas religiões, que têm um patrimônio espiritual em comum. A declaração judaica *Dab'Ru Êmet*, "Falai a Verdade" (Zc. 8: 16), remeterá o leitor à grande busca de Edith Stein pela verdade essencial da vida e a sua surpreendente descoberta de que "quem busca a verdade, busca Deus!".

A carmelita de Breslau concilia as duas religiões de forma empática, lembrando que o fiel das duas crenças tem uma estrutura humana em comum. Isso possibilita que o judeu e o católico apreendam os valores da alma de seu semelhante, pois nela se manifesta o mistério da religião, com suas implicações éticas. Tanto judeus quanto cristãos católicos têm o patrimônio ético-espiritual em comum, por isso cabe aos formadores de opinião formar as novas gerações para a vivência respeitosa em relação às culturas e suas religiões.

A atitude empática é fundamental no diálogo inter-religioso, pois permite que os fiéis se conheçam e se compreendam a partir da experiência vivencial do sagrado, manifestada por meio da ação do Espírito Santo, que atua nas tradições religiosas, unificando-as pelo diálogo. Há uma corrente espiritual interligando o Espírito Superior, como disse Edith Stein no *Einfülung*, ao ser humano de todas as culturas, que consegue se abrir em sua dimensão espiritual.

A base vivencial do povo de Israel é a Aliança com o Onipotente e sua eleição, para ser *luz das nações*. Stein, à semelhança do povo bíblico, vive sua diáspora e nela peregrina em busca da "Verdade", sendo fiel aos valores assimilados na religião de seus pais. A sua insistência, como filósofa, em encontrar a verdade a levou ao judeu Jesus de Nazaré, que no evangelho proclamou ser

Caminho, Verdade e Vida. A filósofa se tornou discípula do Cristo e reencontrou o judaísmo.

Sabe-se que a religião e a cultura judaica são transmitidas pela mãe, provavelmente por isso a Sra. Augusta Stein não se conformou com a decisão da filha em seguir o judeu Jesus de Nazaré, apesar de considerá-lo um homem bom. Ela não rompe com a filha, em virtude da profunda empatia que existia entre as duas, porém, mantém sua postura firme, seguindo em tudo a religião judaica, sendo fiel à Aliança. A futura carmelita segue o seu caminho, crendo que a Aliança com Cristo faz parte do horizonte da Aliança do Sinai, que se abre para acolher os povos da terra. Após o Concílio Vaticano II, os teólogos vêm refletindo a questão da Aliança e os documentos oficiais da Igreja Romana têm proclamado que Deus continua fiel à Aliança realizada com Israel.

Este terceiro capítulo segue sua exposição refletindo sobre o compromisso da Aliança, que implica viver com dignidade a eleição divina, cujo resultado é a Santificação do Nome de Deus e a santidade do fiel. Para os católicos, a santidade é a configuração da pessoa a Cristo, pois todos os batizados são chamados à santidade. A filósofa de Breslau foi reconhecida como pessoa virtuosa, propagadora do humanismo, mártir por ser judia e cristã e, por ter tido uma vida tão exemplar, foi declarada santa e digna de veneração pelos fiéis católicos no mundo todo. Para os judeus, Stein cumpriu o mandamento de santificar o Nome de Deus durante a sua vida, por isso pode ser considerada *Kadosh*, e por ter sido mártir com seus irmãos de sangue na *Shoah* é reconhecida ainda como *Kidush Hashem*. A própria Edith Stein se posiciona como "filha de Israel" e como "filha da Igreja". Após sua adesão a Cristo, redescobriu suas raízes judaicas e reconheceu no povo de Israel o povo messiânico. A carmelita abraça a cruz por ela, por seu povo, e observa que o nazismo odeia o povo de Israel, porque a existência do povo é sinal da presença de Deus no mundo. Ainda, alerta que após a destruição dos judeus o sistema ateu e idolátrico hitleriano se voltaria contra os cristãos.

O capítulo, em seu término, acenará para a aproximação do pensamento steiniano com as encíclicas papais *Redemptor Hominis, Veritatis Splendor, Fides et Ratio* e os documentos judaicos *Dab`Ru Êmet* e os *Doze pontos de Berlim*. Já a encíclica escrita em alemão, em 1937, pelo Papa Pio XI, tem seu conteúdo muito semelhante ao da carta enviada por Edith Stein ao Sumo Pontífice em

1933. Por fim, o texto pontuará que a empatia com um Ser Superior exige das religiões um processo hermenêutico, a fim de que as verdades fundamentais de cada crença sejam respeitadas, e o diálogo inter-religioso contribua com a convivência social, promovendo a edificação de um mundo justo, igualitário e fraterno.

1. A abertura empática entre judaísmo e catolicismo

Em sua autobiografia, Edith Stein informou que os mestres judeus, na Alemanha, ensinavam aos seus alunos a ler a Sagrada Escritura e aprender de cor alguns salmos e, também, inculcavam sempre o respeito a todas as religiões, jamais devendo dizer algo contra uma religião distinta.[1] Esse aprendizado é fruto dos ensinamentos judaicos acerca da *Shavuot* e de suas experiências em meio aos outros povos na diáspora. Foi nessa convivência com o diferente que o judaísmo foi se abrindo empaticamente até estabelecer uma relação dialogal com o Cristianismo Católico Romano.

A riqueza cultural e religiosa do judaísmo, em princípio, gira em torno de suas grandes festas. Além de *Rosh Hashana*, que comemora o ano novo judaico[2] e do *Yom Kipur*, o dia do perdão,[3] as três principais festas judaicas que

1 STEIN, Edith. "Escritos autobiográficos y cartas". *In*: URKIZA, Julien; SANCHO, Francisco Javier (Orgs.). *Obras Completas*. Burgos: Monte Carmelo, 2005, p. 166, vol. I.

2 O *Rosh Hashaná* acontece geralmente em setembro, pois a contagem dos anos no judaísmo é feita pelo calendário lunar, que tem em média 354 dias, o que o difere em 11 dias do calendário civil gregoriano que consta de 365/366 dias. Para ajustar, se convencionou que alguns anos têm um mês a mais no calendário judaico. O primeiro mês do ano é chamado de *Tishri*, palavra que remonta ao período de 586 a. C. a 536 a. C., quando Jerusalém foi destruída pelos babilônios e os judeus foram forçadamente exilados para a região da Mesopotâmia. Ali eles desenvolveram o calendário de 12 meses – que, às vezes, ganha um mês extra para o ajuste com o calendário tradicional. Um dos símbolos mais importantes do *Rosh Hashaná* é o *shofar*, instrumento feito de chifre de carneiro que é tocado na data e remonta à época em que os judeus eram nômades. Outra característica do *shofar* é que ele soa como um alarme, que chama à reflexão e à consciência adormecida.

3 Yom Kipur é a festa máxima dos judeus. Neste dia pratica-se o jejum absoluto como força de vontade de superar os apetites naturais e em solidariedade com os que sofrem a

constam na Torá são *Pêssach*, *Shavuot* e *Sucot*. Estas são conhecidas como os "*Shalosh Regalim*" e cumprem o mandato de *Deuteronômio* 16: 16-17:

> Três vezes no ano aparecerão todos os teus homens diante do Eterno, teu Deus, no lugar que Ele escolher: na festa dos Ázimos, na festa das Semanas, e na festa dos Tabernáculos: e não se apresentarão diante do Senhor com as mãos vazias. Cada um oferecerá segundo as suas posses, conforme a bênção que o Eterno, teu Deus, houver dado a ti.

Esse mandato obrigava os israelitas a observar os Três Festivais de Peregrinação, ou seja, três vezes por ano deviam ir ao Templo, em Jerusalém, trazendo jubilosamente cordeiros pascais e as primícias de suas colheitas. Nestes momentos culminantes do ano agrícola, os judeus acreditavam que aquilo era sinal da generosidade de Deus se manifestando na natureza em seu máximo, por isso traziam seus sacrifícios para comemorar os momentos em que o poder de Deus havia se manifestado em sua plenitude na história sagrada do povo. Essas festas estão relacionadas ao êxodo do Egito e comemoram os principais eventos da História Judaica. *Pêssach* celebra a libertação do povo judeu da escravidão egípcia, *Shavuot,* a revelação divina no Monte Sinai e o recebimento da Torá, e *Sucot*, a proteção divina com a qual foi agraciada a geração de judeus que foi libertada do Egito após quarenta anos em que percorreu o Deserto do Sinai.

Pêssach, *Sucot e Shavuot*, apesar de ocorrerem em meses diferentes do calendário judaico, estão relacionadas ao êxodo. *Pêssach* comemora os milagres ocorridos no Egito, a mesa do *Seder* e a divisão do Mar Vermelho. *Sucot* remete a *Sucá*, que simboliza a *Shechiná*, a manifestação de Deus na Terra. *Shavuot* quer ensinar que quando o povo judeu se une, superando todas as suas diferenças, como ocorreu no Sinai, se torna merecedor da Revelação Divina.

A lei mosaica e o evangelho estão embrenhados de princípios societários, que se enraizaram na cultura ocidental e, por mais que a secularização tenha assimilado essa ética, faz-se necessário reconhecer que na carta magna da maioria das nações vigora a legitimidade dos direitos humanos, oriundos da matriz judaica. Apesar dessa contribuição, judeus e cristãos padeceram muito

---

miséria da fome. É o dia do perdão divino e, também, da prática vivencial da misericórdia com as demais pessoas.

por conta da intolerância e discriminação, tendo os seus direitos desrespeitados em várias partes do mundo e em diferentes momentos da história. Infelizmente a relação entre judeus e cristãos foi beligerante por séculos, assim como o relacionamento com os muçulmanos, com períodos de relativa tranquilidade e convivência pacífica.

A diáspora judaica fortaleceu nos judeus piedosos o vínculo com a Aliança e as promessas feitas aos patriarcas, dentre elas a de *Gênesis* 12: 2ss.: "Serás fonte de bênção e em ti serão benditos todos os povos da terra". Nas nações onde buscaram moradia, apesar dos numerosos sofrimentos e segregação, os judeus conseguiram obter formação para exercer uma profissão na sociedade. Obrigados a se adaptar às diversas culturas, muitos judeus conseguiram desenvolver um profundo humanismo e incentivaram a promoção social. No século XX, por exemplo, vários judeus, por meio de suas atitudes e obras, colaboraram com a construção de uma sociedade fraterna e o progresso das ciências. Dentre esses se destacam pensadores e cientistas judeus como: Albert Einstein, Martin Buber, Emmanuel Levinas, Sigmund Freud, Karl Marx, Steven Spielberg, entre outros.[4] Provavelmente esse *ethos* tem vinculação estreita com a Bíblia hebraica e as noções fundamentais da Torá oral que se encontram na Mishná e no Talmude, podendo ser sintetizado no provérbio judaico encontrado no Talmude, com a seguinte afirmação: "Quem salvou uma vida humana salvou o mundo inteiro".

Edith Stein cresce imbuída desse sentimento humanista e o traduz em sua primeira obra quando trata do problema da compreensão do outro por meio da empatia, que para ela é o caminho que possibilita a unificação dos povos. Em sua vida, experimentou a alegria da convivência pacífica entre as pessoas com suas religiões na Alemanha e em alguns países da Europa, mas, por outro lado, sentiu na pele a dor pelo estrangulamento social, atingindo os povos e desrespeitando as suas crenças. É nesse cenário que se descortina a voz de um

4 AZRIA, Régine. *O Judaísmo*. Bauru: Edusc, 2000, p. 147. Desde a segunda metade do século XIX até a ascensão do nazismo, a cultura centro-europeia conhece sua idade de ouro, tendo como protagonistas judeus em todas as frentes de conhecimento e eclosão de ideias novas no âmbito político, econômico, filosófico, psicanalítico, das ciências sociais, literatura, música e artes.

judeu francês, Jules Isaac,[5] que dedicou grande parte de seus esforços para a investigação sobre as causas do antissemitismo e a aproximação com o cristianismo católico. Em concordância com a pedagogia de Stein, Isaac vai enfatizar a importância da educação como caminho de edificação das relações humanas. É seu desejo que se dê um basta ao ensino de desprezo aos judeus e se forme as novas gerações através do ensino de estima, que na linguagem steiniana se revela pela vivência empática. Quando Jules Isaac menciona o ensinamento de desprezo, está se referindo à prece de conteúdo antijudaico, surgida na liturgia da Sexta-Feira Santa no século VI. O ritual da Ação Litúrgica desse dia solene consistia de leituras bíblicas, homília, uma série de orações comunitárias, chamadas também pela rubrica de 1955 de "oração dos fiéis". Uma delas era para os judeus e continha a seguinte linguagem:

> *Orémus et pro pérfidis judaeis* (rezemos também pelos pérfidos judeus): 'Eterno e onipotente Deus, que não Vos afastais nem mesmo da perfídia judaica, escutai a nossa prece, a qual elevamos, pela cegueira daquele povo, para que ele conheça a luz e se afaste das trevas'.

Em 1947, aconteceu uma conferência em Seelisberg, na Suíça, reunindo 65 personalidades entre judeus e cristãos de 19 países. O encontro, após a catástrofe do Holocausto, foi o momento de refletir e pontuar a luta contra o antissemitismo e o desejo de fortalecer o relacionamento entre judeus e cristãos. Jules Isaac participou ativamente dessa conferência, fornecendo as bases históricas que levariam à revisão da atitude da Igreja Católica Romana para com o judaísmo. Dessa conferência nasceu o Conselho Internacional de Cristãos e Judeus e foi apresentada a carta de Seelisberg, contendo *Dez Pontos*

---

5 THOMA, Clemens. *Teologia Cristiana Dell'Ebraismo*. Casale Monferrato: Marietti, 1983, p. 176. Jules Isaac escreveu livros didáticos, ocupou cargos no Ministério da Educação da França, chegando a ser inspetor-chefe do ensino de história do país. Sua área de pesquisa foi as causas da Primeira Guerra Mundial. Interessou-se também pela origem das superstições e preconceitos populares. Durante a Segunda Guerra Mundial testemunhou a invasão alemã e conseguiu sobreviver, mas perdeu toda sua família assassinada pelos nazistas nas câmaras de morte do campo de concentração de Auschwitz. Segundo o teólogo Clemens Thoma, Isaac foi "um dos grandes visionários do entendimento judaico-cristão depois da Segunda Guerra Mundial".

solicitando às igrejas cristãs a promoção do relacionamento entre cristianismo e judaísmo, e a modificação de seus conceitos sobre o judaísmo:

> Dez Pontos de Seelisberg[6]
>
> l. Deve ser relembrado que um só e mesmo Deus nos fala no Antigo e no Novo Testamento.
>
> 2. Não se pode esquecer que Jesus nasceu de mãe judia, pertencia à família de Davi e ao povo de Israel, e que seu amor eterno abrange o seu povo e o mundo inteiro.
>
> 3. Recorde-se ainda que os primeiros discípulos, os Apóstolos, e os primeiros mártires eram judeus.
>
> 4. Tenha-se presente que o principal mandamento do cristianismo, o amor a Deus e ao próximo, anunciado no Antigo Testamento e confirmado por Jesus, obriga igualmente, cristãos e judeus, em todas as relações humanas.
>
> 5. Deve-se evitar diminuir o judaísmo bíblico e pós-bíblico para exaltar o cristianismo.
>
> 6. Não se deve empregar a palavra 'judeu' para designar exclusivamente os inimigos de Jesus, e as palavras 'inimigos de Jesus' para designar o povo judeu em seu conjunto.
>
> 7. Não se deve apresentar a Paixão de Jesus, como se todos os judeus, ou somente os judeus, tivessem incorrido na odiosidade da crucificação. Não foram todos os judeus que pediram a morte de Jesus, nem foram somente judeus que se responsabilizaram por ela. A Cruz, que salva a humanidade, revela que Cristo morreu pelos pecados de todos. Pais e mestres cristãos deveriam ser alertados a respeito de sua grande responsabilidade na maneira de narrar os padecimentos de Jesus. Se o fazem de uma forma superficial, correm o risco de fomentar aversões no coração das crianças ou dos ouvintes. Numa mente simples, movida de um ardente amor compassivo pelo Salvador crucificado, o horror natural dos perseguidores de Jesus pode facilmente tornar-se, por motivos psicológicos, ódio indiscriminado pelo judeu de todos os tempos, inclusive de nossos dias.
>
> 8. Não se devem evocar as condenações bíblicas e o grito da multidão enraivecida: 'Que seu sangue caia sobre nós e

6 ESTUDOS DA CNBB – 46. *Guia para o diálogo Católico-Judaico no Brasil.* São Paulo: Paulinas, 1986.

> sobre nossos filhos' (Mt. 27: 25) sem relembrar que esse grito não anulou as palavras de nosso Senhor, de consequências incomparavelmente maiores: 'Pai, perdoa-lhes; eles não sabem o que fazem' (Lc. 23: 24).
>
> 9. É preciso evitar qualquer tentativa de mostrar os judeus como um povo reprovado, amaldiçoado e votado a um sofrimento perpétuo.
>
> 10. Deve ser mencionado que os primeiros membros da Igreja eram judeus.

Jules Isaac publicou em 1948 a obra *Jesus e Israel*, narrando sua aflição e revolta por sentir na pele a tragédia do sistema político nazista destruindo os valores da Europa e eliminando o povo judeu. Isaac ainda faz uma análise racional e minuciosa dos textos evangélicos, apresentando as raízes históricas e teológicas, que consistiram na solidificação de costumes e embustes responsáveis pela deturpação da relação entre Jesus e Israel.[7] A obra ainda acena para uma atitude de confiança no poder do amor, que deve prevalecer sobre todas as forças mortais do desprezo e do ódio. Assim, o autor queria possibilitar uma abordagem justa do ensino Cristão acerca de Israel, ou seja, fazer conhecer Jesus aos judeus e Israel aos cristãos. O impacto e a boa fundamentação dessa obra foram, inclusive, responsáveis por sua utilização como referência nas revisões de consciência e de doutrina, iniciadas pela Igreja Católica Romana no Concílio Vaticano II.

Em 1949, em Castel Gandolfo, Jules Isaac teve um breve encontro com o Papa Pio XII e lhe entregou os *Dez Pontos* fixados pela Conferência de Seelisberg, que o Sumo Pontífice ainda não conhecia e que prometeu ler. O historiador francês ainda solicitou ao Papa que revisse a Oração Universal da Sexta-feira Santa, que continha referências ofensivas aos judeus, a saber, as palavras 'judeus pérfidos'. Originalmente, pérfido significava não crente, todavia, na Cristandade, pérfido passou a significar malvado e perverso. Isaac também observou que os católicos não se ajoelhavam quando rezavam para os judeus na Sexta-Feira Santa, embora se ajoelhassem para todas as outras petições. A solicitação do historiador francês foi atendida após a morte de

7 ISAAC, Jules. *Jesus e Israel*. São Paulo: Perspectiva, 1986.

Pio XII, quando o Papa João XXIII aboliu as fórmulas negativas presentes no ritual romano sobre os judeus na Semana Santa de 1959.

Jules Isaac conseguiu em junho de 1960 uma audiência com o novo Papa, Ângelo Roncalli, que governou a Igreja de 1958 até 1963. Na ocasião, o historiador francês realçou a necessidade de que o chefe da Igreja Católica condenasse de modo solene o ensino do desprezo em relação ao povo judeu. João XXIII enfrentou decisivamente essa questão no Concílio Vaticano II criando o "Secretariado pela União dos Cristãos" e nomeou o Cardeal Augustin Bea, biblista e profundo conhecedor do judaísmo, como presidente desse Secretariado para buscar corrigir a interpretação que colocava a culpa da crucificação sobre os judeus. O Papa e o Cardeal enfrentaram muitas dificuldades por motivos religiosos e políticos, especialmente por parte de cristãos árabes e tradicionalistas que acreditavam que o documento seria uma tomada de posição da Igreja Romana em favor do Estado de Israel. Entretanto, apesar das controvérsias, discussões, adendos e recensões, o Cardeal Bea conseguiu cumprir a sua missão com a declaração conciliar *Nostra Aetate* (*Em nossos dias*), aprovada em 28 de outubro de 1964. A princípio, o que seria uma declaração sobre a relação da Igreja com o judaísmo se tornou abertura e respeito para com as denominações religiosas não cristãs, por isso o papel de Augustin Bea no diálogo inter-religioso foi um dos mais marcantes na história da Igreja. O documento é composto por cinco parágrafos, dos quais o que é destinado à religião judaica apresenta afirmações teológicas que reestruturaram a visão católica acerca do judaísmo. O documento deplora o antissemitismo em todas as suas formas e repudia a alegação de "deicídio", pela qual eram culpados os judeus de todas as gerações. O documento afirma que Jesus, os apóstolos e a maioria de seus seguidores eram judeus e que Deus não havia revogado a Aliança com o Povo de Israel e, ainda, confirma que há um patrimônio espiritual comum entre judeus e cristãos. Por fim, quer ser um estímulo à mútua colaboração no que diz respeito ao Estudo da Sagradas Escrituras, produção teológica e ao diálogo fraterno.[8]

O Concílio foi encerrado por Paulo VI (1897-1978), sucessor de João XXIII, declarando que os judeus devem ser lembrados como "irmãos mais velhos" e a

8 Conferir anexo II.

linguagem da Ação Litúrgica da Sexta-Feira Santa se modificou totalmente. A oração dos fiéis passou a ser chamada de Oração Universal e na prece pelos judeus os católicos passaram a se ajoelhar e recebeu a seguinte fórmula:

> Oremos pelos judeus, aos quais o Senhor nosso Deus falou em primeiro lugar, a fim de que cresçam na fidelidade de sua Aliança e no amor do seu Nome.
> *Ó Deus, que fizestes vossas promessas a Abraão e seus descendentes, escutai as preces da vossa Igreja. Que o povo da Antiga Aliança mereça alcançar a plenitude da vossa redenção.*

Da parte da Igreja Católica Romana, após o Concílio, foram elaborados dois documentos para a aplicação do documento conciliar *Nostrae Aetate*. O primeiro, de 1974, chamado *As Orientações e sugestões para a aplicação da declaração Conciliar Nostra Aetate* abordou "a questão do Diálogo Fraterno", "a Liturgia", "O ensino e a Educação" e "Ação social em comum". O segundo, de 1985, chamado: *As notas para uma correta apresentação dos judeus e do judaísmo na pregação e catequese da Igreja Católica, o Povo judeu e as suas Sagradas Escrituras na Bíblia cristã,* apresenta na primeira parte as razões e as formas do ensino religioso do judaísmo, na segunda parte, estabelece os princípios de correlação entre o Antigo e o Novo Testamento. Em seguida, mostra quais são as raízes judaicas do cristianismo. Analisa, depois, na quarta parte, a presença dos judeus no Novo Testamento. Aborda brevemente, numa quinta parte, questões relacionadas com a liturgia. Conclui, na sexta parte, com uma apresentação do quadro do judaísmo e do cristianismo na história. Ao rematar todas as considerações, o documento acentua que "o ensino religioso, a catequese e a pregação devem levar não só à objetividade, à justiça e à tolerância, mas também à compreensão e ao diálogo".

A Comissão do Vaticano para as Relações Religiosas com o judaísmo foi criada em 1974 pelo papa Paulo VI, visando estabelecer relações com os representantes da comunidade judaica mundial e, ao mesmo tempo, sensibilizar os católicos a respeito deste novo campo pastoral. Em 1982, o Papa João Paulo II presidiu uma reunião dessa Comissão, contando com 15 países, e a concluiu com a fórmula "o diálogo é um autêntico serviço da Igreja". Em preparação para as festividades do ano 2000, a Igreja Romana realizou um simpósio, em 1998, do qual resultou um importante documento sobre o Holocausto, intitulado *We Remember – Nós recordamos, uma reflexão sobre a Shoah*, no qual se enfatiza os males do antissemitismo e a necessidade de se preservar a memória histórica do Holocausto. As Conferências Episcopais, sobretudo as latino-americanas, fizeram declarações bastante amistosas sobre o judaísmo, particularmente *Puebla* (cf. 1103. 110; 1116 e 1123), *Santo Domingo* (cf. 133;134;136 e 138) e, recentemente, *Aparecida* (235 e 238).

O historiador francês Jules Isaac veio a falecer em 05 de maio de 1963, sem ter a alegria de ver a promulgação do documento conciliar, cujo quarto parágrafo representa uma mudança monumental da Igreja Católica Romana em relação às comunidades judaicas. Isaac foi o fundador do grupo chamado "Amitié Judéo-Chrétienne", aportuguesado por Fraternidade Cristã-Judaica, cujo objetivo principal foi e continua a ser um conhecimento recíproco entre judaísmo e cristianismo, por meio de encontros, conferências, simpósios, publicações e um empenho muito grande na luta contra os preconceitos transmitidos, sobretudo através do ensino. A Fraternidade se desenvolveu na Europa, ainda na metade do século XX, e se espalhou pelo mundo com os mesmos princípios idealizados por Jules Isaac.

O diálogo entre os grupos de fraternidade existentes no mundo é coordenado pelo Conselho Internacional de Cristãos e Judeus (ICCJ), que já organizou uma série de encontros desde 1965, em diversos países do mundo. Seu objetivo consiste em mudar as atitudes unilaterais ou recíprocas, que sejam prejudiciais às relações mútuas. No Brasil, a Fraternidade nasceu em São Paulo, em 1961, onde foram elaborados os estatutos e inaugurada a instituição. De São Paulo, a Fraternidade se estendeu ao Rio de Janeiro em 1964. O Rabino Henrique Lemie, o bispo Dom Castro Pinto, o Pastor Anselmo Chaves, assim como as Irmãs de Sion, estiveram à frente do processo de aproximação e promoção do diálogo judaico-cristão.

Desde 1962, vem se desenvolvendo, através do Conselho de Fraternidade Cristã-judaica, um trabalho fraterno entre judeus e cristãos, que continua a realizar diversas atividades culturais e religiosas, com o objetivo de um conhecimento mútuo e difusão dos laços comuns entre as religiões judaica e cristã. Em 1981, foi criada, por iniciativa da Conferência Nacional dos Bispos do Brasil (CNBB), a Comissão Nacional do Diálogo com os Judeus, contando com a participação de cinco membros nomeados pela CNBB e cinco judeus convidados pela mesma entidade. Sua finalidade é articular em nível nacional o diálogo oficial da Igreja Católica no Brasil com a comunidade judaica no país.

Em 1995 e 2001, a Fraternidade recebeu no Rio de Janeiro a Assembleia Geral da Comissão para o Diálogo Católico-Judaico, da Conferência Nacional dos Bispos do Brasil, que assumiu esse trabalho, formando núcleos em quase todos os Estados do Brasil. Dessas Assembleias surgiram temas e resoluções que deveriam ser colocados em prática por todos esses grupos. No ano de 1997, com a motivação da vinda do Papa ao Brasil para o Congresso Internacional de Famílias, a Fraternidade realizou um encontro entre casais judeus e cristãos para tratar dos valores familiares em comum ou complementarmente. Muitas pessoas se dedicaram a esse trabalho de compreensão e estima entre os cristãos e judeus, dentre essas estão as Irmãs de Sion, cuja Ordem Religiosa está presente em vários países da Europa e América.

2. Diálogo judaico-cristão: perspectivas teológicas e sociais

A história da Igreja Romana se desenvolveu concomitantemente junto à história dos judeus, depois da destruição de Jerusalém no fim do primeiro século da Era Comum. A comunicação e a convivência entre as duas tradições religiosas foi complexa, com momentos de bastante crueza e violência e períodos amistosos de tolerância e fraternidade. Em 1199 foi promulgada a Constituição "*Licet perfidia Iudaeorum*" pelo Papa Inocêncio III. Essa bula foi a carta magna de tolerância para com os judeus, solicitando aos católicos que não os oprimissem; não os forçassem a se fazer batizar contra a própria vontade; não confiscassem os seus bens e não os ofendessem; por fim, não violassem os seus cemitérios. O católico que desobedecesse a esse decreto estava excomungado.[9]

9 DENZINGER, H; HÜNERMANN, P. *Compêndio dos símbolos, definições e declarações de fé e moral.* São Paulo: Loyola/Paulinas, 2007, p. 268-269. III Concílio de Latrão (*oecum.* XI), 1199; Inocêncio III: Constituição "*Licet Perfidia Iudaeorum*". Nº 771. Antes

O diálogo judaico-cristão teve suas origens oficiais na França, logo após a Segunda Guerra Mundial. O impulso para o diálogo, indiscutivelmente, foi a barbárie da *Shoah*. Desde então, o diálogo acontece em vários níveis e envolve tanto indivíduos quanto comunidades. É diálogo de vida, de colaboração em projetos comuns, de partilha teológica e comunhão espiritual. Antes, porém, pode-se encontrar na história da Igreja Romana, no fim do século XIX e início do século XX, situações instigantes como a fundação da Ordem de Sion, em 1842, pelos irmãos Ratisbone, com o objetivo de converter os judeus ao catolicismo. Na metade do século XX, a Ordem se deu conta de que essa missão não correspondia à realidade proposta pelo pluralismo religioso, que surgia como algo essencial para a promoção da fraternidade entre as tradições religiosas. Então, os membros desse instituto religioso procuraram as autoridades judaicas para dialogar sem o objetivo de conversão, com amizade e a responsabilidade de criar um mundo melhor para todos.[10]

Em 1928, o Vaticano se posicionou condenando o antissemitismo nos seguintes termos: "Uma vez que reprova toda espécie de ódio e animosidade entre os povos, a Sé Apostólica condena soberanamente o ódio contra o povo outrora escolhido por Deus". Pouco antes da Segunda Guerra, o Papa Pio XI proibiu a participação de qualquer católico no movimento antissemita, e afirmou: "O antissemitismo é inadmissível", porque "espiritualmente somos semitas". Foi esse pronunciamento confirmado na atitude assumida em 1937, pelo mesmo Pontífice na encíclica "*Mit brennender Sorge*", em que se contrapõe frontalmente às teorias racistas de Hitler.

---

desse decreto, em 1179 já havia sido dito que os judeus deviam "ser suportados pelos cristãos pela mera razão da humanidade".

10 Os irmãos Ratsbonne, Afonso e Teodoro, pertenciam a uma rica família israelita. Afonso dizia-se ateu. Tendo feito uma longa viagem ao Oriente, resolveu passar alguns dias em Roma, onde, ao ver a degradação dos judeus no "gueto" romano teve aversão pelos cristãos. Contudo, após uma experiência mística se sente impelido a pedir o batismo à Igreja Católica e, assim, se uniu a seu irmão, Teodoro Ratisbonne, que já era cristão e padre. Em 1842, os dois decidem fundar uma congregação religiosa destinada a trabalhar pela conversão do povo de Israel, com o nome de Congregação de Nossa Senhora de Sion, cuja imagem é representada de pé com a vestimenta das mulheres de Israel. A Congregação espalhou-se pelo mundo inteiro, tendo as religiosas de Sion chegado ao Brasil em 1889, onde instalaram uma casa no Rio de Janeiro e outra em Petrópolis.

A Igreja Católica manteve o seu posicionamento nos anos subsequentes. Em abril de 1938, estabeleceu à Congregação de Estudos a obrigação de incluir nos seus programas curriculares das Universidades Católicas a refutação das teses do racismo, condensadas em oito proposições remetidas às dioceses do mundo. Devem-se mencionar, também, entre muitas outras iniciativas, a Carta Pastoral do Episcopado Alemão, publicada em agosto do mesmo ano. Pio XII repisou a condenação do racismo em suas alocuções e mensagens e na Radiomensagem Natalícia de 1942 reprovou explicitamente o direito racista.[11]

O diálogo judaico-cristão, propriamente dito, foi assumido pela Igreja Católica Romana no Concílio Vaticano II, em que, ao falar sobre a índole própria da teologia dos orientais, a Igreja Católica reconheceu no Decreto sobre o Ecumenismo *Unitatis Redintegratio* (UR) a singularidade de metodologias para se conhecer as manifestações dos mistérios divinos. O documento enfatiza que "alguns aspectos do mistério revelado" podem ser "captados mais congruamente e postos em melhor luz por um que por outro" (UR 17). Com isso, a revelação cristã pode ser enriquecida pelas experiências reveladoras suscitadas pela práxis e ética das demais religiões, porque o mistério de Deus não se esgota numa experiência particular. Esse Decreto possibilitou uma visão plural da religião, sinal da livre criatividade de Deus, e convoca os cristãos a valorizar "todas as riquezas da sabedoria infinita e multiforme de Deus".[12] A partir dessa motivação o Concílio começou a fomentar entre os católicos a necessidade de se reconhecer o valor das tradições religiosas e, em 1989, o Vaticano criou o Pontifício Conselho para o Diálogo Inter-religioso. O Papa João Paulo II (1920-2005) dizia que o motivo fundamental pelo qual existem semelhantes tesouros espirituais nas religiões mundiais é que, sob a superfície das enormes diferenças entre elas, há uma corrente subterrânea de unidade, pela qual o diálogo entre essas tradições religiosas é tão necessário e tão promissor, ou seja, há diversas religiões, mas somente um Espírito Santo que busca frutificar em todas elas.

---

11 ESTUDOS DA CNBB – 46. *Guia para o Diálogo Católico-Judaico no Brasil.* São Paulo: Paulinas, 1986, p. 185.

12 SOCV II. *Decretus unitatis redintegratio sobre o ecumenismo.* 21 nov. 1964.

No patrimônio da fé hebraica, a doutrina do Espírito Santo é identificada com a *Shekináh*, que é o modo de existir e do agir de Deus no mundo. A crença nesta presença divina é sinal da abertura e da compreensão judaica de que Deus continua atuando na história.[13] Nos últimos tempos a religião católica, para promover o diálogo e, simultaneamente manter o vínculo com as suas tradições, reconhece a ação e a presença do Espírito Santo que fecunda a história da humanidade. Legitimam essa afirmação dois dos mais proeminentes porta-vozes do debate teológico católico: Gavin D`Costa (1958) e Jacques Dupuis (1923-2004). Ambos seguiram a liderança de João Paulo II e procuraram demonstrar que com o Espírito Santo como ponto de partida e centro de interesse, os cristãos podem não somente abrir-se mais aos outros, mas também serem mais fiéis ao Evangelho.[14]

O próprio diálogo é fruto do Espírito, que suscita a abertura dos fiéis e disponibilidade para o conhecimento mútuo e ao recíproco enriquecimento e, consequentemente, ao intercâmbio de dons entre as instituições religiosas. O diálogo judaico-cristão implica sempre atenção, respeito e acolhimento do universo milenar da cultura religiosa de seus fiéis. O diálogo só se realiza quando se garante o espaço de expressão da singularidade do crente e o direito inalienável de preservação de suas convicções pessoais. Nesse sentido, o cristão tem de levar em consideração que o judaísmo não está paralisado no Antigo Testamento, mas que nesses últimos dois mil anos se desenvolveu em todos os âmbitos. O diálogo se dá com o judeu concreto que vivencia a sua fé no *D`us* de Israel e cultiva a sua espiritualidade a partir da Torá e do Talmude. Por sua vez, o judeu precisa dar crédito às iniciativas cristãs de boa convivência, expressa no profundo respeito à tradição hebraica, e na busca de um diálogo que possibilite uma comunicação e um compartilhar de vida, de experiência e de fé.

O diálogo inter-religioso é um fenômeno relativamente recente, tendo como marco um evento que foi paradigmático, realizado na cidade de Assis (Itália) em 1986. Por iniciativa do Papa João Paulo II, reuniram-se budistas,

---

13 THOMA, Clemens. *Teologia Cristiana Dell'Ebraismo*. Casale Monferrato: Marietti, 1983, p. 199-200.

14 KNITTER, Paulo F. *Introdução às teologias das religiões*. São Paulo: Paulinas, p. 134-143.

judeus, muçulmanos, representantes das religiões tradicionais da África e América e numerosos cristãos das tradições católico-romana, ortodoxa e protestante, para a Jornada Mundial de Oração pela Paz. Esse evento significou uma novidade no campo da experiência inter-religiosa por se tratar de um valor conquistado graças à abertura humana ao diferente e, ao mesmo tempo, foi uma tomada de posição conjunta pelas grandes tradições religiosas de não mais se permitir que se faça guerra em nome de Deus, usando a religião como pretexto para se alcançar objetivos particulares.

Durante e após a catástrofe da *Shoah*, judeus e cristãos passaram a refletir sobre esse fenômeno que devastou a humanidade. A reflexão teológica da Igreja Católica, com o advento do Concílio Vaticano II, tomou uma postura empática com o judaísmo por meio de suas declarações, afirmando que a permanência do povo judeu através dos tempos é um sinal da fidelidade de Deus a Israel e das promessas messiânicas feitas, em vista de toda a humanidade e da criação. Desde então, a Igreja Católica convida os cristãos a ouvirem o que os judeus dizem de si mesmos e como eles se veem. Isso pode parecer uma coisa simples e óbvia, mas já é uma mudança relevante para o reconhecimento do direito do judeu de existir como "outro" e cultivar a sua fé com naturalidade.

Segundo o teólogo dominicano francês Claude Geffré (1926-2017), um dos pontos mais fortes da teologia das religiões é o reconhecimento da alteridade. A sua experiência em Jerusalém favoreceu sua compreensão do enigma das religiões e do mistério da gratuidade de Deus. Como cristão, vivendo numa cidade considerada santa pelas três religiões monoteístas, deparou-se com a violência de índole política e pela intolerância religiosa. Por outro lado, pôde captar o dom da convivialidade entre os crentes, animados pelo desejo de se comunicar, festejar e celebrar a presença do divino no mundo. Esse fenômeno o levou a crer que as tradições religiosas são portadoras de um verdadeiro "patrimônio espiritual", não podendo ser reduzidas às experiências "naturais" ou esforços simplesmente humanos. Dessa forma, afirma que as condições mais fundamentais para o exercício do diálogo são: o respeito pelo que há de irredutível e irrevogável nas outras tradições religiosas, de algo que jamais será tematizado ou totalizado no cristianismo.[15]

15 GEFFRÉ, Claude. *Crer e interpretar*. Petrópolis: Vozes, 2004.

Entretanto, o teólogo pontua que a abertura ao reconhecimento do valor da alteridade não apaga a importância do discernimento crítico, ou seja, é preciso ser crítico e reconhecer que ainda existem aspectos desumanizantes presentes em algumas práticas religiosas. O diálogo inter-religioso requer igualmente este discernimento: "Afirmar que as outras tradições religiosas contêm elementos da graça não significa, por outro lado, que tudo, nelas, seja fruto da graça. [...] Uma aproximação aberta e positiva às outras tradições religiosas não autoriza, portanto, a fechar os olhos perante as contradições que possam existir entre elas e a revelação cristã".[16]

No sexto capítulo do seu livro *Crer e Interpretar*, Claude Geffré trata a questão da reinterpretação da teologia do judaísmo, afirmando a "vocação irrevogável do povo de Israel" e cita o histórico discurso do Papa João Paulo II na sinagoga de Roma, em abril de 1986:

> A religião judaica é para nós não algo 'externo', mas pertence de certo modo ao 'interior' da nossa religião. A ela temos, por assim dizer, relações como a nenhuma outra religião. Vós sois os nossos irmãos preferidos e, assim se poderia dizer de certo modo, os nossos irmãos mais velhos.

Com essa afirmação, C. Geffré pontua que a religião judaica é intrínseca à religião cristã, conforme declarou o documento conciliar *Nostrae Aetate*, acerca do patrimônio comum entre as duas tradições religiosas e a perenidade de Israel. Para o teólogo francês, a constatação teológica da perenidade de Israel traduz um importante desafio para a teologia cristã, que a declaração judaica *Dab 'ru Êmet* assinala dizendo que "a diferença humanamente irreconciliável entre judeus e cristãos não será resolvida até que Deus redima o mundo todo, conforme o prometido nas Escrituras". Essa constatação da irredutibilidade de Israel, segundo Geffré, proporcionou um arranque para a legitimação do pluralismo religioso, em virtude da abertura para a compreensão da irredutibilidade das demais tradições religiosas.[17]

---

16 PCDIR. *Diálogo e Anúncio*, n. 31. 4. ed. São Paulo: Paulinas. 2005.

17 TEIXEIRA Faustino. *Teologia das religiões: Uma visão panorâmica*. São Paulo: Paulinas, 1995, p. 241. Claude Geffré, juntamente com o teólogo Jacques Dupuis, afirma a defesa

O diálogo judaico-cristão vem se dando em vários níveis, tanto no meio católico romano, como no meio judaico, principalmente depois das declarações *Nostrae Aetate* e *Dab´ru Êmet,* que será analisada no próximo tópico. Estas comunidades religiosas têm assumido uma parceria de cooperação em vários âmbitos da vida. No âmbito educacional, a Igreja Católica Romana vem conseguindo formar as novas gerações para que tenham apreço pelo povo judeu. De fato, existe muito interesse dos católicos por suas raízes, presentes na tradição judaica. Na busca por essa tradição, o cristão se depara com um judaísmo vivo que o fascina e questiona. Fascina porque remete ao sagrado, cultivado pelo judaísmo, que tem muito em comum com o cristianismo. Questiona pois é incompreensível como judeus e cristãos puderam divergir tanto, tendo como mandamento um patrimônio espiritual que aponta para a fraternidade e a paz entre os povos. Da parte judaica, segundo o rabino americano que vive há mais de três décadas em Israel Dr. Ron Kronisch, os judeus precisam se mobilizar mais, para reforçar a educação das comunidades judaicas, a fim de que valorizem as mudanças revolucionárias na mentalidade cristã sobre os judeus e o judaísmo. Afirma, ainda, que a declaração *Dab´ru Êmet* é um documento fundamental para o diálogo, e deve ser mais divulgado no meio judaico.

Em termos de reconciliação, o esforço das duas religiões tem se visto claramente nas últimas décadas. João Paulo II, em 1986, tomou a iniciativa de visitar a Sinagoga de Roma e foi calorosamente acolhido pelo rabino-chefe,

---

de um pluralismo religioso inclusivo. Trata-se de uma posição que busca conciliar o "cristocentrismo inclusivo" com o "pluralismo teocêntrico". É uma perspectiva que reconhece e acolhe o pluralismo religioso de princípio, entendido como realidade que se insere positivamente no desígnio misterioso de Deus, mas que ao mesmo tempo mantém vigente e vinculante a afirmação de fé e a doutrina nuclear cristã com a unicidade de Jesus Cristo, enriquecida, porém, com uma compreensão mais dinâmica e aberta do processo das automanifestações de Deus e de seu Espírito na história. O pluralismo inclusivo defende com vigor o "valor extrínseco" das outras tradições religiosas, enquanto vias misteriosas de salvação. Mas há também um outro caminho de resposta à questão, identificado com o paradigma pluralista, que envolve uma gama de posicionamentos teológicos, e que vem defendido entre outros por John Hick e Paul Knitter. Como traço característico deste paradigma está o reconhecimento das outras tradições religiosas, como instâncias legítimas e autônomas de salvação, como religiões verdadeiras.

Elio Toaff (1915-2015). Dentre as suas declarações no púlpito da sinagoga, o papa polonês condenou energicamente o antissemitismo. Essa visita se tornou um incentivo para o diálogo católico-judaico e, em 1993, o Papa Wojtyla estabeleceu relações diplomáticas do Vaticano com Israel. No livro *Cruzando o limiar da esperança*, de 1994, o Papa manifestou o seu desejo de voltar à sinagoga da sua cidade natal, Wadowice, local que lhe traz lembranças bastante fortes. Trata-se do sofrimento dos seus vizinhos e amigos judeus, que ele via desaparecer nos trens que passavam por sua cidade rumo a Auschwitz-Birkenau. Em março de 2000, João Paulo II fez a confissão das culpas no relacionamento com Israel e visitou o Estado de Israel, encontrando-se com o presidente israelense, na época Jaim Weitzman, e com o primeiro-ministro, Ehud Barak. Em Jerusalém, o Papa polonês visitou o Muro das Lamentações, onde depositou sua prece ao Deus Único e fez sua oração particular no Yad Vashem, "Memorial do Holocausto":

> Deus de nossos Pais, escolheste a Abraão e a seus descendentes para levar Teu Nome às nações. Estamos profundamente aflitos pela conduta daqueles que, ao longo da história, fizeram sofrer teus filhos, e, ao implorarmos teu perdão, queremos comprometer-nos com o caminho de uma fraternidade autêntica com o Povo da Aliança.

As autoridades governamentais e religiosas de Israel acolheram com entusiasmo o novo posicionamento da Igreja Romana e estão atentas aos pronunciamentos papais, bem como aos documentos da Igreja sobre as relações judaico-católicas. Na medida do possível procuram atender aos convites para compor as comissões de diálogo religioso, expressando o desejo de trabalharem juntos com os católicos pela construção de um mundo melhor, além de participarem das grandes celebrações inter-religiosas, promovidas ao redor do mundo. O Estado de Israel homenageou muitas pessoas, que arriscaram suas vidas para salvar judeus durante a Shoah, com o título de *Justo entre as Nações*, gravando seus nomes no Memorial de Yad Vashem, dentre esses havia muitos cristãos. Dois brasileiros receberam essa homenagem: Luiz Martins de Souza Dantas (1876-1954), que recebeu uma versão cinematográfica com o nome de *Querido embaixador*, e Aracy de Carvalho Guimarães Rosa (1908-2011), esposa do grande literato João Guimarães Rosa, conhecida como "Anjo de Hamburgo".

Entretanto, uma parcela de judeus padece de certa desconfiança em relação ao diálogo judaico-cristão, por causa da história de intolerância e da busca da conversão do judeu em cristão. Todavia, encontra-se também na sociedade judaica pessoas dispostas a formar parcerias, que envolvam aprender e entender, bem como reconhecer o apelo de Deus a cada povo. Essa aproximação pessoal requer o reconhecimento do outro, conferindo-lhe valor existencial, independentemente de sua cultura e religião.

A capacidade humana de reconhecer em cada pessoa o seu valor sagrado é uma das bases para o diálogo inter-religioso. O passo seguinte é o reconhecimento do outro como sujeito de fé, o que, para o diálogo judaico-cristão, implica senso de responsabilidade e de proteção sobre ele. De fato, uma vez que se promove a aproximação e o diálogo, os interlocutores se tornam corresponsáveis pela vida em comum. Isso é uma resposta positiva ao convite do Eterno que criou a humanidade para a vivência fraterna, haja vista que ao criar o ser humano, ele não o deixou só, mas lhe agraciou com o dom da família humana, além de assumir a própria responsabilidade de granjear alimentos para toda a obra criada. A comunidade humana, por sua vez, deve assumir a responsabilidade por cada pessoa, garantindo-lhe a vivência de suas doutrinas de fé.

Todavia, a mudança de mentalidade pode ser morosa, exigindo articulação religiosa e política, para que se possa superar os traumas do passado e criar uma relação amistosa entre judeus e cristãos. Infelizmente, porém, os documentos da Igreja e das autoridades judaicas nem sempre chegam ao conhecimento e ao acolhimento de suas respectivas comunidades. Como forma de impulsionar o diálogo, em vários países existem iniciativas de conscientização da sociedade acerca da tolerância religiosa e do respeito que se deve ter para com as instituições religiosas. No Brasil, o Ministério da Educação (MEC), por meio da lei nº 9475, de 22 de julho de 1997, pontua no Artigo 33 que "o ensino religioso, de matrícula facultativa, é parte integrante da formação básica do cidadão e constitui disciplina dos horários normais das escolas públicas de ensino fundamental, assegurando o respeito à diversidade cultural, religiosa do Brasil, vedadas quaisquer formas de proselitismo". Em seguida, informa que caberá ao Sistema de Ensino ouvir as denominações religiosas para definir o conteúdo pedagógico. A partir dessas colocações as escolas vêm promovendo o estudo das tradições religiosas, com oficinas, conferências e exposições. Nesses eventos geralmente o que mais inquieta os alunos é justamente a tomada de conhecimento de um triste passado de lutas religiosas e intolerância que ainda gera ressentimentos e temores nos crentes, por isso a importância de se fecundar a sociedade para que seja mais dialogal e respeite a diversidade humana.

Em 1992, no Rio de Janeiro, a Conferência das Nações Unidas sobre o Meio Ambiente e o Desenvolvimento (CNUMAD), conhecida também como ECO-92, reuniu mais de cem chefes de Estado que buscavam meios de conciliar o desenvolvimento sócio-econômico com a conservação e proteção dos ecossistemas. Dentro desse evento teve lugar uma celebração inter-religiosa com representantes de várias igrejas cristãs, como a católico-romana, anglicana, luterana, presbiteriana independente, bem como de outras tradições religiosas, entre as quais: hinduísmo, zen budismo, judaísmo, islamismo, candomblé, umbanda, kardecismo, santo daime e xamanismo. Essa celebração foi um marco fundamental na trajetória de busca de compreensão e mútuo enriquecimento entre as tradições religiosas. Em 2001, no 15º Encontro Internacional de Oração pela Paz, em Barcelona, o Papa João Paulo II conclamou as religiões, para que, vivendo em concórdia, não deem contratestemunho:

> Não se pode mais tolerar o escândalo da divisão, porque é um 'não' categórico contra o amor de Deus. Revigoremos o impulso do amor que Ele nos manifestou, para que tenhamos a coragem de caminhar juntos. Lado a lado, com os representantes das grandes religiões do mundo, devemos remar 'mar adentro', rumo ao oceano do mundo, para ajudar-lhe a erguer o olhar e dirigi-lo para o único Deus e Pai de todos os povos da terra. Então, reconheceremos que as diferenças, em vez de nos impelir ao enfrentamento, nos induzirão bem antes ao respeito e à colaboração total na construção da paz. Temos que apostar todos no diálogo e no amor, porque esses são os únicos que nos permitem respeitar os direitos de cada indivíduo, e dar uma resposta aos desafios do novo milênio.

A partir dessa interpelação, se percebe que o diálogo empático é a possibilidade viável para o perdão mútuo e a compreensão entre os "filhos de Abraão". Essa compreensão religiosa inclui o reconhecimento da outra pessoa como parte do plano de Deus. Daí que o diálogo autêntico não fica restrito ao campo religioso, mas toca todas as dimensões da vida, e envolve, inclusive, os que não professam um credo em particular. O diálogo não visa a um consenso religioso, mas uma espiritualidade que motive o ser humano a buscar uma paz verdadeira, fundada na justiça, respeitando-se a diversidade única de cada religião. Em cada tradição religiosa se encontra o dado da oração, que tem em si um germe de gratuidade, desapego e abertura direcionada a uma comunhão maior, que leva à convivência fraterna, aos trabalhos sociais em comum, que poderão promover os primeiros passos do diálogo. Nesse campo religioso brota a mística, que unifica os fiéis em torno do mistério fascinante e tremendo do Sagrado. Essas expressões do teólogo Rudolf Otto (1869-1937) caracterizam o Sagrado presente nas diversas religiões por ele estudadas, e estão presentes de forma impactante nas Escrituras Hebraicas e Cristãs.[18]

Quando se fala do conhecimento e compreensão do universo do "outro" não tem como não se falar da orientação teológica de cada religião. A fraternidade judaico-cristã tem se empenhado nesse exercício junto a judeus e cristãos, apresentando as ideias centrais de suas doutrinas, que tem um fundo teológico semelhante, mas uma hermenêutica diferenciada. Essa atividade possibilita o aprendizado daquilo que une judeus e cristãos e também daquilo que evidencia a identidade singular de cada religião. Descobrir as áreas que fazem cada religião única e distinta é enriquecedor para o crente, e conhecer as áreas em que se compartilham os mesmos ideais enriquece a sociedade humana, pois gera comunhão.

Um nível delicado do diálogo inter-religioso, em geral, está no campo político, mas tratando-se do diálogo judaico-cristão, a situação se torna ainda mais complexa. Embora o Vaticano tenha reconhecido o Estado de Israel e, consequentemente, instalado a sua sede diplomática no país, ainda perduram

---

18 OTTO, Rudolf. *O Sagrado: Os aspectos irracionais na noção do divino e sua relação com o racional.* São Leopoldo: Sinodal/EST - Petrópolis: Vozes, 2007, p. 111-131.

algumas situações conflitivas dos dois lados. Os cristãos católicos, habitantes de Israel, reclamam da falta de assistência e segurança por parte dos órgãos do governo. Os israelenses solicitam que no diálogo seja considerado os aspectos fundamentais de seu "*status*" judaico, que compreende o conceito de povo, de nação, de terra, cultura e religião. Os judeus clamam pelo comprometimento cristão com a sobrevivência e permanência do Estado de Israel, tomando-o como símbolo concreto da liberdade e do direito de autodeterminação diante dos outros povos; tal comprometimento pressupõe reconhecer o direito dos povos de existirem, livres da ideologia fundamentalista que fomenta o terror, sob os princípios da democracia.

De forma geral, no relacionamento entre judeus e cristãos tem existido compreensão, diálogo e cooperação mútua, o que gesta um clima amistoso e pacífico. Essa corresponsabilidade no diálogo inter-religioso remete a questões mais amplas, como o comprometimento global em defesa do ser humano e da terra. Há nas Escrituras Sagradas dos judeus e cristãos o apelo para salvaguardar o ser humano da fome, da exclusão social, além do cuidado com o cosmos, enquanto casa comum, necessária para a sobrevivência do ecossistema. Mediante esse quadro fica clara a existência de uma causa comum que deve mobilizar os fiéis na luta contra o sofrimento humano e a preservação da vida nessa terra. É nesse amplo contexto que o diálogo judaico-cristão encontra as suas tarefas comuns, cuja finalidade é preparar o mundo para a vinda do Messias, cuja espera mantém em expectativa as duas tradições religiosas, cada uma à sua maneira. Para os cristãos, a redenção se realiza mediante a vida, a Paixão-Morte e a Ressurreição de Jesus. O Reino inaugurado por Jesus se concretiza no cotidiano, por meio das ações dos cristãos, que vivem a tensão "do já e do ainda não", isto é, o Reino de Deus já está presente quando se vivencia a fraternidade e a justiça, mas não é pleno, ainda é devir, porque a sociedade ainda está longe de viver plenamente os valores do evangelho. Os judeus aguardam a vinda do Messias e pregam que ele trará uma libertação política, social e econômica, muito semelhante a Moisés e a Davi. Acreditam que para antecipar a sua vinda devem ser cooperadores do processo de transformação do mundo por meio de atos de bondade.

Na Bíblia Judaica encontra-se uma informação relevante que pode servir como mais uma motivação para o diálogo inter-religioso. Trata-se da experiência dialogal com Deus, o Totalmente Outro, cuja Presença Divina se manifestou várias vezes na história do Povo de Israel através da *Shekináh*. Essa palavra literalmente aparece só na literatura rabínica, fazendo referência à presença divina, no meio do povo de Israel, especialmente quando Deus diz, a seu povo: "e fareis um santuário para Mim, e habitarei no meio deles" (Ex. 25: 8). O vocábulo tem diversas possibilidades de tradução, sendo assumido também por cristãos e muçulmanos nas Escrituras Cristãs e no Alcorão. Logo, o termo ganha relevância aqui enquanto sinal de comunicação e convocação para a busca da paz, conforme consta no ritual na bênção semanal do *Shabbat*, que era recitado no Templo de Jerusalém: "Ele que faz com que o seu nome habite (*shochan*) nesta Casa, para habitar no meio de vocês o amor e fraternidade, paz e amizade".

À guisa de conclusão dessas perspectivas socioteológicas, Leonard Swidler, professor de Pensamento Católico e Diálogo Inter-religioso na Universidade de Temple, Filadélfia, nos Estados Unidos, elaborou o decálogo do diálogo, que, apresentado resumidamente abaixo, possibilita uma boa pedagogia para o diálogo judaico-cristão.

> 1. A primeira meta do diálogo é aprender, isto é, mudar e crescer, percebendo e compreendendo a realidade para, em seguida, agir de acordo com ela.
>
> 2. O diálogo inter-religioso deve ser um projeto dúplice no interior de cada comunidade religiosa, e reciprocamente entre elas.
>
> 3. Cada participante deve chegar ao diálogo com absoluta honestidade e sinceridade, assumindo e pressupondo a sinceridade total de seu interlocutor.
>
> 4. No diálogo inter-religioso não temos por que comparar nossas ideias com a práxis de nossos interlocutores. Pelo contrário, devemos comparar nossos ideais com os deles, e do mesmo modo, nossa práxis com a deles.
>
> 5. Cada participante deve definir-se e identificar-se. Por exemplo, somente um judeu pode definir o que significa ser judeu. Os outros só podem limitar-se explicando como

o veem do lado de fora. Da mesma maneira, aquele que é interpretado pelos outros, deve poder reconhecer-se nessa interpretação.

6. Cada participante deve vir ao diálogo sem o mínimo preconceito contra a situação dos pontos em desacordo.

7. Só existe possibilidade de diálogo entre iguais. Exemplificando, o diálogo entre cristãos e judeus em torno do ano de 1970, só foi um prelúdio do diálogo inter-religioso. Então, se entendeu e era correto, que os judeus viessem às reuniões, sobretudo para ensinar aos cristãos, e estes participavam com agrado para aprender algo raro que os cativava [...]. Mas, se for preciso que haja um diálogo autêntico entre ambos, hoje em dia, os judeus também terão que vir para aprender [...]. Então, ambos estarão no mesmo plano como iguais.

8. Só existe diálogo fundamental na confiança mútua.

9. Aqueles que participam do diálogo inter-religioso devem ter um mínimo de autocrítica consigo mesmos, e com referência a suas tradições religiosas.

10. Cada participante, eventualmente, deve procurar "sentir" e experienciar à religião do outro em seu interior, visto que uma religião não é assunto do cérebro, mas muito antes do coração e da mente, que abrangem todo o ser do indivíduo e da comunidade. Quando se consegue chegar ao diálogo profundo, a esperança fundamental e as metas das duas religiões se aproximam cada vez mais da estruturação do Reino de Deus, tão ansiosamente desejado por ambas.

3. *Dab'ru Êmet:* existe um patrimônio em comum

Em setembro do ano 2000 foi publicado nos jornais *New York Times* e *Baltimore Sun* o pronunciamento *Dab'ru Êmet*, ou seja, "Uma declaração judaica sobre os cristãos". Era o reconhecimento das autoridades judaicas sobre os esforços dos cristãos para promover o diálogo entre as duas confissões de fé e, ao mesmo tempo, convidava os judeus a terem um novo olhar sobre a postura cristã no mundo, bem como propunha a possibilidade de uma parceria judaico-cristã em prol da paz e da justiça.

A *Dab'ru Êmet* foi fruto de mais de cinco anos de trabalho de um grupo de cientistas judeus do National Jewish Scholars Project, que discutia o cristianismo do ponto de vista judaico. Em sua pesquisa, esse grupo se ocupava principalmente da Cristandade, tanto na base religiosa quanto na histórica, sociológica ou cultural. O documento foi assinado por mais de 220 rabinos e intelectuais de todos os ramos do judaísmo dos Estados Unidos, Canadá, Reino Unido e Israel. Todavia, foram escolhidos quatro líderes pelo grupo de cientistas, representando os quatro ramos do judaísmo atual: ortodoxo, conservador, reformado e reconstrucionista: Tikva Frymer-Kensky, David Novak, Peter Ochs e Michael Signer. Com essa declaração, o grupo de trabalho quis demonstrar o apreço pela fé cristã católica romana, por suas novas posturas diante do judaísmo, principalmente através da declaração *Nostra Aetate* do Concílio Vaticano II. Obviamente não houve unanimidade dentro do universo judaico acerca desse documento, mas, a partir dele, foi possível uma grande abertura para o diálogo.

A expressão *Dab'ru Êmet* foi retirada da passagem do profeta *Zacarias* 8: 16: "*Eis as coisas que deveis fazer: Falai a verdade um com os outros; fazei em vossas portas um julgamento de paz*". A partir dessa perspectiva bíblica, a declaração tornou-se a base para muitos sermões no *Rôsh Hashanáh* (Ano Novo judaico) e no *Yom Kipur* (Dia de Reconciliação). Ao dirigir-se, também, aos cristãos, especialmente aos católicos romanos, a declaração *Dab'ru Êmet* inaugurou um novo relacionamento da liderança judaica com os cristãos, propondo que ambas as tradições religiosas sejam vistas como servidoras do mesmo Deus, resguardando as suas diferenças doutrinais.

No início do século XX, a estudante judia Edith Stein intui que a verdade deve ser buscada e declarará, décadas mais tarde, que a busca pela verdade incendiou o seu coração e essa era a sua única oração. O seu itinerário pessoal revela uma ascensão no conhecimento da verdade e, ao mesmo tempo, uma transmissão desta, por meio de suas conferências e escritos. Em sua peregrinação pelo universo científico e religioso, deparou-se com a tão almejada verdade e proclamou que quem busca a verdade, em seu íntimo, busca Deus. Stein, desde a sua primeira obra, *Sobre o problema da empatia*, buscou falar a verdade por ela intuída a partir de seus estudos: a verdade de que é possível ao ser humano apreender o estado de espírito do seu próximo e com ele estabelecer uma relação de fraternidade. Na sequência de suas obras se percebe uma mulher que fala a verdade de seu coração apaixonado pelo ser humano, não medindo esforços para lhe oferecer formação e informação, e quando se torna cristã suscita nas pessoas o ideal de se assemelharem ao ser humano por excelência: o judeu Jesus de Nazaré.

Aproximadamente um século após o nascimento de Edith Stein, em 1991-1992, iniciavam-se os estudos que culminariam na declaração judaica *Dab'ru Êmet*: "Falai a verdade". A linguagem desse documento pode ser interpretada à luz da empatia steiniana, pois falar a verdade exige intersubjetividade, ou seja, judeus com sua crença pessoal participando do diálogo e interagindo diretamente com cristãos e vice-versa, no respeito e na fraternidade. As duas crenças podem dialogar, sem recriminações e com um espírito conciliatório, buscando um caminho de compreensão mais profunda da sua própria fé religiosa. O conteúdo do documento aponta para as raízes comuns de ambas as religiões, o que faz recordar os dizeres de Edith Stein de que o cristianismo ressuscitou o seu judaísmo. Ainda mais, ao analisar o papel dos cristãos no Holocausto, *Dab'ru Êmet* afirma que o nazismo não foi um fenômeno cristão, e que se o nazismo não tivesse sido interrompido, sua violência e ódio teriam continuado diretamente contra os cristãos, conforme Stein havia escrito em 1933 ao Papa Pio XI: "A guerra contra o catolicismo se desenvolve na surdina e com meios menos brutais do que contra o judaísmo".

De fato, como já foi dito, juntamente com os judeus, muitos cristãos, assim como outros grupos étnicos, homossexuais e portadores de deficiência física foram exterminados. É nesse contexto que a monja carmelita Teresa Benedita da Cruz foi arrancada do Carmelo e levada para o campo de concentração. Entretanto, a obra de Edith Stein sobreviveu e nela se encontra a base para um bom relacionamento fraterno entre os seres humanos. Tanto o documento *Dab'ru Êmet* como a vida e obra de Stein auxiliam na promoção do diálogo judaico-cristão, graças à modalidade empática de um habitar a alma do outro, sem perder a própria identidade. Essa apreensão da história e do sentir do outro leva à compreensão judaica e cristã de que a construção do diálogo possibilita a defesa dos direitos humanos e a solidariedade com os indivíduos mais fragilizados.

A *Dab'ru Êmet*, portanto, quer assegurar as bases da convivência fraterna entre cristãos e judeus, almeja que os fiéis dessas religiões busquem se tornar uma bênção uns para os outros. Nesse sentido, os rabinos e intelectuais judeus elaboraram oito breves afirmações sobre como e por que judeus e cristãos podem se relacionar:

> 1. Judeus e cristãos adoram o mesmo Deus.
> 2. Judeus e cristãos respeitam a autoridade do mesmo livro: a Bíblia, que os judeus chamam Tanakh e os cristãos de Antigo Testamento.
> 3. Os cristãos podem respeitar a reivindicação do povo judeu à Terra de Israel.
> 4. Judeus e cristãos aceitam os princípios morais da Torá.
> 5. O nazismo não foi um fenômeno cristão.
> 6. A diferença humanamente irreconciliável entre judeus e cristãos não será resolvida até que Deus redima o mundo todo, conforme o prometido nas Escrituras.
> 7. Um novo relacionamento entre judeus e cristãos não enfraquecerá a prática judaica.
> 8. Judeus e cristãos devem trabalhar juntos pela justiça e pela paz.[19]

Os cristãos receberam jubilosos a promulgação da *Dab'ru Êmet* e cumprimentaram cordialmente a comunidade judaica pela contribuição positiva e indicadora do documento em vista do diálogo cristão-judaico. Do lado judaico, o documento provocou uma discussão tempestuosa entre os eruditos judeus. Os participantes da disputa são de todos os agrupamentos religiosos judaicos, inclusive dos que assinaram o documento. Esses ponderam algumas das teses apresentadas ou fazem alegações contra a promulgação do documento. Inicialmente, trata-se da preocupação com a profunda identidade judaica e o receio de que ela venha a se diluir pelo colóquio cristão-judaico, levando os judeus a abandonarem os conteúdos centrais de sua fé. Em seguida, há um questionamento acerca da linguagem e do método da *Dab'ru Êmet*, que não utilizou a terminologia judaica. O título hebraico e a designação da Bíblia

19 BIZON, J. (Org.). *Diálogo católico-judaico no Brasil: Comissão Nacional de Diálogo Religioso Católico Judaico*. São Paulo: Loyola, 2005, p. 134.

como Tanak são as únicas indicações do uso judaico. Alegam que falta, principalmente, conceitos judaicos como Toráh, Halakáh e Mitsvot. Por fim, o documento deveria ter incluído certa consideração do judaísmo em relação a outras religiões, além do cristianismo.

Entretanto, os autores do documento, ao promulgá-lo, já aguardavam tamanha repercussão e se deram por satisfeitos, pois atingiram o objetivo, afinal, o acaloramento do assunto o conduziu ao centro da reflexão judaica na atualidade. O rabino ortodoxo David Rosen, ex-presidente do Conselho Internacional de Cristãos e Judeus, concorda com as reflexões diferenciadas dentro do judaísmo, e acredita na possibilidade do colóquio judaico-cristão progredir com o tempo. É por isso que recebeu de forma positiva a avaliação teológica do diálogo cristão-judaico: "Com a *Dab'ru Êmet* é que o consenso mais amplo da elite judaica religiosa e acadêmica recusa univocamente atitudes negativas a respeito do diálogo judaico-cristão".

A declaração *Dab'ru Êmet* está plenamente em sintonia com o documento conciliar *Nostrae Aetate* quando este afirma a existência de um patrimônio comum entre as duas religiões e propõe um caminho fraterno de diálogo entre ambas. Esse patrimônio comum consiste no que o apóstolo Paulo escreve na *Epístola aos Romanos* 9: 4-5: "Os israelitas possuem a adoção filial, a glória, as alianças, a legislação, o culto e as promessas; deles são os patriarcas e deles nasceu Cristo, segundo a condição humana".

Paulo ainda acrescenta que os judeus, mesmo não tendo, em sua maioria, aceitado o Evangelho, continuam sendo amados por Deus, porque Ele não se arrepende dos dons oferecidos e da eleição de seu povo (Rom. 11: 29).

O patrimônio espiritual dos judeus e cristãos se dá, inicialmente, pela fé monoteísta que afirma a existência de um único Deus: criador, onipresente, onisciente e onipotente, que é ilimitado e influencia tudo no universo. O grande rabino Moisés Maimônides, ao elaborar os *Treze Fundamentos da Fé Judaica*, dedica os quatro primeiros para demonstrar os pilares do monoteísmo conforme a crença mosaica. O primeiro fundamento declara a existência de Deus, o segundo, que Deus é único e que não existe unicidade como a d'Ele. No terceiro, é apresentada a incorporabilidade de Deus, isentando-O de qualquer propriedade antropomórfica, e o quarto fundamento trata da eternidade de Deus. Maimônides, em seu livro *Os 613 Mandamentos,* ensina, com relação aos 1º e 2º mandamentos, que os judeus são ordenados a crer em Deus como agente supremo e criador de tudo, e crer na unicidade de Deus, ou seja, como criador de todas as coisas, Ele é uno. O *Shema Israel* – Ouça Israel – são as duas primeiras palavras da seção da Torá que constitui a profissão de fé central do monoteísmo judaico, conforme *Deuteronômio* 6: 4-9, no qual se diz: *Shemá Yisrael Adonai Elohêinu Adonai Echad* – "Escuta, ó Israel, o Eterno nosso Deus, o Eterno é Um."

O ensinamento de Jesus, em seus diálogos teológicos no Evangelho, segue o mesmo raciocínio acerca da unicidade de Deus, indicando essa unicidade como o primeiro de todos os mandamentos: "Ouve, ó Israel, o Senhor nosso Deus é o único Senhor, e amarás o Senhor teu Deus de todo o teu coração, de toda a tua alma, de todo o teu entendimento e com toda a tua força" (Mc. 12: 30). A doutrina cristã da Santissíma Trindade não anula o conceito monoteísta, mas afirma a existêcia de um único Deus que se revela em três pessoas distintas e indivisíveis: Pai, Filho e Espírito Santo. O Deus único, além de Criador de todas as coisas, é um Deus Pai que provê as necessidades de seus filhos (Mt. 6: 30s). Esta fé que distingue entre Criador e criatura, proibindo toda divinização do mundo, dos seres viventes e das pessoas, liberta o ser humano da inquietude e do medo, e estimula uma fraternidade universal no respeito recíproco. Isso graças à insistência evangélica de dizer que Deus é amor. Deus ama todas as pessoas e estas podem estabelecer uma relação pessoal com ele através da oração que se dá de diversas maneiras, conforme a natureza de cada ser humano. Jesus inaugurou a presença do Reino de Deus na Terra e a Igreja, que nascera da pregação dos apóstolos, está enraizada na vida e no pensamento do Povo de Israel. Ela se sustenta nos ensinamentos judaicos dos patriarcas e profetas, reis e sacerdotes, escribas e rabinos. Jesus é o elo através do qual todos os cristãos passam a ser incluídos como descendentes de Abraão, e, portanto, coerdeiros, juntamente com os judeus, do seu grandioso legado espiritual.

A revelação divina para os judeus está nas Sagradas Escrituras, denominada comumente de Tanak, palavra formada pela primeira letra do título de cada parte. Por ter sido escrita em hebraico, uma mínima parte em aramaico, é chamada de "Bíblia Hebraica" e tem três divisões: Torah (Lei), Nebiîm (Profetas), Ketubîm (Escritos). Nos evangelhos, *Jesus lê e explica a Lei de Moisés, os Profetas e os Salmos* (Lc. 4: 16; 24: 44). A Igreja primitiva só tinha essa

Escritura Sagrada. O Segundo Testamento foi redigido posteriormente e não tinha a intenção de se opor às Escrituras Hebraicas. Ao contrário, apresenta a vida de Jesus marcada pelos acontecimentos da história do relacionamento de Deus com Israel e a humanidade, como as festas anuais do judaísmo, as manifestações religiosas cotidianas e as celebrações das etapas principais da vida do povo de Israel. Dessa forma, com seu nome judeu, circuncidado, observante das festas judias, assíduo leitor das Sagradas Escrituras, Jesus dá testemunho da religião judaica. Nesse sentido é profundamente compreensível a afirmação do Papa João Paulo II: "Quem encontra Jesus encontra o judaísmo".

Uma via fraterna, entre cristãos e judeus, se deu pelo reconhecimento recíproco de que houve entre as duas religiões muito mal-entendido no percurso histórico e que as iniciativas de aproximação entre as duas tradições religiosas se faziam necessárias, tendo em vista o cumprimento daquilo que é proposto pelas Sagradas Escrituras Hebraica e Cristã: "*Amarás o teu próximo como a ti mesmo*" (Lv. 19: 18 e Mt. 22: 39).

Da parte cristã, o documento conciliar *Nostra Aetate* ensina que a participação de algumas autoridades judaicas no processo de condenação e morte de Jesus não justifica culpar indistintamente todos os judeus, de todos os tempos, como responsáveis pela morte de Jesus, e na Profissão de Fé – rezada pelos católicos nas missas dominicais e festivas, que são uma síntese oficial da fé católica romana – apenas a autoridade romana Pôncio Pilatos é citado como responsável pela execução de Jesus. Já no Evangelho, é o próprio Jesus quem afirma que ninguém tira a sua vida, ao contrário, ele é quem a oferece pelo bem da humanidade, conforme a narração do evangelista João no capítulo 10: 18. O documento *Nostrae Aetate*, antes de encerrar o seu posicionamento à religião judaica, afirma que a Igreja Católica lamenta profundamente pelos atos desumanos cometidos pelos cristãos contra os judeus no decurso da história. Inclusive, como já foi citado, no ano 2000, o Papa João Paulo II – quando esteve em um dos mais sagrados lugares de devoção do judaísmo, o Muro das Lamentações – pediu oficialmente perdão aos judeus pela omissão dos católicos em relação ao Holocausto. Assim, a Igreja Romana propunha aos católicos a aproximação empática com o sofrimento do povo judeu na *Shoah* e se solidarizava com os judeus sobreviventes da Segunda Guerra Mundial.

Da parte judaica, o documento *Dab'ru Êmet* proclamou que o nazismo não foi um fenômeno cristão e também não foi causado em decorrência do antijudaísmo presente nos discursos eclesiais do período histórico da chamada Cristandade. Se esses discursos tivessem o intuito de exterminar o povo judeu, isso teria ocorrido na Cristandade, quando a Igreja Romana tinha o poder político de influenciar e se impor diante das nações europeias, haja vista que no século XX a Igreja Católica e as outras denominações cristãs não eram mais detentoras do poder social, como em outros períodos da história Ocidental. Todavia, o documento deixa registrado que houve omissão e cumplicidade de alguns cristãos nos crimes nazistas. Em seguida, os autores salientam com gratidão os cristãos que correram risco de morte para salvar judeus no *pogrom* nazista e, também, os católicos que rejeitam o ensino de desdém ao povo judeu.

Contudo, o ensino negativo sobre os judeus foi uma das causas que contribuíram para o desastre vivido por eles no século XX, a *Shoah*. Esse tem sido o termo preferido, em vez de holocausto, para se falar da catástrofe, que foi o assassinato em massa de milhões de judeus. Isso porque a palavra holocausto designa sacrifícios, o que era comum no Templo de Jerusalém, conforme a mentalidade cultural da época. Nesse sentido, designar a perseguição e execução de mais de seis milhões de judeus pela palavra holocausto poderia remeter à mentalidade antiga de sacrifício como reparação pelos pecados e homenagem a Deus, o que é uma verdadeira blasfêmia diante do Deus que quer a vida e não a morte para o ser humano, conforme ensina *Deuteronômio* 30: 19. Mesmo que não haja palavras que possam expressar o horror dessa realidade, o termo *Shoah*, em hebraico, parece ser mais exato que outros por designar a catástrofe e a devastação cometidas no genocídio praticado pelos nazistas contra o povo judeu e, consequentemente, contra a humanidade.

Outros caminhos de fraternidade apontados pela *Dab'ru Êmet* são os princípios morais das Escrituras, tendo nos "Dez Mandamentos" as normas para a reta convivência das pessoas entre si e com Deus. A origem da lei brota justamente do fato do ser humano ser imagem e semelhança de Deus, conforme a narração de *Gênesis* 1: 27. O cumprimento da lei é o ato pelo qual judeus e cristãos cooperam com Deus na promoção e preservação da vida no planeta, o que implica o reconhecimento de que os seres humanos são responsáveis uns pelos outros. Isso fica explícito no evangelho, quando Jesus resume a lei no mandamento do amor e exemplifica com a parábola do *Bom Samaritano* (Lc. 10: 25-37). A dignidade humana, proclamada por Jesus e pela Igreja, se baseia, também, nas primeiras páginas das Escrituras. A ética bíblica exige a proteção da dignidade do ser humano, principalmente dos mais frágeis; rejeita toda forma de escravidão, opressão e autoritarismo. Partindo desses princípios, a Igreja Romana, a partir do documento *Nostra Aetate*, condena perseguições de todo tipo, preconceitos, distorções teológicas e tudo que possa ir contra os valores humanos.

A presença amorosa de Deus na história da humanidade suscita a esperança de que os seres humanos, aliados de Deus, procurem estabelecer a fraternidade e a retidão na terra. Assim, cabe especialmente aos cristãos e aos judeus a delicada missão na sociedade de trabalhar juntos pela justiça e pela paz no mundo. Esse trabalho tende a promover um novo relacionamento entre os fiéis das duas tradições religiosas, mas para isso é necessário que os interlocutores estejam bem enraizados em suas crenças. O diálogo não visa a conversão, mas o aprendizado; por exemplo, os cristãos podem aprender com os judeus a identificar distorções provocadas pela busca e abuso do poder, confusão entre teologia e ideologia, missão e colonização, universalismo e totalitarismo.[20] Os judeus podem, também, aprender com os cristãos que o imperialismo da Cristandade não favoreceu a presença do Reino de Deus na terra.

É da índole do cristianismo reconhecer que todo ser humano tem direito a um teto, a um emprego, ao pão de cada dia e que toda nação tem direito a seu próprio território. Nesse sentido, muitos cristãos reconhecem o direito do povo judeu à sua terra, crendo que a reivindicação da terra pelo povo de Israel transcende o aspecto político, porque a Terra de Israel (*Eretz Yisrael*) é o berço do povo judeu e referência de sua identidade cultural, religiosa e nacional para quem vive em seu território ou na diáspora.

A restauração do Estado de Israel é o acontecimento mais importante da história judaica desde a destruição de Jerusalém e do Templo pelos romanos no ano 70 da Era Comum. Esse episódio está intrinsecamente ligado à

20 BIZON, *op. cit.* p. 157.

cultura, religião e alma judaica, por se tratar de um tema teológico, pois o judeu piedoso vê o retorno à sua "Terra Prometida" como uma ressurreição do povo, até então condenado à dispersão e, muitas vezes no decorrer da história, à morte. O renascimento da nação passou a ser visto como sinal da fidelidade e da graça de Deus ao seu povo.[21] O Estado do Vaticano reconheceu, oficialmente, a existência do Estado de Israel no dia 28 de dezembro de 1993, sob o pontificado de João Paulo II. Diante da realidade conflitiva do Oriente Médio, a Igreja se posiciona afirmando que tanto israelenses como palestinos têm o direito de viver em paz e segurança, numa pátria própria. É fundamental que os povos da região se esforcem na busca pela diplomacia, e que construam laços fraternos, promovendo o diálogo político e inter-religioso.[22]

4. Edith Stein, precursora do diálogo judaico-cristão

A atuação dialogal de Edith Stein no campo intelectual, social e religioso demonstra o caráter de uma pessoa aberta, íntegra e respeitosa. A filósofa viveu o drama existencial da busca de um sentido compreensível para a vida e o encontrou na verdade de Deus revelada nas ciências e na espiritualidade. De forma empática, a monja carmelita concilia em sua história a vivência judaica e a cristã, com um profundo humanismo que suscita amor e a reverência pelo povo judeu e cristão. Criada na tradição religiosa judaica, na adolescência Stein renega sua fé e somente a reencontra por volta de seus trinta anos. O estudo filosófico da fenomenologia lhe possibilitou entender a interioridade humana e, consequentemente, a liberta de seus preconceitos acerca daquilo que se dá na experiência cotidiana das pessoas de fé. Na escuta da verdade intrínseca de sua própria história, revelada no apelo divino por meio das pessoas e das Sagradas Escrituras, a filósofa vive o processo de adesão ao cristianismo. O seu itinerário de vida é um símbolo de diálogo inter-religioso e, também, de

21 KÜNG, Hans. *El judaísmo: Pasado, presente y futuro.* 6. ed. Madri: Trotta, 2007, p. 490-494.

22 BIZON, *op. cit.*, p. 186.

reconciliação entre a fé e a razão. Com essa base existencial, Edith Stein se tornou precursora do diálogo judaico-cristão.

Nascida em berço judaico, Edith Stein é educada no seio de uma família que valoriza a tradição milenar do povo de Israel, tendo na religião a referência existencial. Enquanto referência, a fé judaica era vivida e não absolutizada, como nos fundamentalismos religiosos, logo, estava sujeita a questionamentos. Em sua juventude, Stein vive uma grande crise que a deixa cética e, ao mesmo tempo, a faz comungar dos grandes conflitos existenciais de muitos ateus no século XX, acerca de ter de lidar com a vida sem a esperança e o conforto da crença em um ser absoluto e transcendente.

Enquanto ateia, Stein mantém sua fé na vida como dom inalienável, por isso luta pela recuperação da saúde dos enfermos no hospital de doenças contagiosas em *Maehrisch-Weisskirchen*, na Primeira Guerra Mundial, e pelos direitos humanos, no entreguerra. Sua inserção no mundo intelectual lhe deixa ainda mais convicta do valor ético nas relações humanas, conforme atesta sua obra *Sobre o problema da empatia*. O estilo dialógico já estava presente na estudante de filosofia que conseguia estabelecer relações com pessoas religiosas, descrentes e ateus. A vida da filósofa foi se delineando num processo de abertura à alteridade, que se deu em seus muitos contatos pessoais. A vivência da empatia precedeu sua primeira obra e se tornou concreta em sua tese, em que aborda justamente a apreensão da vivência do outro através do processo empático.

Quando se torna cristã, Stein afirma que a sua adesão ao catolicismo revivesceu o seu judaísmo, pois a Igreja nasceu do coração do povo de Israel.[23] Na homilia de sua beatificação, em 1987, o Papa João Paulo II citou a monja carmelita com esta colocação:

> *Receber o batismo não significou para Edith Stein, de jeito algum, romper com o mundo hebraico. Ao contrário, ela afirma: Quando eu era jovem de quatorze anos parei de praticar a religião hebraica; entretanto, no meu retorno a Deus, eu me senti, antes de tudo hebreia.*

Ao se falar em diálogo judaico-cristão, necessariamente há de se ter clareza do processo que judeus e cristãos viveram no século XX. Trata-se do

23 STEIN, E. "Diálogo Noturno". *Obras Selectas.* 2. ed. Burgos: Monte Carmelo, 1998, p. 579.

processo empático em que há uma busca de interação coloquial depois da vivência existencial da *Shoah* que chocou os cristãos, colocando-os em profunda solidariedade com os judeus perseguidos e mortos pelo nazismo. Na história da humanidade está escrito que cristãos e judeus padeceram sofrimentos incontáveis em defesa de sua fé no Deus revelado nas Sagradas Escrituras. Nesse sentido, o cristão não é um estranho para o judeu e vice-versa, graças à apreensão da humanidade presente nos fiéis dessas tradições religiosas. Edith Stein vivenciou isso de forma redentora no seu quadro de atuação, seja no meio católico ou nas universidades, a ponto de chamar a atenção do governo nazista, conforme está registrado em *Crônica Del Holocausto*, em que Stein utilizou sua fé e seu intelecto para converter-se em um espinho para o *Terceiro Reich*.[24]

A filósofa de Breslau lecionou por muitos anos e isso a fez acreditar que a educação global possibilita ao ser humano tornar-se o que de fato deve ser: pessoa dialogal em profunda comunhão espiritual com o outro. Ela via na educação contínua do ser humano o desabrochar de toda a sua potencialidade e capacidade, para melhor desempenhar o seu papel na família e na sociedade. Assim como o historiador francês Jules Isaac, insistia na formação para superação de toda forma de preconceito religioso. A filósofa alemã vai frisar que a formação deve propiciar ao ser humano uma contínua revisão de seus conceitos e uma apreensão daquilo que é novo para o seu ser.

Stein define a formação como estado e processo. Quando fala de educação como estado está se referindo ao princípio regulativo de vida, em que o ser humano tem um potencial de maturidade, para se relacionar de forma equilibrada com tudo o que se manifesta diante de si. Enquanto não tem plena consciência dessa meta, lida com as limitações temporais e vai atualizando essa perspectiva na medida em que se conscientiza de sua missão. Já como processo, ela retoma a questão empática da educação, que se dirige ao reto convívio com o outro, a partir da estruturação humana de cada "eu". No *Einfühlung*, esclarece que somente quem vivencia a si mesmo como pessoa, como totalidade de sentido, pode entender as outras pessoas.[25]

---

24 *CRÔNICA del Holocausto.* Madri: Editorial Libsa, 2002, p. 313.

25 STEIN, Edith. *Sobre el problema de la empatía.* Madri: Trotta, 2004, p. 133.

A formação para o diálogo inter-religioso é um processo que necessita da educação do ser humano, para que ele se dê conta de sua dimensão espiritual num mundo secularizado, onde a espiritualidade é rechaçada. A filósofa, em seu trabalho pedagógico, vê na dinâmica do que é ensinado com a consequente postura educada do cidadão na sociedade, como uma formação autêntica, por se tratar de um processo em que as potencialidades da alma são plasmadas numa estrutura prevista de contínuo crescimento. Nesse sentido, o florescimento das Ciências das Religiões, com o suscitar do respeito entre as várias tradições, é algo novo que precisa ser apreendido e ensinado.

Como o ser humano tem disposições psíquicas para apreensão daquilo que lhe é oferecido, Edith Stein está a dizer no *Einfühlung* e em suas obras pedagógicas que a missão do formador é ensinar os princípios que edificam a vida. Essa edificação se estrutura a partir de caminhos fraternos, calcados na convivência respeitosa entre os seres humanos. Assim, os alunos vão plasmando em seu ser o caráter inviolável dos direitos humanos, dentre esses, o direito a professar uma fé e não ser perturbado nem perseguido por isso. Ao mesmo tempo, está convidando a todo ser humano a entrar no processo de formação continuada, tendo em vista a melhora nos relacionamentos sociais, o fim dos preconceitos e a construção de uma sociedade justa e igualitária.

A partir dessa reflexão, a filósofa demonstra que o ser humano tem um interior inviolável, que é o fundamento de sua dignidade, o espaço sagrado de encontro com Deus e, inseparavelmente, o lugar da consciência, onde se pode tomar decisões livres e buscar um verdadeiro diálogo com o próximo. Isso se evidencia em sua própria experiência pessoal, conforme ela mesma relata no ano de 1928:

> Desde antes de minha conversão já era meu desejo entrar para a vida religiosa, isto é, esquecer os acontecimentos da terra, ocupar-me somente das coisas de Deus. Pouco a pouco, porém, compreendi que outra coisa nos era pedida no mundo e que, mesmo entregue a uma vida contemplativa, não se deve cortar toda ligação com o exterior. Lendo Santo Tomás de Aquino, pareceu-me possível pôr o conhecimento a serviço de Deus e foi, então, e somente, então, que consegui retomar seriamente meus trabalhos. Pareceu-me, com efeito, que quanto mais uma

> pessoa é atraída para Deus, mais obrigada deve sentir-se a sair de si mesma para levar ao mundo o amor divino.[26]

Nessa perspectiva, Stein salienta que uma autêntica experiência de Deus dignifica o ser humano, revitalizando-o e, ao mesmo tempo, o faz se abrir ao "outro". A partir do método fenomenológico, a filósofa informa que o ser humano, através da sua estrutura anímica-corpórea, está desde sempre ontologicamente aberto aos sentidos do mundo, das coisas e das pessoas. Esclarece que não existe separação entre matéria e espírito, pois o mundo material é um mundo transfigurado pelo espírito. Na materialidade, o sentido já está nas coisas, mas há uma diferença fundamental entre o modo como o espírito acontece na materialidade e o modo como a vida espiritual acontece no agora. Edith Stein explica que embora não haja dicotomia entre espírito e matéria, há maneiras diferentes do registro do espírito acontecer nos entes e nas pessoas, por exemplo: quando se observa os entes do mundo não pessoais (granito, árvore, água etc.), a sua forma específica contém um sentido. Há uma característica ontológica que caracteriza esses entes conectados à matéria porque não têm a abertura ontológica do ser humano. Essa abertura é a transcendência no ser humano, que está sempre para além de sua posição no tempo e no espaço, e para além dos sentidos das coisas, por isso é devir e liberdade, levando o ser humano sempre a estar de alguma maneira voltado para o sentido da existência. Por isso, o ser humano, apesar de ser um ser de necessidades, decide os sentidos que vão pautar a sua existência. Se bem formado, ele entenderá que a comunhão e o diálogo entre os povos formam sua vocação primordial. Se os educadores tiverem como meta a humanização do indivíduo, este terá condições de projetar o seu futuro graças ao sobrenatural inerente ao seu ser.[27]

26 MIRIBEL, Elisabeth. *Edith Stein: Como ouro purificado pelo fogo*. 2. ed. Aparecida, SP: Santuário, 2001, p. 71.

27 STEIN, Edith. "Escritos antropológicos y pedagógicos". *In*: URKIZA, Julien; SANCHO, Francisco Javier (Orgs.). *Obras Completas*. Burgos: Monte Carmelo, 2003, vol. IV. A reflexão segue as ponderações reflexivas de Edith Stein que recapitula a sua concepção da constituição do ser humano, levando sempre em consideração a empatia como suporte fenomenológico.

Em suas obras, a filósofa denota a necessidade da pessoa humana trabalhar sua interioridade, pois nasce imersa em uma cultura que pode condicioná-la a certas visões de mundo que precisam ser superadas, como os conceitos pré-concebidos de gênero, religião, etnia etc. Liberto desses condicionamentos, o ser humano pode deixar aflorar de forma saudável a sua inclinação para o mistério religioso.[28] Faz parte da tradição judaico-cristã suscitar no coração humano a vivência de valores que dirijam o seu modo de vida. Os valores que uma pessoa tem, os princípios pelos quais ela atua, formam para ela a teoria geral sobre o ser, e constituem, portanto, uma ontologia. Numa abordagem epistemológica e ética sobre o ser humano pode-se captar quais valores orientam as suas ações no cotidiano, geralmente se pode perceber o posicionamento pessoal sobre a questão "Deus", o "Outro" por excelência, porque na maioria das pessoas a concepção do divino é parte fundamental e motivação para direcionamento de suas vidas.

A experiência empática é a compreensão de que o ser humano pode viver numa tradição religiosa e, ao mesmo tempo, conviver de forma pacífica com os membros de outras crenças. É uma especial percepção do "eu" que crê em relação ao "tu" que professa uma fé diferente; portanto, trata-se de um saber sobre o "outro", a partir de seu próprio sentimento religioso e da vivência ética suscitada pela religião, de uma possibilidade de aproximação pela espiritualidade e não de uma identificação de crenças doutrinais. Assim, se compreende que, no nível da religião, exista entre as pessoas uma interrelação, a qual Stein dá o nome de vida psíquica-espiritual: esse mundo é o mesmo para elas e para o "eu", formando o mundo psíquico-espiritual dos seres humanos.

A vivência religiosa particular e comunitária é captada de forma original pelo "eu" que está imerso numa tradição espiritual, enquanto a religião, vista à distância pelo "outro", só é imaginada, empaticamente, em torno da sua consciência. A experiência de fé do "outro" só é representada por transferência,

---

28 GARCIA, Jacinta Turolo. *Edith Stein e a formação da pessoa humana*. São Paulo: Loyola, 1987, p. 63-78. Edith Stein, como pedagoga, volta o seu olhar para a formação humana global. Depois, dedica-se à formação da mulher. O seu objetivo é promover o ser humano, para que ele atenda ao apelo divino de buscar a perfeição em seu estado de vida, através da vivência de valores.

na base de um "emparelhamento" entre as maneiras de aparecer da religião, que se dá de forma concreta nos rituais e na vivência cotidiana do fiel, em sua esfera de pertença a esta ou aquela religião. Assim, a originalidade recai sobre o "eu" vivido e, em cima desta base, instituem-se relações intersubjetivas do "eu" com o "outro", com esse "outro", que, todavia, está no "eu", como que se escapando sempre de sua experiência originária. A impossibilidade de se captar o "eu" e o "outro" em sua totalidade, remete à questão para o fenômeno do ir além, do transcender, ou seja, o ser humano faz parte do mistério que não se esgota. Ele traz em si a centelha divina e por mais que ele queira descrever sua experiência religiosa, não consegue, pois o mistério divino transcende a capacidade humana de sentir, pensar e dissertar sobre o tema. Esse devir perene é anúncio de que, para além da existência temporal do ser humano há uma potencialidade inabarcável, que sustenta a vida humana e a incita a uma contínua transcendência de seus costumes, rituais e valores. Os judeus não ousam nomear essa potência devido à tamanha inefabilidade do mistério, por isso ao Todo-Poderoso se referem como o Tetragrama, e os cristãos, por sua vez, chamam de Caminho, Verdade e Vida.

Em sua caminhada, Edith Stein foi se dando conta de que o ser humano se realiza na cooperação social e no respeito à dignidade de seu próximo. Em suas obras, a autora acena para a importância do cultivo do relacionamento interpessoal, sustentado pelo fenômeno da empatia, que foi justamente o que possibilitou a aproximação e as conquistas no diálogo judaico-cristão, cujos frutos estão presentes na Conferência de Seelisberg, nas Declarações *Nostrae Aetate* e *Dab'Ru Êmet*. Antecipando o diálogo inter-religioso, o que Stein propôs tornou-se, por aproximação, o apelo dos bispos da Igreja Católica na Ásia, após o Concílio Vaticano II, em relação ao diálogo com as grandes tradições budistas, hinduístas, entre outras. A realidade asiática interpelou a Igreja Romana a tomar uma postura em que a verdade de Cristo precisa relacionar-se com outras verdades e incluí-las. Nesse sentido, o diálogo que a Igreja Católica Romana na Ásia quer promover ressalta o que é distintivo em Jesus: a mensagem do amor que a si mesmo se esvazia, tornando-se serviço radical ao "outro", seja ele quem for, principalmente os mais empobrecidos da sociedade. Desse modo, como destacou o cardeal Julius Darmaatmadja, ao dirigir-se ao Papa João Paulo II, após o sínodo da Ásia ocorrido em 1999, os asiáticos preferem falar acerca de Jesus não como "único e exclusivo Filho de Deus e Salvador", mas sim como "Mestre de Sabedoria, o Restaurador, o Libertador, o Misericordioso Amigo dos Pobres, o Bom Samaritano".[29]

O diálogo inter-religioso foi e ainda perdura como um tema interdisciplinar, pois a reflexão em torno dessa questão se transformou num debate produtivo, no qual a religião, tal como se apresenta ao indivíduo, suscita-lhe uma série de reflexões. O diálogo é um fenômeno humano, que surge de uma dimensão ampla e profunda do relacionamento e é, também, um ato social vital que se dá pela comunicação, enquanto processo da arte de se relacionar. A atitude empática é fundamental no diálogo inter-religioso, permitindo ao fiel conhecer e compreender o "outro" a partir de sua experiência vivencial do sagrado e do seu estado de ânimo. A integração do "eu" com a comunidade e com o mundo é uma característica intersubjetiva que, aplicada ao âmbito religioso, remete ao fenômeno da iniciação da pessoa num processo de adesão a uma denominação religiosa. A permanência do "noviço" numa comunidade se consolidará se além de manifestar o desejo da vivência original empática do fundador daquela espiritualidade, também traduzir essa vivência em atos concretos em sua vida.

Edith Stein concilia, em suas obras, a antropologia com a educação e a vida espiritual, o que permite perceber nas entrelinhas de seus escritos inspiração para um diálogo promissor entre as religiões, calcada em sua visão do ser humano que pode alcançar a verdadeira plenitude em sua relação com Deus. A filósofa ensina que em Deus o ser humano encontra o seu ser originário e a sua vocação, bem como o seu ser individual aberto e formando parte de um grupo no qual deve desenvolver a sua individualidade. Grupo composto de pessoas que, cada qual à sua maneira, participa da imagem de Deus, se relacionando com ele. Dessa forma, é imprescindível e essencial que o ser humano seja um "ser relacional". Stein continua informando que o ser humano também se define como "ser com vida espiritual", uma vida que se caracteriza por sua "abertura", por sua tendência "a sair de si para dar-se". Este ser espiritual faz da pessoa um ser teologal que se realiza na medida em

29 KNITTER, *op. cit.*, p. 157-161.

que se relaciona, o que justifica – à luz da doutrina steiniana – a possibilidade de se falar em vida espiritual em pessoas não crentes. Assim, o ser humano é membro da humanidade e só se realiza nela, convertendo-se em corresponsável pela vida neste mundo. Todavia, para se atingir essa meta, em algumas pessoas é necessário a intervenção da graça divina do Espírito Santo, como se deu com a própria filósofa, que se encaminhou do ateísmo para a fé cristã.

Stein desenvolve sua teologia antropológica baseando-se em Agostinho de Hipona e Tomás de Aquino, e afirma que o *Feitor de todas as coisas* é a imagem original do ser humano, sendo que a Santíssima Trindade é o próprio *reino do espírito*. Tendo em consideração a concepção steiniana de que o ser humano é composto de corpo, alma e espírito, a autora informa que a vida espiritual da pessoa brota sempre dos seus sentidos e vive continuamente desse ciclo até que se fixe em Deus, que é a base e sustento de orientação vital. Assim, toda espiritualidade ou dom do espírito, por parte das criaturas, significa uma elevação a este reino, ou seja, a busca do diálogo inter-religioso é uma forma de elevação das tradições religiosas, sinalizando um progresso na compreensão do sagrado. Logo, quando a pessoa se permitir ser engendrada pelo *reino do espírito* terá a possibilidade de dirigir livremente os seus sentidos, abandonando todo fundamentalismo, seja ele religioso ou político, pois a vida espiritual é o campo mais autêntico da liberdade. No *Einfühlung*, a autora enfatiza que "no contexto da vida espiritual nos movemos livremente", e através do indivíduo psicofísico há a comunicação espiritual dos interesses e dos valores de cada pessoa.[30]

O Espírito Santo é o primeiro e o supremo amor que move os corações e os conduz à santidade e, em consequência da dinâmica relacional própria do Espírito, o amor se derrama sobre todas as criaturas. Isto porque o amor é a vida na mais alta perfeição, possuindo em si a força criativa de fecundar o universo, despertando no ser humano o desejo de participar de uma comunidade de fé, a fim de expressar aquilo que se dá em sua alma. Por ser contagioso, o amor penetra a vida das pessoas, suscitando o crescimento espiritual, bem como a convivência com o outro, o que gesta uma comunidade espiritual à semelhança do que Edith Stein narra ser o reino espiritual:

30 STEIN, Edith. *Sobre el problema de la Empatía.* Madri: Trotta, 2004, p. 134.

> O reino dos espíritos celestes é um reino perfeito, cada membro se encontra ali em seu justo lugar e não aspira a nenhum outro, cada um desenvolve ali toda sua essência; havendo crescido sem obstáculo, é fecundo, se nutre da fonte original do amor e emana este amor na zona da influência que lhe foi reservada.[31]

Stein declama que o Espírito Santo cria todos os bens e que todos os dons vêm de suas mãos. Nele se encontram a paz, a luz e a força onipotente do amor eterno, por isso faz-se necessário cultivar a vida espiritual, para que a paz sonhada por judeus e cristãos seja conquistada por meio do diálogo fraterno.[32] A proposta de João Paulo II, Gavin D'Costa e J. Dupuis, de buscar o diálogo inter-religioso tendo como referência o Espírito que sonda toda a criação, é uma luz reconciliadora que brilhou no horizonte da humanidade sujeita às trevas de fanatismos religiosos. Para quebrar a corrente da discórdia, Stein propõe a educação empática como caminho de apreço do outro com suas diferenças. Com esse mesmo raciocínio, o teólogo Gavin D'Costa sustenta que não se pode nivelar as religiões em virtude do dinamismo do Espírito que age na singularidade de cada tradição. Por isso é necessário buscar lidar com as suas diferenças por meio do diálogo, de forma fraterna. O teólogo exemplifica dizendo que os cristãos não são "monoteístas" exatamente como os judeus e os muçulmanos, pois creem num único Deus, que se apresenta à humanidade com uma tríplice missão. Na doutrina cristã, a terceira pessoa da Trindade é o Espírito Santo, o próprio sopro vital de Deus Pai, que leva adiante a mensagem de seu Filho Jesus Cristo, envolvendo toda a criação, com a energia vivificante de Deus. Nesse sentido, Gavin D'Costa sugere que a relação com Deus através do Espírito Santo deve ser a forma prática correta e saudável do diálogo inter-religioso: "Ao crer na presença do Espírito Santo em outras tradições, os cristãos não somente vão admirá-las, mas terão igualmente de ouvi-las e com elas aprender".

---

31 STEIN. E. *Ser finito y ser eterno: Ensayo de uma ascension al sentido del ser*. México: Fondo de Cultura Económica, 2002, p. 371-460.

32 STEIN, E. "Esposa Del Espíritu Santo". *Obras Selectas*. 2. ed. Burgos: Monte Carmelo, 1998, p. 598-599.

D'Costa acrescenta que no diálogo inter-religioso calcado no Espírito Santo, os cristãos devem ser cuidadosos com a postura e com as terminologias, de modo a respeitar as verdades essenciais do cristianismo e, ao mesmo tempo, das outras tradições religiosas; isto porque o Espírito Santo tem um alcance universal, superando em dimensão a doutrina cristã.[33]

A teologia cristã clássica sobre a Santíssima Trindade afirma que há distinções efetivas entre as Três Pessoas da Trindade, chamadas de "distinções hipostáticas", o que significa que uma pessoa da Trindade não pode ser reduzida a outra, nem a ela subordinada. Com essa base, o jesuíta Jacques Dupuis assegura que uma teologia das religiões verdadeiramente dialógica somente acontece alicerçada no Espírito Santo que vive e age, no decorrer da história, nas culturas e religiões, antes e depois de Cristo. Dessa forma, Dupuis diz aos cristãos que Deus não pretende que todas as pessoas encontrem a plenitude na igreja cristã. Por outro lado, pontua que a "plenitude" da verdade de Deus em Jesus é "qualitativa" e não "quantitativa", isto é, uma plenitude de centro, convergência, intensidade e não só de detalhe e totalidade. Assim, o teólogo admite que a plenitude da verdade de Deus em Jesus é "relativa e ou relacional", ou seja, limitada. A plenitude daquilo que Deus quer tornar conhecido aos seres humanos tem seu foco concentrado em Jesus; porém, para aumentar a profundidade do quadro, os cristãos precisam relacionar o que possuem em Jesus ao que o Espírito Santo faz nas demais religiões. Jacques Dupuis continua sua reflexão descrevendo as demais religiões como "faces" incompletas do Mistério Divino, que devem encontrar realização naquele que é a "face humana de Deus, Jesus". A partir desse entendimento da singularidade de Cristo, o jesuíta sustenta que os cristãos e as demais religiões, conservando sua identidade e validez, podem abrir-se em diálogo autêntico entre si, sem diminuir, nem ameaçar quem Jesus é para eles e para o mundo.[34]

A judia e cristã Edith Stein, ao situar o Espírito como fonte relacional entre as pessoas e um Ser Superior, vislumbrou a forte corrente teológica que

33 KNITTER, *op. cit.*, p. 143-146.

34 DUPUIS, Jacques. *Rumo a uma teologia cristã do pluralismo religioso*. São Paulo: Paulinas, 1999, p. 239-250.

acena para o diálogo inter-religioso, sob a ótica pneumatológica. A reflexão filosófica e a prática pedagógica de Stein proporcionam um diálogo calcado na fraternidade social, por se fundamentar em princípios humanitários. O texto que segue expressa o pensamento da filósofa, cuja hermenêutica vem ao encontro do parágrafo em questão.

> O espírito – não somente o intelecto, mas também o coração – por ocupar-se continuamente com Deus, está com Ele familiarizado; conhece-o e ama-o. Esse conhecimento e amor fazem parte de seu ser, como o relacionamento de duas pessoas que convivem a longo tempo intimamente familiarizadas. Tais pessoas não precisam mais de informações sobre a outra pessoa para se conhecerem mutuamente e convencerem-se de sua amabilidade. Quase não precisam trocar palavras. Cada nova convivência, no entanto, traz para elas novo despertar e um crescimento de amor, talvez um conhecimento mais profundo de alguns traços novos. Mas isso acontece automaticamente, não precisando de maior esforço. Assim, também é a convivência de uma alma com Deus, depois de longo exercício na vida espiritual. Ela não precisa mais meditar para conhecer a Deus e aprender a amá-lo. O caminho já está muito atrás dela, pois ela repousa nele. Assim que ela começa a orar, está em Deus e permanece, pela entrega amorosa, em sua presença. O silêncio da mesma Lhe agrada mais do que muitas palavras.[35]

5. Reflexão e metáfora acerca da Aliança judaica e cristã

Nas Sagradas Escrituras, a Aliança (*berith* em hebraico) entre Deus e o ser humano surge da livre iniciativa de Deus de salvar a humanidade, de forma gratuita, fazendo com ela um pacto. Todavia, devido à distância ontológica entre Deus e o homem, o Eterno, por sua própria opção e em sua infinita graça, oferece a salvação por meio da vivência relacional amistosa, a qual o ser

35 STEIN, Edith. *A ciência da cruz: Estudo sobre São João da Cruz*. São Paulo: Loyola, 2008, p. 99, n. 5.

humano é chamado a aderir em liberdade. Na tradição hebraica, a primeira Aliança se dá com Noé, depois do dilúvio que devastou a terra. Com estas palavras, Deus se compromete a salvar a humanidade por meio de um pacto simbolizado pelo arco íris: "Eu faço uma aliança convosco e com vossos descendentes" (Gn. 9: 9). Essa primeira *Berith* traz consigo as promessas de que nunca mais perecerá a criação com a garantia da perenidade do ser humano e dos animais. Por meio da Aliança com Noé, judeus, cristãos e muçulmanos, assim como todos os fiéis das diversas tradições religiosas, são chamados ao diálogo e à convivência harmoniosa por conta de terem a humanidade em comum, isto é, serem feitos do mesmo húmus ao qual Deus se comprometeu em salvaguardar por amor à sua obra criada. No livro do *Êxodo*, Deus se revela a Moisés, informando ter ouvido o clamor do povo e querendo libertá-lo (Êx. 3: 7). Na tradição do Sinai, narra-se a celebração de uma Aliança, que tem um conjunto de leis chamado "Código da Aliança" (Êx. 20-24). Os estudiosos da Bíblia dizem que somente no final do século VIII e durante o século VII a. C. o tema "Aliança" passou a ser oficialmente constitutivo da tradição oficial do povo. Junto com a ideia de Aliança e Eleição foi se fortalecendo na tradição de Israel a ideia de que o Eterno é o único e o verdadeiro Deus.

O transbordamento da bondade de Deus não permite o pensamento de que a Aliança esteja restrita a um único povo, mas por meio do povo de Israel, o Eterno quer estendê-la para todas as nações. O mistério amoroso de Deus, revelado por meio da Aliança oferecida à humanidade, pode ser melhor apreendido por judeus e cristãos através da vivência empática. Esse mistério ultrapassa o horizonte da tradição cultural e religiosa dos povos, de tal forma que se pode contemplar a Aliança, por meio de Noé, como a *Berith* de Deus com toda a humanidade, enquanto a Aliança com Moisés e com Jesus Cristo constitui a *Berith* professada pela tradição judaica e cristã, respectivamente. Reconhecer essas Alianças enriquece a visão do ser humano acerca do mistério insondável da transcendência divina e pode promover o diálogo inter-religioso em virtude do valor perene de cada Aliança.

O livro do *Gênesis,* a partir do capítulo 12, narra o chamado que Deus faz a Abraão e o relato das promessas de descendência e de terra. Na progressão dos fatos acontece o pacto pelo qual Deus se compromete com Abraão e seus descendentes. De certa forma, pode-se ver aí novamente o universalismo da Aliança ao lhe ser dado o dom de ser "pai de uma multidão de nações", com as quais Deus se compromete de geração em geração. Entretanto, há um direcionamento para o povo hebreu que deverá trazer uma marca simbolizando a Aliança, a circuncisão. Em *Êxodo*, Moisés e o povo liberto do Egito realizam a Aliança no Sinai com o seguinte compromisso: "Tu és o meu povo, Eu serei teu Deus" (Êx. 6: 7). A Aliança de Deus com o Povo de Israel deriva dessas palavras divinas, é graça e dever. Os profetas sempre exortaram o povo à fidelidade para com Deus, firmada por meio da Aliança e, também, a renová-la, a fim de que Deus permaneça em comunhão com Israel e com toda a humanidade, com vistas à salvação. No Segundo Testamento a forma com que Deus se serviu para entrar em comunhão com os judeus e com os gentios foi através de Jesus de Nazaré, que com sua vida e crucifixão selou a Nova Aliança: "Isto é o meu sangue, o sangue da Aliança que é derramado em favor de muitos" (Mc. 14: 24).

A Aliança com Deus, apreendida e vivenciada por judeus e cristãos, implica o dever de honrar e amar a Deus na imagem do seu próximo e buscar formas de promover o bem comum, para que todo ser humano alcance a graça de viver a dignidade de filhos do Altíssimo, conforme atestam os mandamentos. Edith Stein conseguiu apreender o mistério da Aliança e o vivenciou, como se sabe, em suas obras e em sua própria vida, sendo fiel à Aliança de seus pais e, com seus irmãos de sangue, morreu pela Santificação do Nome. Foi fiel à Aliança com Cristo, unindo-se a Ele na cruz pela reconciliação da humanidade dilacerada pela guerra. Quando professou os votos religiosos no Carmelo, a filósofa escolheu para complemento de seu nome o termo Cruz. Antes de Cruz, acrescentou Benedita, para expressar o seu sentimento de que Cristo fez da cruz uma fonte de bênção.

Segundo o filósofo e rabino André Neher (1914-1988), para o hebraismo, "cada judeu deve realizar em sua vida, a redação de um Sefer Torá: singular peregrinação, que não conduz o discípulo a um lugar santificado do profeta, mas que lhe faz repetir, no seu próprio caminho, o gesto através do qual se transmite a mensagem".[36] Esse processo é claro na vida de Stein; mesmo no período

36 DOBNER, C. *Il libro dai sette sigilli. Edith Stein: Torah e Vangelo*. Saronno: Monti, 2008, p. 13.

em que se dizia ateia, redigiu sua obra sobre a empatia, cuja mensagem é levar as pessoas a viverem uma aliança fraterna entre si, pela captação do mistério humano presente nas relações. Sua peregrinação espiritual e geográfica a mergulhou na corrente judaíca da diáspora, cuja experiência a fez se sentir imersa nas Escrituras, carregando em si a bagagem espiritual do judeu que, sem pátria, conseguiu sobreviver em meio aos povos diversos, sem perder a Aliança com a verdade, que era a razão de sua vida. Assim como Abraão, *arameu errante*, que abandonou os falsos ídolos e abraçou a fé no Deus verdadeiro, como Paulo, que em suas viagens missionárias exortava os gentios a abandonar os falsos deuses, Stein também trilhou um caminho acidentado para chegar à verdade sublime de sua fé no mistério divino, revelado no Sinai para os hebreus e encarnado em Jesus, que é o Caminho e a Vida para os cristãos.

Irmã Benedita da Cruz herdou uma orientação extremamente positiva da religião de seus pais e conservou uma estima profunda pelo Hebraismo. Era preocupação comum dos pais transmitir aos seus descendentes o valor da Aliança e a história dos antepassados. A monja judia estava inserida, por nascimento e formação, nesse modo de pensar semítico, em que Deus escolhe o seu povo e através de suas experiências fala aos seres humanos de todos os tempos e lugares. Na biografia de Edith Stein encontra-se acontecimentos semelhantes aos dos personagens bíblicos. Inclusive, em suas correspondências ela se identificava com figuras femininas da Bíblia Hebraica, como: Débora, Judite e Ester; e, quando escreve à Madre Petra Brüning, assim se expressa:

> Tenho consciência de que o Senhor aceitou minha vida por todos. Devo pensar sempre na rainha Ester, que foi tirada do seu povo para interceder por ele diante do rei. Sou uma pobre, impotente e pequena Ester; porém, o rei que me escolheu é infinitamente grande e misericordioso. Isso é um grande consolo![37]

Aderir à fé cristã católica foi uma luta para Edith Stein, com vários embates no campo racional e afetivo, além das questões existênciais e históricas que assolavam a Europa em sua época. A luta travada entre Jacó e o Anjo, conforme

37 STEIN, Edith. "Escritos autobiográficos y cartas". *In*: URKIZA, Julien; SANCHO, Francisco Javier (Orgs.). *Obras Completas.* Burgo: Monte Carmelo, 2002, p. 1286, vol. I.

o capítulo 32 do livro do *Gênesis*, torna-se ícone dos embates humanos com o mistério divino que deixa marcas na estrutura ôntica das pessoas. Nesse sentido, tanto Jacó quanto Edith Stein saem marcados e renomeados depois do combate. Jacó traz uma marca física, que retrata a alma tocada por Deus, e se torna Israel. A filósofa, por sua vez, traz uma marca na alma e se torna Teresa Benedita da Cruz. Uma das dores que feriram a alma de Teresa Benedita foi o fato de ter de lidar com a incompreensão de seus familiares por ela ter se tornado cristã. Por mais que insistisse que abraçar o cristianismo a colocava em comunhão com todo o universo hebraico, eles não aceitavam. Ela, porém, não os censurava e nem os convidava a seguir o Cristo, ao contrário, respeitava a fé de seus familiares e, da mesma forma que os primeiros cristãos, que eram judeus, Stein continuava a frequentar a sinagoga, assim como acompanhava os seus amigos luteranos à sua igreja.

Para Edith Stein, fazer Aliança com Jesus Cristo não implicava renunciar à Aliança do Sinai, pois Jesus era judeu e isso a fazia se sentir honrada por pertencer ao povo de Jesus Cristo. Essa, porém, não era a compreensão da senhora Auguste Stein, cuja filha venerava, exaltando o seu heroísmo digno dos antigos patriarcas na lida profissional, familiar e religiosa, a ponto de lhe transparecer ser inabalável. Contudo, ao tomar conhecimento da conversão da filha, abateu-se muitíssimo, dando a entender que o elo entre elas se rompera. Edith Stein esperava reprovações e até ser banida de casa, pois entre os judeus a conversão sempre foi vista com grande severidade, principalmente entre os mais zelosos pela religião, como era a sua piedosa mãe. No entanto, a empatia entre mãe e filha transpareceu no respeito pela religiosidade assumida pela filha, apesar da decepção e do pranto doído, pois a senhora Stein não entendia como sua filha podia conciliar as duas crenças. A recém-convertida, porém, dizia que, ao aderir à fé católica, descobriu o Israel do espírito e conheceu melhor o horizonte do povo de Deus. Sua mãe perscrutava esse mistério ao sondar sua filha em profunda oração e chegou a dizer a uma amiga: "Nunca vi ninguém rezar como Edith. Ela pode até acompanhar as nossas orações com o seu livro". Tratava-se da *Liturgia das Horas*, que contém os textos das Sagradas Escrituras e da Tradição da Igreja Romana.[38]

38 HERBSTRITH, Waltraud (Teresia a Matre Dei). *Edith Stein: Em busca de Dios*. Espanha: Verbo Divino, 1969, p. 87.

Auguste Courant Stein, de certa forma, representa para Edith Stein a tradição hebraica da Primeira Aliança, transmitida não só pela hereditariedade mas, também, por formar seus filhos dentro da espiritualidade israelita, que tem seu ápice na vivência da Lei. A mãe, no judaísmo, tem valor incomensurável no seio famíliar, pois segundo as leis rabínicas o que define se a pessoa é judia ou não é o fato de nascer de mãe judia. Cabe à mãe, também, ser virtuosa no temer a Deus, formando em sua família um povo fiel à lei do Senhor. Com essas responsabilidades se entende o desgosto da senhora Augusta Stein por se dar conta de que seus filhos não abraçaram a piedade judaica, e Edith Stein, sua caçula, nascida num dia sagrado do judaísmo, também se afastou da religião e, quando retoma a espiritualidade, traz a novidade de ter-se tornado cristã. Além dessa situação familiar, a comunidade judaica vivia um momento de esfacelamento, por causa das perseguições nazistas. No decurso da história, a grande preocupação do povo judeu era a questão da própria sobrevivência e essa é agora a dor que ressoava no coração da matriarca, pois mais uma vez a sobrevivência de sua gente, bem como de sua tradição religiosa, estava ameaçada.

Em outubro de 1933, a cristã Edith Stein revela à judia Auguste Courant que está às vésperas de entrar para o Carmelo. Mãe e filha encontram-se face a face, expressando uma para a outra o desafio de manter entre si o amor, bem como a esperança e a fidelidade no Deus da Aliança, que não abandona o seu povo, apesar dos tempos sombrios da história. Entre mãe e filha, apesar da dor da separação geográfica, não se constata a separação espiritual, ambas mantêm uma espécie de aliança, na qual se supera as diferenças de fé pelo trato fraterno e respeito mútuo. No último dia em que mãe e filha estiveram juntas, voltando da sinagoga, elas dialogam e se percebe na fala delas uma apreciação muito positiva do judaísmo e do cristianismo. A filha concorda com sua mãe, afirmando que é possível ser piedoso e judeu ao mesmo tempo. A senhora Stein, por sua vez, disse que não tem nada contra Jesus e admite que ele tenha sido "um homem muito bom".[39]

No dia seguinte, a cristã parte inserindo-se numa comunidade religiosa em Colônia, levando consigo toda a herança das Escrituras. A piedosa judia

39 *Ibidem*, p. 172.

permanece em Breslau, zelando por sua fé, até o momento de sua passagem para a glória definitiva. Alguns amigos da filósofa acharam que a consolariam, insinuando que sua mãe havia se convertido ao catolicismo, um pouco antes de sua morte; Irmã Benedita, porém, respondeu:

> A noticia da conversão de minha mãe é um boato sem fundamento. Ignoro a origem desta notícia. Minha mãe deve ter conservado até o último instante suas convicções religiosas. A fé inabalável que a sustentou em toda a sua vida não lhe poderia faltar no momento da morte. Acho que esta fé fez com que ela triunfasse dos tormentos da agonia e lhe valeu a misericórdia de um Juiz benévolo, ao lado do qual, ela é agora a minha intercessora, para que eu também alcance a meta![40]

Assim, Irmã Teresa Benedita da Cruz reconhece o valor da religião judaica, pois vê no povo judeu o papel específico de guardião da Torá e, ainda, como o único povo estabelecido por Deus, fundado sobre a Aliança, conforme escreve: "Deus deu a todo o povo a Lei, que deve indicar o caminho a cada indivíduo ao longo de sua vida, e Ele a deu a um único povo para que a guarde para todos os outros povos, fazendo-a continuadamente conhecida pela humanidade".[41] Edith Stein deixa claro que o judaísmo é uma realidade presente e contemporânea a todos os povos, em virtude de seu valor social, histórico e principalmente religioso. Todavia, aderir ao cristianismo a fez acreditar que Deus, após chamar, educar e conduzir o povo de Israel, quis suscitar do seio desse povo o Cristo, para que por meio de seus discípulos a Aliança fosse ampliada aos demais povos.

A carmelita insiste que Jesus esteve em comunhão profunda com a fé judaica, sendo fiel às tradições religiosas de seu povo, como a peregrinação a Jerusalém, a fim de participar das festas que se celebravam no Templo. Ainda mais, enfatiza que o Cristo quis a permanência da liturgia de Israel, por isso a liturgia da Igreja conserva as antigas orações de bênção recitadas para o pão e

40 STEIN, Edith. "Escritos autobiográficos y cartas". *In*: URKIZA, Julien; SANCHO, Francisco Javier (Orgs.). *Obras Completas*. Burgos: Monte Carmelo, 2002, p. 1185, vol. I.

41 RASTOUIN, Cécile. *La fidélité d'Edith Stein au peuple juif*. Sources Vives: [s. ed.], p. 106-107.

o vinho em suas celebrações eucarísticas. Por meio desse ato litúrgico se evoca o cumprimento de uma das mais santas obrigações religiosas judaicas: a solene ceia da Páscoa, que comemora a libertação da servidão do Egito e para os cristãos a ressurreição e a vida eterna. Assim, em Edith Stein se evidencia a fé na Aliança continuada e renovada por Jesus Cristo.

> Na Ceia se realiza o enxerto do sarmento no tronco, que torna possível a efusão do Espírito. As antigas orações de bênção se tornaram, na boca de Jesus, palavras criadoras de vida. Os frutos da terra se tornaram sua carne e seu sangue, repletos de sua vida. A criação visível, na qual ele se inserira, por sua Encarnação, está agora a ele ligada de modo novo e misterioso.[42]

Com o Concílio Vaticano II, a teologia católica fez uma revisão de seu relacionamento com as grandes tradições religiosas não cristãs e no Decreto *Optatam Totius* 16 – Sobre a formação sacerdotal – pontuou que os candidatos ao presbiterato tomassem conhecimento das diversas religiões, a fim de conhecer o que de bom e de verdadeiro existem nelas. Já na Constituição Pastoral *Gaudium et Spes* 92 – Sobre a Igreja no mundo atual – afirmou a importância das religiões que guardam nas suas tradições preciosos elementos religiosos e humanos, impulsionados pelo Espírito que suscita o diálogo e a fraternidade universal. Isto porque no Concílio de Florença, ocorrido entre 1438-1442, a concepção era de que a Nova Aliança havia suplantado a Antiga e aqueles que estivessem fora da Igreja Católica estariam condenados ao "fogo eterno". Esse Concílio mencionava explicitamente os judeus, e afirmava que todos "podiam alcançar a salvação eterna", desde que aderissem a Cristo.[43]

A mudança na teologia da Igreja Católica Apostólica Romana vem se evidenciando por suas novas posturas em meio ao pluralismo religioso, por exemplo, em relação às religiões não cristãs, os Padres do Concílio Vaticano II afirmam a existência de "germes de contemplação" (*AG* 18), "elementos

42 STEIN, Edith. *A oração da Igreja.* Rio de Janeiro: Agir, 1958, p. 23-25.

43 DENZINGER, H; HÜNERMANN, P. *Compêndio dos símbolos, definições e declarações de fé e moral.* São Paulo: Loyola/Paulinas, 2007, p. 372. Concile de Florence (*oecum.* XVII), 26 fev. 1439 – out. 1445; sous Eugene IV; Bulle d'union des Coptes et des Ethiopiens, "Cantate Domino", 4 fev. 1442 (1441 dans le style de Florence). Nº 1351.

de verdade e de graça" (*AG* 9), "sementes do Verbo" (*AG* 11, 15), "raios da verdade que ilumina a todos os homens" (*NA* 2). Esses valores estão presentes nas grandes tradições religiosas e merecem a atenção e a estima dos cristãos, e o seu patrimônio espiritual é um eficaz convite ao diálogo (cf. *NA* 2.3; *AG* 11). Em relação ao judaísmo, no documento conciliar *Nostrae Aetate n. 4*, a Igreja Romana declarou que Deus estabeleceu uma Aliança com o Povo de Israel e esta Aliança é irrevogável.

O cristianismo herdou a Revelação do Antigo Testamento e se alimenta da "raiz boa da oliveira, em que as nações foram enxertadas, como ramo adventício". A reflexão ganha ainda mais consistência quando a Igreja reconhece que os primórdios de sua profissão de fé e de sua eleição já se encontram nos Patriarcas, em Moisés e nos Profetas. Na *Constituição dogmática, sobre a Igreja no Mundo Moderno, Gaudium et Spes n. 22*, é dito explicitamente como a Teologia Romana concebe a salvação para os não cristãos: "Com efeito, já que por todos morreu Cristo (*GS n. 32*), e a vocação última de todos os homens é realmente uma só, a saber, a divina, devemos manter que o Espírito Santo a todos dá a possibilidade de se associarem a este mistério pascal por um modo só por Deus conhecido."

Em consonância com o Concílio Vaticano II, em 1980, o Papa João Paulo II afirmou, num discurso na Alemanha, que a Antiga Aliança jamais foi revogada.[44] A declaração do sumo pontíficie da Igreja Romana tinha a intenção de romper definitivamente com a visão equivocada do caráter obsoleto dessa Primeira Aliança, após a instituição da Nova Aliança, por Jesus Cristo. Ele insistiu, ao longo de seu pontificado, que o povo judeu é o povo escolhido e amado por Deus, o povo da Aliança, com quem Deus na sua fidelidade nunca rompeu, e que é sempre válida. O teólogo e exegeta Norbert Lohfink, em sua obra *L'alleanza mai revoccata*, mostrou de forma exegética que, para São Paulo, Israel continuava a ser o povo eleito. Ao falar de "Antiga Aliança", na *Segunda Carta aos Coríntios* (2 Cor. 3:14), não diz que a Aliança fora abolida, mas que fora "desvelada pela nova". Lohfink fala de uma única Aliança, mas acrescenta que esta

44 LECOMTE, Bernard. *João Paulo II.* Rio de Janeiro: Record, 2005, p. 563. Discurso ocorrido no dia 17 de novembro de 1980, em Mogúncia, na primeira viagem do Papa João Paulo II à Alemanha.

tem um dúplice caminho de salvação, ou seja, "uma única Aliança, já que não existe mais que um desígnio de Deus para a humanidade, e dois caminhos para judeus e cristãos". A reflexão do teólogo J. Dupuis segue neste mesmo raciocínio, afirmando que existe "uma só Aliança e duas vias interconexas no interior de um único e orgânico desígnio de salvação", que em Jesus Cristo alcança sua realização escatológica, porém este evento-Cristo "não existe sem Israel ou dele fazendo abstração". O jesuíta prossegue dizendo não ser correto afirmar que um "novo" povo vem substituir o Povo de Deus, a partir de então considerado "antigo", mas o que ocorre é "uma expansão até os confins do mundo do único povo de Deus, cuja eleição de Israel e a Aliança com Moisés foram e permanecem 'a raiz e a fonte, o fundamento e a promessa'".

O pensamento de Edith Stein, conforme atesta a sua obra *A oração da Igreja*, se alinha à corrente de biblistas e teólogos que reconheceram na vida de Jesus uma profunda comunhão com a comunidade judaica de seu tempo. Isto é evidenciado no ritual judaico assumido e ressignificado pelos cristãos, como narra a autora: "Pela última ceia do Senhor Jesus, a ceia Pascal da Antiga Aliança converteu-se na Páscoa da Nova Aliança". O teólogo John Pawlikowski, em palestra proferida na Congregação Israelita Paulista, afirma que do reconhecimento da pertença de Jesus ao universo judaico surgiram duas abordagens acerca da Aliança, com o intuito de promover a compreensão e o aprimoramento do relacionamento entre cristãos e judeus.[45] A primeira abordagem é chamada de teoria da "Aliança única", na qual se sustenta que judeus e cristãos pertencem à tradição de uma única Aliança, iniciada no Sinai e propagada aos demais povos graças à mensagem de Cristo. Já a outra abordagem, conhecida por "Aliança dupla", inicia-se no mesmo ponto da Aliança única, enfatizando o forte laço existente entre cristãos e judeus; contudo, sinaliza a distinção entre as duas tradições e comunidades, devido às experiências após a separação entre Igreja e Sinagoga, bem como a renovação no seio dessas duas comunidades. John Pawlikowski informa que existem muitos teólogos insatisfeitos com ambas as teorias, alegando que o judaísmo do primeiro século

---

45 BIZON, J. (Org.). *Diálogo católico-judaico no Brasil: Comissão Nacional de Diálogo Religioso Católico Judaico*. São Paulo: Loyola, 2005, p. 83-95. Rosemary Radford Ruether e Paul Knitter argumentam, defendendo a existência de Alianças múltiplas.

vivenciou um momento muito conturbado, tendo grupos diversos no seio de Israel, com visões e ideologias que desafiavam o judaísmo tradicional. Esses teólogos alegam que a interpretação da Aliança única, enraizada numa contínua e linear compreensão do judaísmo, esbarra no problema histórico de saber: o cristianismo estaria vinculado à qual corrente judaica? Ainda, uma outra abordagem de estudos aponta para a dificuldade em esclarecer *quando* e *como* se deu a separação da Igreja e da Sinagoga. Sabe-se que formalmente o Concílio de Jerusalém (At. 15: 5-21), que acolheu os povos gentios no seio da comunidade cristã, dispensando-os das práticas judaicas, e o Sínodo de Jâmnia (90--95 d. C.), que em meio as suas decisões, excluiu os cristãos da comunidade judaica, resolveram a questão demarcando o espaço de cada grupo religioso.

Entretanto, Pawlikowski afirma que os vínculos afetivos entre as duas comunidades não foram rompidos, conforme atestam alguns estudiosos cristãos e judeus, como Robert Wilker, Wayne Meeks, Alan Segal e Anthony Saldarini, que descobriram laços ininterruptos entre judeus e cristãos no Ocidente, nos séculos II, III e mesmo no século IV. Essa descoberta traz à luz a informação de que os cristãos acreditavam que sua aceitação de Jesus não diminuía a importância na participação da celebração do *Shabbat* e da parte dos judeus havia o reconhecimento de que os seguidores de Jesus pertenciam à comunidade judaica.[46] O teólogo prossegue a reflexão dizendo que existem esforços para descrever o relacionamento entre judaísmo e cristianismo numa linguagem "mãe/filha" ou "irmão mais velho/irmão mais novo", ou mesmo em termos de Aliança "única/dupla".

Os estudiosos judeus Alan Segal e Hayum Perelmuter propõem a noção de "irmãos", cuja imagem retrata as duas novas comunidades – judaísmo rabínico e igreja cristã – resultantes da revolução que aconteceu no judaísmo após a destruição do Segundo Templo, no ano 70 d. C.[47] Esse modelo tem o mérito de acentuar os laços contínuos entre os "irmãos", que permanecem sempre ligados, não importando o quão diferentes possam se tornar. O Papa

46 BIZON, J. (Org.). *Diálogo católico-judaico no Brasil: Comissão Nacional de Diálogo Religioso Católico Judaico*. São Paulo: Loyola, 2005, p. 90-91.

47 *Ibidem*, p. 91-92.

Bento XVI (2005-2013), que em seu pontificado deu continuidade ao fortalecimento do diálogo inter-religioso, compartilhava desse modelo. Na missa de inauguração de seu pontificado, dirigiu-se aos judeus com estas palavras: "Saúdo a Vós, meus irmãos e irmãs do povo judaico, com quem somos unidos por uma grande herança espiritual compartilhada, enraizada nas promessas irrevogáveis de Deus". Em seguida, ao dizer que a vontade de Deus representa a liberdade humana, acrescentou: "Saber o que Deus quer, saber onde está o caminho da vida, essa foi a alegria de Israel, esse foi o seu grande privilégio". Num telegrama datado de 29 de setembro de 2011, o Papa Bento XVI fez a seguinte saudação ao Rabino-chefe de Roma, Dr. Riccardo Di Segni:

> Pela ocasião do Rosh Ha-Shanah, do Yom Kippur e do Sukkot, eu desejo estender minhas mais cordiais saudações e sinceros votos a você, estimado Dr. Riccardo Di Segni, e à comunidade judaica inteira de Roma, de forma que esses importantes feriados possam ser uma oportunidade para muitas bençãos do Eterno e fonte de infinitas graças. Possa a disposição crescer dentro de nós para promover a paz e a justiça no mundo, a qual tem grande necessidade de testemunhas autênticas para a verdade. Possa Deus, em sua bondade, proteger a comunidade judaica e possa ele conceder profunda amizade entre nós nessa cidade de Roma e por todo o mundo.[48]

O caminho percorrido por judeus e cristãos, após o Concílio Vaticano II, tem sido de respeito por aquilo que é sagrado nas duas tradições religiosas, por meio da busca da fraternidade dialogal. Nesse sentido, aconteceu, no Vaticano, em outubro de 2008, o Sínodo da Bíblia, que contou com a participação de exegetas e teólogos cristãos e judeus com a finalidade de estudar o Primeiro Testamento à luz da interpretação judaica. Isso porque o povo que primeiro recebeu a revelação da Palavra de Deus tinha longa experiência de perscrutá-la, experimentando o que ela pode significar em suas vidas. O teólogo Carlos Mesters, em entrevista à equipe de Teologia Pública do Instituto Humanitas Unisinos (IHU), deixa o seguinte depoimento:

---

48 *L' Osservatore Romano*, Cidade do Vaticano, 05 de outubro de 2011. Diretor Responsável: Giovanni Maria Vian, p. 3.

> Quanto à presença do Rabino chefe de Haifa, Shear-Yashuv Cohen, ela é muito significativa e muito importante nos nossos dias. Ela nos ajuda a recuperar a memória. Não podemos esquecer nunca que Jesus era judeu, nasceu judeu, viveu como judeu e morreu como judeu. Todo o Novo Testamento é uma interpretação do Antigo Testamento à luz de Jesus. Temos muito a aprender uns dos outros. No passado, essa perda de memória, a respeito da nossa origem, nos levou a erros e crimes ao longo dos séculos. Recuperar a memória significa recuperar nossa identidade através do diálogo com nossos irmãos judeus. Em mim nasce o desejo de que, um dia, possa fazer o mesmo com nossos irmãos muçulmanos. Judeus, cristãos e muçulmanos, somos irmãos, filhos do mesmo Pai Abraão.

Retomando a passagem histórica do diálogo entre a cristã Edith Stein e sua mãe, quando retornavam da sinagoga, percebe-se que as duas têm como referencial básico a sinagoga, enquanto espaço comunitário de celebração e memória da Aliança. Esse fato remete a narração de Lucas nos *Atos dos Apóstolos*, informando que os discípulos de Jesus continuavam frequentando a sinagoga e o templo após a ressurreição de seu Mestre. (At. 3: 1-10). Ao ser questionada pela senhora Auguste Courant sobre a possibilidade de ser piedosa na religião judaica, a filha responde que sim, mas acrescenta: "a não ser que se tenha conhecimento de outra coisa". O verbo "conhecer" na Bíblia significa adentrar no mistério da experiência e aderi-la, como ocorreu com a filósofa que, em sua busca constante do saber, experienciou o mistério do amor de Cristo e a ele aderiu. Esse evento a fez retomar o seu judaísmo com um olhar cristão.

Stein compreendia que deveria estar em comunhão com sua mãe e participar da realidade social de sua família. Independentemente da profissão de fé, a filósofa enxergava "sua mãe como o centro de gravidade de sua vida; viver para ela sempre ocupava o primeiro lugar". No ato de sua adesão ao cristianismo, Edith Stein percebeu que a senhora Auguste Courant não só simbolizava, mas era a própria vinculação dela com o povo eleito, o que a fez intensificar o seu comprometimento a sua mãe e a seu povo. Para o judeu, em virtude de sua diáspora, é necessário e vital a vinculação à sua comunidade, como estratégia de sobrevivência e manutenção da sua fé, pois o centro da religião judaica foi sempre o mesmo: "O Eterno é o Deus de Israel e Israel é seu povo" (Dt. 6: 4ss). No meio secularizado em que viveu a filósofa, ela teve contato com muitas teorias e crenças, mas jamais perdeu a empatia por sua mãe e, por meio dela, pelo Povo de Israel. O fato de se deparar com o mistério de Jesus de Nazaré fez com que Stein se comprometesse com os valores do evangelho e, consequentemente, abraçasse o mandamento novo, que é uma magnífica síntese das leis judaicas: "Eis que eu vos dou um novo mandamento: Que vos ameis uns aos outros, assim como eu vos amei" (Jo. 13: 34).

A escolha de Edith Stein pela vida religiosa carmelita lhe trouxe várias alegrias, dentre elas a de saber que a Ordem do Carmo se inspirava no profeta Elias que, no Monte Carmelo, teve uma experiência profunda de Deus. Este profeta é reconhecido como guardião da Aliança de Israel com Deus e no Monte Carmelo enfrentou os profetas de Baal, comprovando diante do povo a quem realmente o povo devia se voltar de todo o coração. Ali, ele preparou sobre o altar a sua oferta de sacrifício em honra ao Deus que não falha e que não deixa a palavra do profeta cair por terra, conforme *1 Reis* 18: 33.

No Carmelo, Edith Stein se insere no ideal primitivo da Ordem, no qual o carmelita se torna sucessor dos profetas como testemunha da vocação de Israel ao deserto, para o encontro com Deus e, posteriormente, para testemunhá-lo diante das pessoas. O apostolado carmelita, inicialmente, tinha por objetivo ser uma "escola de profetas", calcada na contemplação. Todavia, em virtude da necessidade dos carmelitas migrarem para a Europa, as gerações posteriores se depararam com a falta de clareza acerca do apostolado, a ponto de Santo Tomás de Aquino, no século XIII, afirmar que um apostolado de pregação da doutrina do Evangelho se tornava a consequência normal da perfeita contemplação. Entretanto, na Ordem do Carmo a divergência acerca de sua missão continuou, com uma ala de carmelitas querendo retornar à vida eremítica e outra desejosa de continuar o apostolado nas cidades, trabalhando ativamente no meio do povo. Nesse contexto, desponta Santa Teresa de Ávila afirmando que aquelas que são chamadas ao Carmelo devem viver mergulhadas na oração e na contemplação; ao mesmo tempo, ela entende que as orações das monjas tinham finalidade apostólica. No ramo masculino da Ordem, o discípulo de Teresa de Ávila, São João da Cruz, adota uma posição equilibrada, favorável à combinação da solidão e da contemplação com a pregação e a direção espiritual das pessoas. Esses dois místicos promoveram a reforma da Ordem carmelita, fundando a Ordem dos Carmelitas Descalços em seus ramos feminino e masculino.

Edith Stein vive em radicalidade a proposta dos reformadores do Carmelo, abraçando os princípios da comunidade religiosa, como a soledade, a oração, o trabalho manual e, quando as suas superioras lhe solicitaram, passou a atender as pessoas da sociedade que acorriam ao Carmelo para um colóquio espiritual e, também, por meio de suas correspondências e obras intelectuais. Na Irmã Benedita da Cruz se percebe o ideal primitivo dos carmelitas, aplicado à realidade de seu tempo. Através da experiência mística contempla a vontade de Deus, que a faz viver como profeta, dando testemunho na vida religiosa e na sociedade, por meio de um apostolado que conduz à caridade. É nessa perspectiva que a filósofa escreve à Irmã Adelgundes: "Os serviços de caridade fraterna, eu vo-los prestarei agora de uma maneira diferente e toda silenciosa, porém, penso que vos ajudarei mais do que por palavras".[49]

Desde sua conversão, o centro da vida de Edith Stein se deslocou para a Eucaristia, memorial da Paixão, Morte e Ressurreição de Jesus pela redenção da humanidade, conforme narração de *Mateus* 26: 26-28:

> Enquanto comiam, Jesus tomou um pão e, depois de pronunciar a bênção, partiu-o e deu-o aos seus discípulos, dizendo: Tomai, comei; Isto é o meu corpo. Em seguida, tomou um cálice e, dando graças, deu-o a eles dizendo: Bebei dele todos. Porque este é o meu sangue, sangue da Aliança, que vai ser derramado por muitos, para perdão dos pecados.[50]

Irmã Teresa Benedita considera o contínuo sacrifício do Cristo: da Ceia Sagrada, passando pelo Calvário e presente em cada missa, como sendo uma

---

49 HERBSTRITH, Waltraud. *Edith Stein: A loucura da cruz.* Paris: Editions du Signe, 1998, p. 29. Irmã Adelgundis Jaegerschmid foi amiga e discípula de Edmund Husserl e de Edith Stein.

50 Esse texto encontra similaridade em Mc. 14: 22-25; Lc. 22: 14-20; Jo. 6: 51-59; 1 Cor. 11: 23-27.

só e grande ação de graças, a Eucaristia, na qual Cristo ofereceu a si mesmo pela redenção de toda a criação. A filósofa acrescenta, em sua obra *A Oração da Igreja*, que Cristo chama todo o mundo criado para, em união com Ele, dar as graças devidas ao Criador. Em seguida, a autora informa que os hebreus na antiguidade tinham certa compreensão desse caráter eucarístico da oração, pois a Tenda da Aliança e, mais tarde, o Templo de Salomão, foram considerados como a imagem de toda criação, unida na adoração e no culto ao seu Senhor.

Nas Escrituras Hebraicas surge, pela profecia de Jeremias, a promessa de uma nova Aliança: "Eu farei com a casa de Israel e com a casa de Judá uma Nova Aliança; não como a Aliança que pactuei com os seus pais, quando os libertei do Egito" (Jr. 31: 31-32). Nessa perspectiva, Paulo, em 1 Cor. 11: 25, fala de uma "Nova Aliança", fundada na morte e ressurreição de Jesus Cristo, acreditando que o Messias prometido cumpre todas as profecias ao inaugurar uma comunhão perene do ser humano com Deus. Paulo compartilha da espiritualidade profética e escreve que a "Nova Aliança" foi feita realidade em Cristo. Não está no horizonte do Apóstolo dos Gentios dizer que a Aliança que Deus fizera com os hebreus – como se interpretou posteriormente a fatal teoria cristã da substituição, que supunha que Israel, tendo falhado com Deus – seria substituída pela Igreja. Paulo fala, inclusive, em *Efésios* 2: 1 e *Romanos* 11: 17-18 que a Igreja não substituiu a Israel, mas a ampliou, conservando a sua Aliança (Rm. 11: 26-27).

A partir do capítulo 12 dos *Atos dos Apóstolos*, Lucas narra a missão de Paulo junto aos povos estrangeiros e a adesão de muitos ao evangelho, o que com o tempo fará com que o centro geográfico do cristianismo se mude de Jerusalém para Roma. Em várias passagens de suas epístolas, Paulo fala de sua adesão ao grupo dos que seguiam o "Caminho" e afirma em *Filipenses* 3: 7: "as coisas que eram vantagens para mim, considerei-as como perda, por causa de Cristo". Essas vantagens consistiam na adesão total, completa, à Lei Mosaica, a ponto de considerá-la condição do próprio fato de ser justo diante de Deus. Ao tomar conhecimento do mistério de Cristo, Paulo transformou essa radicalidade em ardor missionário, conservando, porém, Israel como seu contínuo ponto de referência. Prova disso é o que está na *Carta aos Romanos*: "os gentios são enxertados em Israel; a planta é santa se a raiz é santa" (cf.

Rm. 11: 16ss). Dessa forma, o privilégio do Apóstolo foi não desvincular o evangelho de Israel, mas abrir a todas as pessoas, fora de Israel, as características que são próprias de Israel, ou seja, o fato de passar a pertencer ao povo de Deus, o Povo da Aliança, na medida em que aderem à mensagem de Cristo, conforme escreve: "E se vós sois de Cristo, então sois da descendência de Abraão, herdeiros segundo a promessa" (Gl. 3: 29). Assim, Paulo mantém a convicção de que as antigas "prescrições da Aliança" seguem vigentes, ou seja, existe um único Deus e também um único plano salvífico, do qual a monja carmelita comunga através de sua adesão a Jesus que, para ela, conduz as pessoas a viverem plenamente a Lei Mosaica, com o mandamento do amor cumprindo de forma ímpar as profecias.

A fim de concluir a reflexão sobre a Aliança, tendo como representantes das tradições judaica e cristã Auguste Courant e Edith Stein, é oportuno citar e interpretar o filme *A Sétima Morada*, de Marta Meszaros, lançado em 1996, na Polônia, porque a obra retrata a singularidade do amor e da união entre a monja carmelita e sua mãe judia, que mesmo distantes pelo espaço e pelo tempo estavam unidas pela empatia espiritual.[51] No filme, o judaísmo se faz presente de diversas formas, mas acima de tudo na oração e na figura materna, evidente na forte relação entre mãe e filha. A presença da Sra. Auguste perfaz a trajetória do filme, acompanhando Edith Stein de Breslau até sua subida ao calvário de Auschwitz. As cenas se entrelaçam focalizando as "moradas" de Stein, nas quais há um paralelo da mentalidade judaica no mundo católico. Inicialmente, insinua-se o seu batismo, mas sem os ritos deste sacramento (capela – sinagoga), no cemitério reza como judia e deposita, conforme costume judaico, a pedra sobre o túmulo de seu pai, nisso sua mãe aparece e a cristã lhe explica que se converteu por amor a Jesus, que é judeu. Em seguida, seguem para um local com uma parede semelhante ao Muro das Lamentações, onde mãe e filha rezam juntas. No Carmelo, junto com sua irmã Rosa Stein, também fará suas orações à maneira judaica.

Meszaros destaca que sua protagonista tinha namorado e pretendia se casar, porém renunciou ao que é próprio de uma judia, casar e ter filhos, por se

51 *A SÉTIMA MORADA*. Márta Mészáros. Polônia, 1995. DVD.

sentir impelida a se tornar uma monja carmelita. Ainda em Breslau, a filósofa ensina a sobrinha o que é fenomenologia, e, na despedida desta, que segue com seus pais para a América, a tia toma a menina no colo, acalentando-a. A ideia de que ela precisa ser mãe se perfaz no Carmelo, acolhendo maternalmente e orientando uma noviça que, às vésperas de professar os Votos Religiosos, se encontra duvidosa acerca do seu futuro. Neste momento do filme se desvela o porquê do título adotado para o longa-metragem. Trata-se da imagem do castelo interior, usada por Teresa de Ávila para demonstrar que a felicidade está dentro de cada ser humano e não pode ser encontrada em nenhum outro lugar, visto ser um estado de consciência, cujo aflorar demanda o autoconhecimento. Depois de explanar sobre "as moradas do Castelo interior", Stein diz à noviça para respeitar suas dúvidas e, se realmente deseja, deve buscar a felicidade se casando e se realizando como mãe. A jovem segue o seu caminho, deixando o Carmelo e, passado algum tempo, retorna para visitar Irmã Benedita. Conta com satisfação acerca de seu casamento e lhe apresenta o filho, que encanta a monja a ponto de ela manifestar o desejo de segurar a criança em seu colo e a jovem mãe lhe concede. O filme ainda destaca o quanto a filósofa almejava receber uma correspondência de sua mãe, porém, somente chegou a notícia da doença e morte da Sra. Auguste, que a fez se resignar por não poder ampará-la. Todavia, o filme mostra que ainda que Irmã Benedita não possa ter dado assistência à sua mãe, no Carmelo, teve a oportunidade de acompanhar uma carmelita já idosa, que veio a falecer em seus braços.

Por fim, no trem a caminho do campo de concentração, explicitamente a monja carmelita assume as crianças judias e lhes diz: "Eu serei a mãe de vocês". Uma menina responde que ela era freira e não poderia ter filhos. Edith Stein afirma: "Mas eu também tive uma mãe". Na viagem para o Leste, ao passar por Breslau, Rosa expressa afeição por sua genitora, exclamando: "se pudéssemos descer e voltar para mamãe". Em Auschwitz, a carmelita segura no colo uma menina que reclama ter perdido a sua boneca, então a monja se arrasta pelo lamaçal do campo de concentração para encontrá-la. Nesse momento, entende a lógica da fila, organizada pelos nazistas, e raciocina sobre a divisão de quem era colocado na fileira para a morte e quem deveria sobreviver. A personagem principal exclama: "a menina deve viver" e coloca-se à frente dela, para que, sendo encaminhada para a morte, a menina seja poupada. Na cena final, para além da câmera de gás, descortina-se o reencontro de Auguste Courant e Edith Stein, numa acolhida graciosa, em que a filha cristã é abraçada e encontra repouso no seio da amada mãe judia. Nessa cena, Meszaros remete o espectador a recordar uma das mais belas obras de arte, a Pietà de Michelangelo: Nossa Senhora segurando Jesus, depois que ele é retirado da cruz sem vida.

Dessa forma, pode-se interpretar que as Moradas do Castelo Interior e a Tradição Judaica caminham juntas, não havendo incompatibilidade entre elas, isto é, quanto mais Stein se aprofunda no conhecimento de Deus, por meio das Moradas, mais judia se torna, em virtude de sua empatia com o profeta Elias, escolhido simbolicamente como fundador dos carmelitas. A Sétima Morada é o encontro definitivo com Deus, mas no longa-metragem a cena final retrata Edith Stein despida de todos os hábitos religiosos e envolta em sua profunda humanidade criada por Deus, no colo de sua mãe, que numa leitura cristã representaria a Bem-aventurada Virgem do Monte Carmelo que, mais do que Elias, encarna a perfeição do ideal carmelitano.[52] Logo, a luminosidade que envolve mãe e filha acenam para algo que está além das concepções humanas.

Em uma metáfora do relacionamento entre judaísmo e cristianismo, a partir da empatia entre Auguste Courant e Edith Stein, o modelo de vivência da Aliança, entre essas duas tradições religiosas, se adequa a uma linguagem "mãe/filha". Entretanto, a proposta do diálogo judaico-cristão, no século XXI, deve ser de uma Aliança de "irmãos", em virtude do reconhecimento das profundas transformações vividas por essas duas tradições no transcorrer do tempo. De fato, o desejo de viver a fidelidade à Aliança está no coração do Povo de Israel e, também, no coração dos Cristãos, por isso a necessidade do reconhecimento de que cada religião se esforça para viver a Aliança da forma mais coerente possível. Nesse sentido, judeus e cristãos devem dialogar na fraternidade, conscientes de que uma tradição religiosa não é superior à outra e que deve existir sim um senso de profunda gratidão entre elas, em virtude dos estreitos laços que as unem.

52 MERTON, *op. cit.*, p. 248.

6. "Sede santos, porque Eu sou santo, Eu o Eterno vosso Deus"

Edith Stein, em sua autobiografia, informa que, em sua infância e pré-adolescência, vivenciou profundamente a religião judaica. Sua família, como já se sabe, vem de uma tradição judaica bastante piedosa, por isso as festas religiosas eram celebradas segundo os preceitos da Torá.[53] É nesse contexto celebrativo que cada membro do povo era convidado a renovar a fidelidade à Aliança, contribuindo, assim, na edificação de uma *nação santa*, o que implicava o comprometimento a viver com dignidade a eleição divina, conforme *Êxodo* 24: 7: *Moisés tomou o livro da Aliança e o leu ao povo, que respondeu: "Faremos tudo o que o Senhor disse, e seremos obedientes"*. Na personalidade de Stein se percebe que ela assimilou e viveu profundamente a eleição, como membro do Povo de Israel, pela retidão ética no campo familiar e profissional, e se tornou digna da veneração dos católicos graças às suas virtudes e ao testemunho que deixou para a sociedade.

A espiritualidade bíblica esclarece que Deus, em sua profunda benevolência, cria o ser humano livre e, ao longo de sua vida, o incita a se libertar dos condicionamentos culturais da sociedade para fazer escolhas plausíveis diante da realidade que o afeta. Deus é uma realidade espiritual que permeia a vida humana, buscando cativar o ser humano para que este, em sua liberdade, opte por Ele. Por meio dessa escolha, Deus quer realizar o seu plano de amor, que é conquistar toda a humanidade para que esta desfrute das bem-aventuranças proclamadas pelo Cristo e anunciada pelos profetas. Neste sentido, Jesus convida os seus discípulos a seguirem-no, mas não os obriga e, em determinado momento, afirma que os seus discípulos não são servos, e sim amigos. Paulo, em suas epístolas, explicita que não há escravidão e nem obrigação em servir a Deus, mas gratuidade. Assim, tanto na Escritura Hebraica, quanto na Cristã,

53 STEIN, Edith. "Escritos autobiográficos y cartas". *In*: URKIZA, Julien; SANCHO, Francisco Javier (Orgs.). *Obras Completas*. Burgos: Monte Carmelo, 2002, p. 200-203, vol. I.

há um espaço total de liberdade para que o ser humano faça sua adesão ao mistério amoroso de Deus e contribua para a edificação de seu Reino.

Entretanto, logo no início do livro de *Gênesis* é narrado o projeto de Deus sendo ofuscado pelo mal uso da liberdade de Adão e Eva (Gn. 3), pela indiferença dos contemporâneos de Noé (Gn. 6: 7) e pela soberba dos que queriam alcançar o céu por meio da Torre de Babel (Gn. 11: 1-9). Apesar dessas experiências frustrantes, Deus insiste em contar com a ajuda do ser humano para desvelar o seu projeto ao mundo, por isso escolhe o povo de Israel para iluminar as nações no caminho para a eternidade. Embora os israelitas tenham se sentido privilegiados com essa eleição, ao longo do tempo acabaram sendo infiéis à Aliança. Houve, também, a má compreensão de que a pertença ao povo eleito fosse a garantia de salvação, logo, entendiam a eleição como vantagem e se achavam dispensados de viver a radicalidade da lei.

Regina Azria, em seu livro *O Judaísmo*, informa que a promessa feita por Deus aos hebreus de ser "um reino de sacerdotes e uma nação santa" (Êx. 19: 6) origina-se de uma condição: "Se sois dóceis à minha voz, se guardais minha Aliança, sereis meu tesouro entre todos os povos" (Êx. 19: 5). Em seguida, esclarece que "a santidade, isto é, a consagração de Israel, não é acessível senão pelo respeito à ética e pela observância das prescrições particulares". Azria continua o comentário dizendo que, segundo a tradição judaica, a Torá (lei escrita) foi entregue a Moisés juntamente com o seu comentário (lei oral). Os 613 mandamentos transmitidos oralmente por Deus a Moisés constituem os termos da Aliança que têm por finalidade fazer com que os israelitas ascendam à santidade. A partir da ordem precisa e formal de *Levíticos* 19: 2: "Sede santos, porque eu sou santo, eu, o Eterno Vosso Deus", a santidade se tornou o ideal ao qual o hebreu e posteriormente o judeu almeja. Para se atingir a santidade é necessário cumprir a Lei e observar os mandamentos, pois eles auxiliam o ser humano a dominar seus instintos, a controlar seus sentidos e a separar-se da natureza animal. O caminho da santidade tem dois princípios que orientam aquele que o busca: o princípio da justiça, originário do direito, e da misericórdia, originário da caridade.[54]

54 AZRIA, Régine. *O judaísmo.* Bauru: Edusc, 2000, p. 23-37.

Na vida de Edith Stein se encontra a docilidade de uma mulher, que com sua empatia, soube conviver e se relacionar com pessoas distintas de várias nações, com um profundo zelo pela preservação e promoção da dignidade humana. Em Edith Stein se contempla uma busca incessante pelo cumprimento do princípio da justiça e da misericórdia, conforme se pode observar em suas obras e nas biografias de sua pessoa. Os princípios éticos, recebidos na infância, motivaram a jovem estudante de filosofia a prestar serviço aos mais carentes e debilitados, como se deu na Primeira Guerra Mundial, quando trabalhou como enfermeira pela Cruz Vermelha, num hospital de doenças contagiosas em Mährisch-Weisskirchen. Em 1918 Stein se filia ao recém-fundado Partido Democrático Alemão e passa a se engajar pela igualdade social dos cidadãos, lutando pelo direito das mulheres poderem votar.

Além da espiritualidade intelectual, já que por muito tempo a busca pela verdade era a sua oração contínua, Stein também foi gradualmente sendo despertada para a espiritualidade religiosa. Muito lhe chamou a atenção a postura de Anna Reinach, que diante da morte do marido encontrou consolação na fé cristã da ressurreição. Encontrar sua amiga assim tão serena, fez com que Edith Stein entendesse como o ser humano pode se unir a Deus de diversas maneiras, e uma delas é através da Paixão de Cristo; por isso, ela exclamou que a dor existente em seu coração pela morte do amigo filósofo se transformou pelo testemunho de fé da viúva. Com Anna Reinach, Edith Stein entendeu que da cruz emana uma força e uma luz que norteiam o discípulo de Cristo rumo à vida eterna.

A configuração a Cristo, ensina a doutrina da Igreja Católica Romana, é o caminho da santidade, pois Jesus, como bom judeu, priorizou sempre fazer a vontade divina. A história narra que os discípulos de Cristo o seguem, procurando dar testemunho da verdade evangélica no universo cultural em que se encontram e fazem isso até com sua própria vida. No Concílio Vaticano II (1962-65), a reflexão teológica acerca da santidade é atualizada com o documento *Lumen Gentium*, que recupera a noção de santidade, mais próxima do sentido original das Escrituras: "Todos os fiéis cristãos são, pois, convidados e obrigados a procurar a santidade e a perfeição do próprio estado" (LG 41). Essas palavras do documento conciliar mostram que a santidade não é, como se pensava antes, um caminho para poucos "eleitos" de Deus, mas um caminho para "todos" os cristãos, isto é, todos os batizados, sem exceção, são chamados à santidade. "Eles são justificados no Senhor Jesus, porquanto pelo batismo da fé se tornaram verdadeiramente filhos de Deus e participantes da natureza divina e, portanto, realmente santos" (LG 40).

Pode-se afirmar, então, que a santidade cristã tem como principais características humanizar e cristificar quem a busca, por meio do serviço dadivoso oferecido ao próximo. Logo, o autêntico discípulo de Cristo deve ser profundamente humano, aberto, solidário e amoroso com o seu semelhante, bem como com a natureza que o envolve. Tanto antes como depois de sua conversão, Edith Stein vivencia esses valores, haja vista que o seu labor esteve a serviço da humanização da sociedade numa realidade bastante cruenta. Nesse ambiente a filósofa semeou a fraternidade, edificando as pessoas ao seu redor, por meio da empatia, e, quando se retirou para o Carmelo, afirmou não estar saindo do mundo – mas, ao contrário – se oferecia em sacrifício expiatório pela redenção das pessoas, através de sua intimidade com o mistério de Deus.

No decorrer da história da Igreja Romana, constata-se que os cristãos dos primeiros séculos da Era Comum tinham grande apreço pelas pessoas que estiveram mais próximas de Cristo, e acreditavam que venerá-las era uma forma de louvar a Deus, que as suscitou para se tornarem discípulas do Cristo. Destacam-se primeiramente Maria, com seu esposo São José, os pais de Jesus, em seguida, os seus apóstolos e apóstolas, que tendo sido martirizados ou não, se tornaram modelos de heroísmo e merecedores do afeto cultual da comunidade cristã. Paulo de Tarso, em suas epístolas, saúda as comunidades cristãs usando o termo "santo" e lembrando que todos são chamados à santidade. A partir do segundo século, as pessoas virtuosas e os mártires foram tomados como grandes intercessores do povo junto a Cristo, o mártir por excelência. Na Idade Média houve algumas distorções da noção de santidade, que foram corrigidas no Concílio Vaticano II. Em 1983, o Papa João Paulo II, através da *Constituição Divinus Perfectionis Magister*, estabeleceu as normas para a instrução das causas de canonização e para o trabalho da Congregação para as Causas dos Santos. Dessa Constituição pode-se destacar que:

> A Sé Apostólica [...] propõe homens e mulheres que sobressaem pelo fulgor da caridade e de outras virtudes

> evangélicas para que sejam venerados e invocados, declarando-os Santos e Santas em ato solene de canonização, depois de ter realizado as oportunas investigações.[55]

Estas investigações são referentes ao processo realizado pela Igreja Romana para averiguar as razões que despertaram na comunidade católica o anseio em ver determinada pessoa como digna de veneração pelos fiéis. O procedimento oficial demanda a investigação da vida e das virtudes do candidato, e, se este for mártir, o estudo das ocasiões do martírio e da fama de santidade. No início do processo, a pessoa investigada recebe o tratamento de "Servo de Deus", e um postulador da Igreja Romana recolhe informações pormenorizadas de sua vida. As obras que tenham sido publicadas sobre o candidato devem ser examinados por teólogos censores, nada havendo nelas contra a fé e aos bons costumes, passa-se ao exame dos documentos que de alguma forma se refiram à causa. Se ainda assim o bispo considerar que se pode ir em frente, providenciará o interrogatório das testemunhas apresentadas pelo postulador e de outras que achar necessário.

Terminada a fase acima, toda a documentação é enviada para a Congregação da Causa dos Santos, que é composta por peritos em história, teologia e um conselho de médicos. Após o reconhecimento das práticas das virtudes em grau heroico, o Servo de Deus é declarado "Venerável". Se for apresentado algum milagre, este será avaliado por peritos em medicina, independentemente desses professarem uma religião, e submetido a um Congresso especial de teólogos e, por fim, à Congregação dos cardeais e bispos. O milagre deve ser uma cura inexplicável à luz da ciência e da medicina. Comprovado o milagre, o parecer final é comunicado ao Papa, a quem compete o direito de declarar que aquela pessoa venerável é "Beata", ou seja, será beatificada pela Igreja. Caso seja atribuída ao beato mais um milagre, a Igreja o canonizará, declarando aquela pessoa como Santa e digna de ser elevada aos altares e receber a mesma veneração em todo o mundo.[56]

---

55 IOANNES PAULI PP. Const. Apost. *Divinus Perfectionis Magister: Sobre a nova legislação relativa às causas dos Santos*, 25 de janeiro de 1983.

56 *Ibidem*, n. 15.

Em 1962, a Ordem dos Carmelitas Descalços solicitou à Sé Romana a abertura do processo de beatificação de Edith Stein. Dez anos mais tarde foi encerrado o processo diocesano e os documentos foram enviados a Roma. No início dos anos 80, no Capítulo Geral dos Carmelitas Descalços, os religiosos apresentaram um pedido ao Papa João Paulo II, em nome de todas as províncias da Ordem no mundo, solicitando a aceleração do processo de beatificação da filósofa. Diante desse pedido, "o Sumo Pontífice sorriu e comentou que o problema é que ela escreveu muito". Esse comentário fazia referência à extensa obra da monja Teresa Benedita da Cruz, que devia ser revisada exaustivamente pela Congregação para a Causa dos Santos. Entre os seus escritos está a forma como a filósofa concebe a santidade:

> A santidade é uma configuração da alma, que deve surgir no mais profundo do seu ser, de uma profundidade que não é acessível à influência do exterior, nem ao esforço da própria vontade. A eficácia dessa configuração em sua plenitude, assemelha-se à dos sacramentos. As almas santas são receptoras da graça e agem por simples contato de uma maneira santificante e transformante.[57]

Em 1986, houve uma mudança no processo da monja carmelita, quando a Congregação para a Causa dos Santos aprovou a petição das Conferências Episcopais da Alemanha e Polônia, solicitando que o martírio fosse incluído junto com a heroicidade de virtudes como motivo para sua canonização, isto porque quando a pessoa sofre o martírio há uma dispensa da comprovação de milagres. No caso específico de Teresa Benedita da Cruz, o processo já foi iniciado com a confiabilidade de que Edith Stein foi sempre "Serva de Deus" e "Venerável" pelos católicos, no mais, o processo seguiu o trâmite oficial da Igreja Romana e em 1987 foi declarada beata pelo Papa João Paulo II na Alemanha. Na missa de beatificação, João Paulo II exclamou:

> Nos anos em que estudava nas universidades de Breslau, Gotinga e Freiburg, seu pensamento estava baseado na

57 HERBSTRITH, Waltraud. *Edith Stein: A loucura da Cruz*. Paris: Éditions du Signe, 1997, p. 40.

> exigência do idealismo ético. Junto com suas habilidades intelectuais, não queria aceitar nada sem uma cuidadosa pesquisa. Queria ir ao fundo das coisas por ela mesma, estava comprometida em uma constante busca da verdade. Olhando atrás em seu período intelectual, descobriu uma importante frase em seu processo de amadurecimento espiritual: 'Minha busca da verdade era uma constante oração'; isto é um confortante testemunho para aqueles que têm dificuldades para crer em Deus. A busca da verdade é em si mesma, em um sentido muito profundo, busca de Deus.

Neste mesmo ano de 1987, Pe. Emmanuel Charles McCarthy, sacerdote católico de rito bizantino nos Estados Unidos, e sua esposa Mary, ao retornarem de um retiro espiritual, tiveram a infelicidade de chegar em casa e se deparar com a filha caçula, Benedicta, de dois anos, tendo convulsões. Imediatamente conduziram a criança ao hospital do Brockton, no Estado de Massachusetts. Lá os médicos detectaram que a menina desprevenidamente ingerira uma dose de comprimidos analgésicos equivalente a dezesseis vezes a dose mortífera. O gastroenterologista judeu Ronald Kleinman, embora tenha aplicado todos os recursos da mais avançada medicina, não via resultado algum, pois os rins da pequena Benedicta deixaram de funcionar, e o fígado atingiu um volume cinco vezes acima do normal. A única alternativa era um transplante de fígado, mas a questão era onde encontrar um doador.

O Pe. McCarthy e sua esposa adotaram a praxe de dar aos filhos nomes de personagens por eles admirados, por exemplo, um dos filhos se chama Thomas Merton McCarthy. O sacerdote melquita conhecia a vida de Stein e a homenageou colocando o nome de Benedicta, muito raro nos Estados Unidos, na filha mais nova. Isso porque a menina nascera no dia 8 de agosto de 1984, na hora que correspondia ao amanhecer do dia 9 de agosto em Auschwitz, quando se comemoravam 45 anos da morte de Edith Stein.

No hospital, a Sra. Mary McCarthy telefonou à sua irmã Teresa, a fim de lhe relatar a gravidade da situação. Teresa, que também conhecia a história da monja carmelita, exclamou: "É preciso pedir a Edith Stein que a salve!". No desespero da situação, a família McCarthy fez um apelo aos amigos para que orassem a fim de que Edith Stein intercedesse junto a Deus pela salvação da pequena Benedicta. E, eis que neste ínterim, os médicos averiguaram melhora de condições da paciente que saíra do coma sem qualquer sequela, sendo que os seus rins e o fígado estavam perfeitamente sadios.

A cura da menina foi reconhecida como um milagre e abriu caminho para a canonização da Beata Teresa Benedita da Cruz. Durante o processo, perante uma comissão de médicos e religiosos no Vaticano, Ronald Kleinman declarou: "*Eu não estou dizendo que foi um milagre. Eu estou afirmando que foi milagroso. Sou judeu, e não acredito em milagres por si só, mas posso afirmar que não havia salvação para a enfermidade da criança.*" Dessa forma, a combinação de uma situação médica, quase irreversível, valorizada pelo depoimento de um médico judeu, aliada à vontade do Vaticano de perpetuar a biografia de uma judia que aderiu ao catolicismo, embasaram a canonização que se deu no dia 11 de outubro de 1998, em Roma. Em sua homilia o Papa João Paulo II retratou a vida e a obra da santa, chamando-a de "uma filha ilustre de Israel e uma filha fiel da Igreja", e acrescentou que "as festividades em torno da nova santa ajudarão a lembrar o mundo desse plano bestial para se eliminar um povo". Em sua conclusão o Papa interpela judeus e cristãos para que vejam na nova Santa um exemplo de compromisso no serviço da liberdade e da busca da verdade.

Entretanto, a canonização de Edith Stein não foi bem-vista por algumas pessoas do judaísmo, para as quais ela morreu como judia e não como religiosa cristã, em virtude de sua etnia, e não de sua fé. Argumentavam, também, que se tratava de forma implícita da recuperação da teologia da substituição, ou seja, interpretaram que quando o Papa Wojtyla, em sua homilia, afirmou que a nova santa encontrou em Cristo a verdade por ela procurada, estaria dando a entender que a verdade cristã (Escrituras Cristãs) estaria substituindo a verdade judaica (Torá). Todavia, João Paulo II referia-se ao fato de que Stein havia buscado o sentido para sua vida no universo intelectual, principalmente no âmbito fenomenológico, em que o mistério se revela para além do raciocínio lógico, além de que o encontro com a verdade na vida da nova santa se deu quando estava mergulhada no ateísmo. Logo, o racional fora substituído pelo espiritual e o ateísmo pela fé no Deus revelado na vida de Jesus de Nazaré.

Outro argumento contrário à canonização de Irmã Teresa Benedita é o de que não só ela, mas milhões de pessoas foram executadas por pertencer ao povo semita, e essas deveriam ser declaradas santas também. De fato, as vítimas do holocausto são mártires, pois padeceram da patologia nefasta que desintegrou toda uma sociedade: a ideologia nazista. Essa patologia tem se mascarado com outros nomes e ainda ronda a condição humana, de forma devastadora, com seus mecanismos radicais e alienantes. Para se contrapor ao adoentamento social, as Sagradas Escrituras Hebraicas e Cristãs insistem na vivência dos mandamentos como garantia de uma convivência pacífica, pois a sociedade ainda depende de regras para que o indivíduo se humanize e viva em dignidade, respeitando o seu próximo. É possível dizer que todos os judeus assassinados na *Shoah* sejam santos, mas como a maioria não confessava a fé cristã católica, não há razão para inseri-los na tradição da Igreja Romana, e isso seria um desrespeito à crença abraçada por eles. Rosa Stein também não foi canonizada, mas viveu a santidade com certeza, cuidando das crianças carentes nos orfanatos de Breslau, zelando ternamente por sua mãe até o momento de sua passagem para a Pátria Celeste e, posteriormente, se dedicando à vida religiosa no Carmelo. Inclusive, por sua função na portaria do Carmelo, se relacionava com os vizinhos de Echt com muita solicitude, por isso, diante de sua prisão, os seus conhecidos saíram de suas residências para protestar perante os soldados da Gestapo. Entretanto, não houve a canonização oficial da Irmã Rosa Stein, apesar da mesma ter sido morta no campo de concentração. Ela deu muitas provas de virtudes, mas nos trâmites da Igreja Romana, para se canonizar uma pessoa, exige-se que haja o pedido formal dos fiéis que a veneram para que o processo seja aberto, e isso não aconteceu.

Na compreensão católica, o fato de Edith Stein ser judia desperta nos fiéis cristãos o interesse pela experiência dos primeiros cristãos que, sendo judeus, seguiram com tanto amor o judeu aclamado como Messias, a ponto de doar a própria vida pela causa propagada por ele, por isso foram dignos de serem venerados. Nesse sentido, o Papa João Paulo II, na canonização de Stein, se dirigiu aos judeus presentes na cerimônia afirmando que o fato de Edith Stein receber o batismo não significou, de maneira alguma, que ela tenha rompido com o seu povo. Ela morreu "como filha de Israel", "como filha de um povo que, por sua vez, também foi martirizado" e, "ao mesmo tempo, como Irmã Teresa Benedita da Cruz, ou seja, abençoada pela Cruz". A Igreja Católica na

Alemanha viu em Teresa Benedita da Cruz uma das maiores figuras femininas do século XX e fez questão de divulgá-la para o mundo. O Papa João Paulo II chega a dizer que em Stein se dá uma espécie de síntese do século XX, e afirma: "Judia, filósofa, monja carmelita e mártir, unida ao Cristo crucificado, ela deu sua vida pela verdadeira paz e pelo povo. No campo de extermínio, morreu como filha de Israel, para a santificação do Nome".[58]

O mandamento de se santificar o "Nome" de Deus é um preceito muito forte no judaísmo, de tal forma que deveria ser cumprido por todo judeu. Esse mandato se encontra em *Levítico* 22: 32: "*Não profaneis o meu Santo Nome, e serei santificado no meio dos israelitas. Eu sou o Senhor que vos santifico*". Cumprir esse *mitsvá* envolve não trazer desonra ou profanar o nome de Deus (*Chilul Hashen*). Neste sentido, encontra-se nos lábios de Jesus na oração do *Pai Nosso*, rezada pelos cristãos no mundo todo nestes dois milênios, após a invocação de Deus como *Abbá* a petição: *Santificado seja o vosso Nome*, com o objetivo de que Deus seja reverenciado e amado acima de tudo e de todos. A ilustre *filha de Israel* vivenciou este preceito e honrou o Nome do Eterno em sua profissão de docente, em sua consagração como carmelita e em sua morte no campo de extermínio.

No judaísmo, o martírio se enquadra na terminologia *Kidush Hashem*, que significa "a Santificação do Nome", ou seja, dar testemunho de forma eficaz e se necessário até mesmo com a vida, para que o Nome de Deus seja respeitado. Uma pessoa que tenha sofrido o martírio dando testemunho dos preceitos da Torá é chamada de *Kadosh,* cujo significado é "Santo". Nesse sentido, pode-se afirmar que Edith Stein é *Kadosh*, pois o seu profundo humanismo a fez combater as desigualdades sociais e a ideologia nazista, além de se negar a usar de seus recursos políticos e católicos para fugir do campo de concentração. De fato, ela conseguiu o visto do consulado na Suíça para sair da Holanda e, também, teve a proposta de ir para um Carmelo fora da Europa, no entanto, preferiu estar com o seu povo, sem saber que estaria sendo companheira solidária de sua gente, independentemente da profissão de fé, no momento mais atroz da história judaica no século XX.

---

58 *Ibidem*, p. 40-44.

De fato, o texto de *Levítico* 22: 32 instigou a espiritualidade judaica a tal ponto que muitos judeus preferiam o martírio a renunciar à fé monoteísta, mas, para além da fé, faz parte da natureza do judeu a sua pertença original ao Povo de Deus. Nesse sentido, o Rambam, em sua *Epístola sobre a Apostasia* (1162-1165), baseando-se num trecho da Lei Oral (Talmude Babilônico) enquadra, na concepção de uma morte em *Kidush hashem,* os judeus que mesmo não negando a sua fé, como na *Shoah*, dissimulando-a como no Medievo na Península Ibérica, ou até mesmo sendo indiferentes a ela, como os ateus e os convertidos, podem ser inseridos no horizonte do martírio em honra ao divino Nome (*Kidush hashem).*

Assim como Stein, no decorrer da história, milhões de judeus foram perseguidos e assassinados por não terem negado seus princípios éticos, ou simplesmente por serem judeus, como se deu no século XII no Ocidente medieval cristão e no mundo muçulmano. Isso leva a pensar que não se trata simplesmente de uma aversão ao Povo de Deus, mas também ao próprio Deus, que em sua essência amorosa desperta no coração humano o desejo de uma aliança, de um companheirismo que compartilha pão, terra e o dom da liberdade. Aqueles indivíduos que se radicalizam numa egolatria, odeiam seus supostos adversários, e não se trata de uma entidade imaterial, mas de gente concreta que não quer viver o âmbito da igualdade e da fraternidade, porque se supõe superior e, em nome dessa suposta superioridade, manipula o ser humano e aniquila a vida da sociedade com vários mecanismos nefastos, sem nenhuma crise de consciência. Inclusive a questão da consciência é própria da cultura judaico-cristã, que através de sua ética vêm formando as pessoas para que vivam de forma justa e livre. A entidade espiritual diabólica encontrou lugar no coração de indivíduos corrompidos, e a partir deles efetua ações que dessacralizam a humanidade, alienando a sua liberdade e, consequentemente, ofuscando a presença de Deus no mundo (*Chilul Hashen*).

O Talmude ensina que toda pessoa pode santificar o Nome do Todo Poderoso (*kidush Hashem*) sempre que se defrontar com a escolha de transgredir ou não um mandamento da Torá. Quando um judeu se abstém de cometer um pecado não porque se sente pressionado pelo ambiente ou a fim de receber recompensa, mas por amor ao mandamento do Todo Poderoso, sua ação santifica o Nome de Deus. Outra forma de se cumprir essa *mitsvá* é comportar-se de tal maneira que as suas atitudes dignifiquem quem estiver em seu convívio. Isso é um dos pontos pelos quais a Igreja Romana apontou em Edith Stein um exemplo de pessoa virtuosa, que deve ser venerada, pois sua vida santificou as pessoas ao seu redor, as suas obras vêm edificando a sociedade no transcorrer do tempo e isso tudo engrandece o Nome de Deus.

Moisés Maimônides tratou da questão do *Kidush Hashem* na *Mishne Torá* e na *Igeret haSchmad* (*Epístola sobre a Conversão Forçada*), de onde são recolhidos vários ensinamentos, além da fundamentação teológica da *halachá* (lei judaica). Dentre as diversas pesquisas realizadas pelos sábios judeus acerca dos preceitos da Torá, ressalta-se, como útil e relevante a esta dissertação, o *midrash* de Maimônides, no qual demonstra uma outra forma de ser *Kidush Hashem*: "*Se um judeu versado na Torá dirige-se aos outros numa maneira gentil e amistosa, recebe-os com semblante aberto e receptivo, não os ofende nem mesmo se o insultam, honra até os que o tratam levianamente, dirige os negócios honestamente; é visto ocupando-se constantemente com a Torá enquanto veste 'talit' e coloca 'tefilin', e se ainda age em relação aos companheiros além do exigido por lei, então este judeu santifica o Nome Divino*". A descrição que o Rambam faz é humana e bela, sendo bem mais acessível ao judeu em suas vivências cotidianas. Assim, é possível aplicar essa perspectiva no quadro existencial de Edith Stein, cuja história de vida comprova que ela tinha a feição e o procedimento de um *Kidush Hashem*.

7. A empatia de Edith Stein com o judaísmo

A identidade judaica de Edith Stein vem sendo revelada ao longo desta obra e é possível apreendê-la de várias formas, dentre elas, é relevante destacar o momento em que Edith e sua irmã Rosa são presas pela Gestapo e, diante da aflição de Rosa Stein, a filósofa, tomando-a pela mão, exclama: "*Vem, vamos sacrificar-nos com nosso povo!*".[59] Esta frase atesta a sua profunda consciência de

59 *Ibidem*, p. 285.

pertença ao povo hebreu, graças à adesão ao cristianismo que lhe proporcionou recuperar os fundamentos de sua tradição judaica. Edith Stein, por meio de seus estudos e reflexões, investigou o universo religioso e cultural do judaísmo e buscou fazer a integração desses elementos em sua teologia, como se evidencia em seu livro *A Oração da Igreja*. Na autora pode-se reconhecer uma mulher consciente de sua existência como israelita, o que implica um compromisso com a realidade sociocultural do destino dos judeus; nela se concretiza o ideal judaico de se fazer a vontade de Deus, a partir de um monoteísmo ético com a experiência hebraica da fé; nela a história humana se sacraliza ao consagrar a sua vida a Deus, como carmelita enclausurada, antecipando a eternidade do *Shabbat*, quando todo ser humano poderá desfrutar da presença amorosa e plena de Deus.

O teólogo Clemens Thoma, em seu livro *Teologia Cristiana Dell'Ebraismo*, delineia aquilo que é próprio da identidade judaica e inicia falando da autodefinição mais comum e compreensiva do judaísmo, que é a origem do nome "Israel", cuja explicação está em *Gênesis* 32: 22-29, onde se narra a luta noturna do patriarca Jacó com um ser celestial.[60] A partir desse episódio, o teólogo afirma que ser judeu significa lutar, à semelhança de Jacó, com Deus e com os seres humanos. Nesse sentido, o que faz o judeu ser um israelita é o fato de mesmo tendo vencido o combate, ele carregar uma sequela da luta, por meio da simbologia do "deslocamento da articulação da coxa", que o faz viver com a dor e a humilhação de claudicar. Dessa narrativa o judeu obtém o entendimento de seu dever de agir conscientemente com liberdade e responsabilidade, sem nunca renunciar a relação direta e apaixonada com o Deus de Israel. É nessa moldura que se entende a reivindicação de alguns setores judaicos acerca da pessoa de Edith Stein, pois o judaísmo não consiste apenas no aspecto religioso, a identidade do israelita é mais complexa, abrangendo um universo cultural. Dentro desse contexto é que se pode entender melhor a ponte que Edith Stein faz entre o judaísmo e o cristianismo, unificando as duas tradições de forma redentora em seu ser.

---

60 THOMA, Clemens. *Teologia cristiana dell`ebraismo.* Casale Monferrato: Marietti, 1983, p. 189.

De fato, Stein deixou por escrito a sua identidade judaica ao afirmar "Ser filha de Israel", como se encontra na carta endereçada ao Papa Pio XI. Já ao jesuíta Pe. Hirschmann, escreveu: "Não pode imaginar o que significa para mim ser filha do povo eleito, significa pertencer a Cristo não só com o espírito, mas com o sangue".[61] W. Herbstrith, biógrafa de Stein, oferece aos seus leitores esta passagem bastante significativa: "Nem dá para imaginar quanto seja importante para mim, cada manhã na capela, repetir, levantando o olhar ao Crucificado e à imagem de Nossa Senhora: Eram do meu mesmo sangue!".[62]

Nos anos que se seguiram à sua conversão, a filósofa busca entender como o Deus de Israel, verdadeiro e único, conforme aprendera na tradição judaica, poderia ter se revelado plenamente em Jesus de Nazaré. A vinda do *Maschiach* (Messias), que promoverá a *Ge'ulah* (Redenção) do Povo de Deus, é um dogma do judaísmo, e as súplicas para que esses dois eventos aconteçam estão presentes na oração central da liturgia judaica (*Berachot da Amidá*), rezada diariamente pelos judeus religiosos, conforme segue, respectivamente:

> *Birkat* David - Benção do Messias, Filho de David
> *'Faz o rebento de David, Teu servo, florescer rapidamente e aumenta o seu poder através de Tua salvação, pois por Tua salvação ansiamos todo o dia. Bendito sejas Tu, Eterno, que faz florescer o poder da salvação'.*
>
> *Ge'ulah* - Benção da Redenção
> *'Observa, por favor, nossa aflição e trava nossa batalha; redime-nos rapidamente pelo Teu Nome, pois Tu és poderoso Deus redentor. Bendito sejas Tu, Eterno, Redentor de Israel'.*

Edith Stein padeceu, como os primeiros cristãos, pela dificuldade em compreender que o advento de Cristo não se deu conforme as expectativas grandiosas do judaísmo acerca de um rei dravídico, que restauraria o poder de Israel, bem como purificaria a religião e levaria a vivência radical da Lei mosaica. No

61 HERBSTRITH, Waltraud. (Teresia a Matre Dei). *Edith Stein: Em busca de Dios*. Espanha: Verbo Divino, 1969, p. 164.

62 HERBSTRITH, W. *Edith Stein, Vita e Testimonianza*. Roma: Città Nuova, 1987, p. 143.

entanto, a sua experiência mística, alicerçada em sua fundamentação teórica e existencial acerca da condição humana, a fez conceber a possibilidade do Eterno de Israel ser imprevisível em suas ações, invertendo a lógica pré-estabelecida ao se pautar em sua própria ontologia, ou seja, o Amor em sua essência extrapola a redenção de um único povo, libertando a condição humana de todas as suas agruras, promovendo a fraternidade inaugurada por Jesus, que passou pelo mundo fazendo o bem.

A apreensão do Mistério da Santíssima Trindade, que revela o único Deus verdadeiro em sua missão junto à humanidade, encantou a filósofa de Breslau; por ser órfã de pai desde a mais tenra infância, encontra agora um Deus que lhe assume a paternidade, a quem ela pode chamar de *Abba*, "papaizinho". Abandonada por seus irmãos após a conversão, e desprezada pelo sistema machista da sociedade, que desconsiderava o valor da mulher, Edith Stein encontra em Jesus o irmão que acolhe, valoriza e promove a dignidade da mulher. Em sua inquietação – no fim da obra *Sobre o problema da empatia* – acerca da possibilidade da empatia com um Espírito Superior, a autora desenvolve, em suas obras posteriores, a sua antropologia, na qual o espírito tem a incumbência de insuflar a alma humana, lhe dando vida e liberdade. Quando Stein toma conhecimento da missão do Espírito Santo, que é gerar a unidade, conservando a riqueza da diversidade, encontra na Terceira Pessoa da Santíssima Trindade respaldo para seu constructo intelectual. Desde então, foi aprofundando serenamente acerca do mistério da eleição de Israel e da conciliação harmoniosa entre judaísmo e cristianismo, que trazia tanta paz à alma da filósofa.

Ao sondar as Sagradas Escrituras, Edith Stein foi descobrindo a doutrina religiosa hebraica da Divina Presença no meio da humanidade, seja na tenda da reunião no deserto, seja no templo de Jerusalém, ou, ainda, no Cenáculo em Pentecostes. A literatura rabínica nomeou essa Divina Presença de *Shekináh,* e os cristãos, por sua vez, a identificaram com a doutrina do Espírito Santo, que é o modo de Deus ser e agir no mundo. Com essa fundamentação foi possível à Stein compreender que o Espírito Santo está presente nas Escrituras Hebraicas e Cristãs, conforme é narrado acerca de sua Divina Presença acompanhando o povo de Israel pelo deserto até a sua fixação na Palestina e depois quando a Glória de Deus seguiu com o povo exilado à Babilônia (Ez. 11: 23), como prefiguração de sua Divina Presença junto aos judeus na diáspora. Foi Ele, também, quem falou pelos profetas e depois se encarnou no seio da judia Maria de Nazaré, para que nascesse o Emanuel, que anunciou com obras e palavras o Reino de Deus na terra. O Cristo, ao morrer e ressuscitar, entregou o seu Espírito para conduzir a humanidade até o seio do Pai.

A empatia de Stein pelo judaísmo se reflete, também, em sua compaixão por seu povo, que no período entreguerras padecia do antissemitismo velado e posteriormente ficou escancarado porque se tornou a ideologia do governo. Mediante o caos provocado pelo nazismo, a filósofa de Breslau perscruta a realidade e se coloca em oração, indagando a Jesus Cristo sobre aquela avalanche que destroçava a vida social, colocando os judeus como responsáveis por todos os problemas políticos e morais da Alemanha. A partir de sua meditação, interpreta que a sombra da cruz recaíra mais uma vez sobre o seu amado povo. Sendo muito patriota, a filósofa tem plena consciência de sua origem judaica e não a renega, apesar da Alemanha nazista ter declarado que os judeus nascidos nela eram apátridas. Ao se tornar cristã, Stein passou a entender a proposta de Jesus de que quem quiser segui-lo deverá tomar a sua cruz, mas sabendo que a maioria dos judeus não reconhecia Jesus de Nazaré como o *Mashiach* Salvador, ela entende que a missão dos que o reconhecem é levar a cruz em nome dos demais. Edith Stein assume essa missão, apesar de ignorar sob que forma a cruz lhe seria entregue, mas pressente que o destino de seu povo era também o seu, como deixou por escrito nas *Crônicas do Carmelo de Colônia*.

A base fundamental da teologia steiniana do mistério de Israel brota de sua reflexão sobre os acontecimentos sociais de boicote, seguido de perseguição e morte dos judeus no Terceiro Reich. Edith Stein, seguindo a interpretação de São Lucas em *Atos dos Apóstolos* (8: 30-35), identifica o Servo de *Iahweh* – descrito em *Isaías* 49-53 – com o *Mashiach* de Nazaré, que carrega sobre si todos os erros da humanidade. Em sua reflexão teológica, Stein conclui que os hebreus, no patriarca Abraão, foram escolhidos para abençoar as nações, em Moisés fizeram uma Aliança ética visando a harmonia do cosmos, em Davi foram ungidos para gerar aquele que promoveria a redenção do ser humano. Desta forma, os judeus formam o "Povo Messiânico" e a missão do *Mashiach* crucificado é também a missão de Israel, ou seja, Cristo é o Salvador do gênero humano e o Povo de Israel foi chamado a ser corresponsável pela salvação da humanidade, em virtude de sua eleição para salvaguardar a Aliança.

Entretanto, em carta à Madre Petra Brüning, Stein relata que a esperança messiânica, bem como a fé na ressurreição, quase desapareceu no meio judaico, inclusive entre os judeus mais piedosos, e isso configura uma infidelidade à missão recebida do Eterno de dar testemunho entre as nações da existência de um Deus que se revela por amor. O fato de Israel não cumprir a sua missão de Povo Messiânico não lhe retira o dom oferecido pelo Altíssimo, em virtude de sua eleição, e a sua simples existência desperta a fúria do Anticristo. Edith Stein interpreta que o nazismo odeia os judeus por serem a lembrança perene de Deus na terra, de forma que aniquilar esse povo seria destruir o próprio Deus. Como colocou na carta ao Papa Pio XI, Stein informa que a ideologia nazista, depois de extinguir os judeus, se voltaria explicitamente contra os cristãos, por serem herdeiros da Aliança e mantenedores da ética judaico-cristã, que é sinal permanente da presença de Deus no mundo. De forma poética, no "Diálogo Noturno", Stein descreve a sua concepção da relação entre Israel e a Igreja: "Vi nascer a Igreja do seio do meu povo. Do seu Coração vi brotar, como tenro ramo florescido, a Imaculada, a toda Pura, descendente de Davi. Vi como do coração de Jesus fluía a plenitude da graça ao coração da Virgem, filha de Israel".[63]

Para Edith Stein, Jesus Cristo cumpriu plenamente a missão do Povo Eleito ao realizar em tudo a vontade de Deus. O evangelista Marcos narra a investidura messiânica (Mc. 1: 11) de Jesus, que desde aquele momento, no rio Jordão, assume as funções do *Maschiach*, que são libertar e salvar o povo do jugo da escravidão, porém a atuação do Messias Jesus transcende as expectativas que os judeus tinham de um Messias Temporal. Em Cristo, o Pai tem muito mais a dizer à humanidade do que o judaísmo da época era capaz de suportar, informa o evangelista João (Jo. 16: 12). Mediante essas reflexões pode-se compreender o motivo pelo qual a filósofa adotou o nome "Benedita da Cruz" no ato de sua Profissão Religiosa. Ela já intuia que, pertencendo ao Povo Messiânico, deveria tomar a cruz e subir o calvário do século XX, juntamente com os seus irmãos não conscientes de sua messianidade.

---

63 STEIN, Edith. *Obras Selectas.* 2. ed. Burgos: Monte Carmelo, 1998, p. 579-580.

A história judaica explica a razão pela qual a expectativa da vinda do Messias e o simbolismo a ele conferido se desgastaram. Na passagem para a Era Comum, as disputas internas da comunidade judaica se davam entre aqueles que defendiam messianismos radicais e os que se sentiam responsáveis por estabelecer um estilo de vida pacífico e fiel dentro da tradição hebraica. Nesse contexto havia certa hostilidade das autoridades judaicas em relação às figuras messiânicas, desde o período da Guerra dos Macabeus (175 a. C.) até o século primeiro, com a destruição do Templo pelos romanos e a diáspora. É por isso que o rabinismo primitivo considerou como uma de suas tarefas principais conter o messianismo revolucionário, que havia sido sanguinário para o povo. O entusiasmo religioso pelo Messias deveria ficar em segundo plano, pois segundo os rabinos, o fundamental era a sobrevivência do povo com uma paz relativa em meio às circunstâncias enfrentadas pelas comunidades judaicas. Justamente, neste período que Jesus de Nazaré realiza a sua missão se deparando com um sistema político e religioso conivente com o Império Romano, ao mesmo tempo em que correntes contrárias dentro do judaísmo se armavam para a libertação, clamando por um Messias que restaurasse o Reino de Davi.

No século segundo, o radicalismo voltou e novamente foi desastrosa a expectativa messiânica; desde então, os rabinos passaram a afirmar que a sobrevivência pacífica do povo de Deus na terra era mais importante que as promessas futuras de vida eterna. No terceiro século da Era Comum, os teólogos judeus de Tiberíades passaram a dar ao messianismo uma caracterização pós-morte.[64] Já no século XII, Maimônides retoma os ensinamentos judaicos tradicionais e pontua que o Messias nascerá de pais humanos, com atributos físicos normais, não será um semideus, e não possuirá características sobrenaturais, embora se cumpra nele a profecia de Isaías (11: 2-5) acerca dos dons do Espírito de *Hashem* (Deus), que fará com que seja mais exaltado que Abraão, mais elogiado que Moisés e mais elevado que os anjos. Ensina Maimônides que a cada geração pode haver um indivíduo com características que podem levá-lo ao papel de Messias.[65] No entanto, Rambam declara que o *Mashiach*

64 THOMA, *op. cit.*, p. 196-199.

65 MAIMÔNIDES, M. *Excerto sobre a profecia e as leis dos reis.* São Paulo: Maayanot, 1995. Leis dos Reis 11: 3.

prometido deve obrigar todos de Israel a caminhar (no caminho da Torá), reconstruir o *Bet Hamicdash* (templo de Jerusalém) e reunir os remanecentes dispersos de Israel, mas sua grande realização será a implementação da paz e da tranquilidade no mundo, facilitando assim a plena observância dos mandamentos de Deus. Nenhum evento cataclísmico terá lugar durante os tempos messiânicos e o mundo continuará na sua ordem natural estabelecida. Acrescenta Maimônides que a profecia de *Isaías* 52: 13 se refere ao sofrimento do Messias que por seus méritos diante de Deus "nos perdoará e seremos curados de nossas próprias transgressões e dos pecados de nossos pais". [66]

Edith Stein, em sua profunda empatia por seu povo, intercede por ele para que não perca e nem renuncie à sua identidade e missão de ser Povo Messiânico. A filósofa escreve livros e cartas denunciando o massacre sofrido pelos judeus; assim, buscava consolar de diversas formas os que padeciam com a tragédia social. O holocausto da monja carmelita se inicia com a expiação espiritual, compreendendo que essa seria a forma de estar em comunhão com seu povo. Ao contemplar o Cristo como Servo Sofredor de Isaías, deseja participar de seu mistério de redenção como "*Sponsa Christi*", pois para a monja carmelita "A união nupcial da alma com Deus é a finalidade pela qual foi criada: redimida pela Cruz e encontrando seu cumprimento na Cruz, a alma é marcada pela eternidade por meio do mistério da Cruz". Teresa Benedita, na *Ciência da Cruz,* se coloca como a nova rainha Ester dos tempos apocalípticos modernos, buscando em Deus a salvação para o seu povo, conforme se constata em seu poema "Diálogo Nocturno", em que Stein retrata a situação de sua época na conversa entre a Madre e Ester:

> Madre: Hoje um novo Aman tem jurado com um ódio amargo a ruína do mesmo povo. É, quiçá, por isso que Ester regressou?
> Ester: Tu o disseste. Sim, vou vagando pelo mundo, implorando refúgio por um povo, o meu, que não tem pátria. Sempre expulso e pisoteado, mas que não deve morrer.[67]

66 BROOD, Menachem M. *Os dias de Mashiach: A redenção e a vinda de Mashiac nas fontes judaicas.* São Paulo: Associação Israelita de Beneficência, 1992.

67 STEIN, Edith. *Obras Selectas.* 2. ed. Burgos: Monte Carmelo, 1998, p. 577.

Assim, perscrutando a alma de Edith Stein, capta-se uma harmonia afetiva das Tradições Judaica e Católica Romana. Atenta à história do Povo de Israel, a filósofa assume a sorte de seu povo, lutando contra as forças inimigas, por meio de sua vasta cultura e profunda espiritualidade. Quando não mais tinha como lutar, entregou sua vida, e, no ato da prisão, a monja carmelita deve ter refletido em seu coração aquilo que Cristo disse abertamente: *ninguém tira a minha vida, eu a dou livremente* (Jo. 10: 18). Dessa forma, Edith Stein cumpre plenamente a sua missão no campo social e religioso, deixando um legado para a humanidade que hoje é convidada a contemplar nela a face cristã de uma mulher judia, cujos valores existenciais lhe possibilitaram dialogar e unificar a tradição religiosa judaica e cristã de forma empática.

8. Percepções proféticas de Stein nos documentos eclesiais

Na reflexão filosófica e teológica de Edith Stein se encontram percepções proféticas que são verdadeiras contribuições para a sociedade e para a Igreja Romana, conforme se poderá constatar neste tópico. Não se trata de um aprofundamento hermenêutico das obras steinianas com os documentos da Igreja Católica, mas de pontos em comum que remetem à visão social e humanista da filósofa de Breslau, a partir da compreensão empática do ser humano. Assim como João Paulo II falou que a vida de Edith Stein é uma síntese dramática das feridas do século XX, por sua vez, as suas obras apresentam elementos que tentam sanar os dramas humanos em suas relações intersubjetivas.

Edith Stein, atenta às realidades sociais do período entreguerras e da ascensão do nazismo, pressente a desumanização da sociedade e o flagelo dos povos, e procura alertar a sociedade intelectual, bem como a autoridade máxima da Igreja Católica para que se posicionem frente ao caos que estava começando a despontar na Alemanha dos anos 30. Como se sabe, a filósofa pretendia ir a Roma, para ter um colóquio com o Sumo Pontífice acerca da situação política e social da Alemanha, porém o seu projeto não pode ser concretizado porque 1933 era Ano Santo, com Roma repleta de peregrinos e não havia conferências particulares, somente em grupo. Restou a Stein escrever ao Papa

Pio XI denunciando a realidade de perseguição a judeus e veladamente a cristãos e, ao mesmo tempo, solicitando que a Igreja tomasse uma postura frente ao regime nacional-socialista.[68] Entretanto, o apelo da filósofa é atropelado pela situação política entre a Alemanha e o Vaticano, que em julho daquele mesmo ano havia assinado uma concordata, garantindo liberdade para a Igreja Romana administrar escolas, proteção para os sacerdotes, religiosos e organizações católicas na Alemanha; e a Igreja Romana, por sua vez, não deveria se intrometer em assuntos de ordem política.

À medida que o tempo transcorreu, a liderança da Igreja Católica Alemã recorreu ao Papa para que fizesse uma carta pastoral, advertindo os católicos acerca da política nazista. Essa carta deu origem à Encíclica *Mit Brennender Sorge* (*Com profunda preocupação*), que é um documento pontifício dirigido aos católicos em todo o mundo, com a função de atualizar a doutrina católica por meio de um ensinamento ou um tema da atualidade. Este documento afetava a concordata assinada em 1933 entre o Vaticano e a Alemanha, ao criticar o comportamento do Governo alemão e suas posições ideológicas. De certa forma, essa foi a resposta que o Vaticano ofereceu tardiamente não somente à filósofa de Breslau, mas a toda Igreja. É fundamental evidenciar que, na única Encíclica escrita em Alemão, aparecem termos utilizados pela própria Edith Stein.[69]

A Encíclica foi promulgada em 14 de março de 1937 com uma condenação expressa ao nacional-socialismo alemão e à sua ideologia racista. Foi a primeira crítica oficial ao nazismo feita por um chefe de Estado, afrontando diretamente Adolf Hitler.

---

68 FATTORINI, Emma. *Pio XI, Hitler e Mussolini. La solitudine di un papa*. Turim: Einaudi, 2007. Nesta obra, a autora analisa a documentação aberta pelo Arquivo Secreto demonstrando como Pio XI se viu sozinho diante dos dois grandes líderes do totalitarismo nazifascista. Emma Fattorini evidencia, nas primeiras páginas de sua obra, que Pio XI, em sua solidão, tinha a companhia espiritual de sua mãe, Teresa, de Santa Teresinha do Menino Jesus e, também, de Irmã Teresa Benedita da Cruz (Edith Stein). Fattorini deixa em aberto, em sua obra, por não contar com provas documentais, a questão da influência que teria aquilo que Edith Stein, já em abril de 1933, havia escrito ao Papa.

69 Em toda a história da Igreja Católica Romana houve apenas dois documentos oficiais escritos em um idioma diferente do latim e do grego: o primeiro foi a Encíclica *Non Abbiamo Bisogno* (*Não precisamos disso*), de 1931, criticando o fascismo na Itália, e o segundo é o de 1937, escrito em alemão.

Existe uma profunda sintonia entre a carta de Edith Stein e a Encíclica de Pio XI, o que se permite fazer um paralelo ao longo deste texto, com as devidas comparações. Já na introdução de sua carta de 1933, a filósofa se apresenta como filha do povo judeu e filha da Igreja Católica Romana. Na quarta seção da encíclica, se encontra a seguinte fala do Papa: "Nós, com a emoção de pai, sentimos e sofremos profundamente com aqueles que pagaram um preço tão alto por sua adesão a Cristo e a sua Igreja".

Nessa mesma introdução, Stein chama o Papa de "Pai do Cristianismo" e constata-se na Encíclica, por várias vezes, o Papa referindo-se a si como pai e como ponto de unidade. Isso fica evidenciado na quinta seção, onde capta-se um apelo aos cristãos para firmarem a fé no primado do Papa:

> A fé em Cristo, na Igreja e no Primado está em sagrada conexão. A autoridade genuína e legal em todas as partes é um vínculo de unidade e uma fonte de força, uma defesa contra a divisão e a ruína, uma garantia para o futuro [...] Se as pessoas que ainda não estão unidas pela fé em Cristo, são atraídas por uma imagem sedutora de uma igreja nacional alemã, sabei que isso é uma negação da única Igreja de Cristo, portanto trata-se de uma apostasia.

Após a sua introdução, Stein informa a Pio XI que: "*Há vários anos os dirigentes do (Führer) nacional-socialista proclamam o ódio aos judeus*". Em seguida, comenta sobre as perseguições e exclusões vividas pelos judeus. A Encíclica, por sua vez, na oitava seção, fala de "direitos humanos dados por Deus" e invoca uma "natureza humana" que passa por cima de barreiras nacionais e raciais. No documento, o Papa também critica o que chama de "mito de sangue e solo", afirmando que o catolicismo e a exaltação de uma raça ou nação sobre as demais são mutuamente incompatíveis. Ainda que na ocasião não se soubesse a real extensão da perseguição promovida pelo regime contra os judeus, a Encíclica também condena de modo específico o antissemitismo, reafirmando a doutrina católica que desde o século XIII pune com a excomunhão quem promove perseguições contra judeus por motivações raciais ou religiosas.

O conteúdo da Encíclica salienta, na segunda seção: "Todo aquele que tome a raça, o povo ou o Estado, ou uma forma determinada de Estado, os representantes do poder estatal [...] e os divinize em um culto idolátrico, perverte e falsifica a ordem criada e imposta por Deus".

Em paralelo, a carta de Edith Stein diz: "*Esta idolatria da raça e do poder do Estado, com que dia a dia se matraqueiam as multidões pela rádio, não será por acaso uma verdadeira heresia?*".

Na terceira seção, o documento enfatiza que Jesus assumiu a condição humana no seio do povo judeu:

> Os livros sagrados do Antigo Testamento são exclusivamente da palavra de Deus, e constituem uma parte substancial de sua revelação [...] Como seria de esperar, os livros históricos e didáticos refletem, em muitos elementos, a imperfeição, a fraqueza e pecaminosidade do homem [...] mas também registram a história do Povo Escolhido, portador da Revelação e da promessa [...] Os olhos não cegos pelo preconceito vão ver nesta prevaricação, conforme relatado pela história bíblica, o esplendor da luz divina que revela o plano salvífico que finalmente triunfa sobre todas as falhas e pecados.

Em sua carta, Stein indagava ao Papa: "*Não é a guerra de extermínio contra o sangue judeu um insulto à Sacratíssima Humanidade do Nosso Redentor, à Santíssima Virgem e aos Apóstolos?*". E, na conclusão, Edith Stein faz um apelo ao Papa:

> *Por mais algum tempo a perseguição contra o catolicismo far-se-á em silêncio através de formas menos brutais que contra o judaísmo. Não será, porém, menos sistemática. Não tardará muito em que, na Alemanha, católico algum poderá ascender a um cargo sem primeiro aceitar incondicionalmente o novo rumo.*

A *Mit Brennender Sorge*, em sua nona seção, faz um apelo explícito à juventude para observar os preceitos da fé católica, dizendo que o verdadeiro heroísmo é servir ao evangelho da vida, que promove a dignidade humana. Na décima e na décima primeira seção, Pio XI parece responder a seguinte frase da carta de Edith Stein: "*Todos os que somos fiéis filhos da Igreja e que, de olhos abertos, refletimos a situação da Alemanha, tememos o pior para a imagem da Igreja se ela se mantém em silêncio durante mais tempo*".

Na décima seção, o Papa conclama:

> A todos aqueles que no cumprimento de seu ofício pastoral, tiveram e têm de suportar dores e perseguições – alguns até serem encarcerados ou mandados a campos de concentração –, a todos estes chegue a expressão da gratidão e o encômio do Pai da Cristandade. Nossa gratidão paterna se estende igualmente aos religiosos de ambos os sexos, uma gratidão unida a uma participação íntima pelo fato de que, como consequência de medidas contra as Ordens e Congregações religiosas, muitos foram arrancados do campo de uma atividade bendita e para eles gratíssima.

Por fim, na décima primeira seção da encíclica, Pio XI se volta para os fiéis, convocando a todos para que permaneçam vigilantes, busquem educar os seus filhos, para que nenhum deles se perca e afirma:

> Temos pesado cada palavra desta encíclica na balança da verdade e, ao mesmo tempo, do amor. Nós não queremos, com um silêncio constrangedor, ser culpados de não ter esclarecido a situação, nem de ter endurecido com um rigor excessivo o coração daqueles que, sendo confiada à nossa responsabilidade pastoral, não nos são menos amados, porque caminham agora pelas vias do erro e porque se afastaram da Igreja.

Essa conclusão da carta responde explicitamente ao apelo de Edith Stein, rompendo com o "silêncio" e deixando clara a postura da Igreja Romana frente ao governo nazista.

O trabalho especulativo de Stein no *Einfühlung* traz à tona questões acerca da vivência humana, suas relações com o "outro" e sua apreensão da realidade do mundo. Em trabalhos posteriores, ela continuará refletindo sobre a dignidade humana, sempre ampliando as áreas de conhecimento, oferecendo à Igreja e à sociedade um alicerce necessário para se construir uma pedagogia humana e cristã.[70]

Em relação ao Papa João Paulo II, a história apresenta um polonês estudante de filosofia que se encantou pela fenomenologia em sua vertente antropológica. Karol Wojtyla teve sua formação humanística num contexto

70 STEIN, Edith. "Escritos antropológicos y pedagógicos". *In*: URKIZA, Julien; SANCHO, Francisco Javier (Orgs.). *Obras Completas*. Burgos: Monte Carmelo, 2003, p. 191, vol. I.

bastante desumano, de regimes totalitários como o nazismo e o comunismo. A sua obra prima, *Pessoa e Ato*, contém o centro de seu pensamento: a pessoa humana. Utilizando o método fenomenológico nascente, aliado à metafísica aristotélico-tomista, propôs redescobrir o ser humano a partir da ação, ou seja, concebe o homem como consciência da pessoa atuante. Afirma que todo indivíduo, em sua liberdade, pode transcender e desejar ser alguém bom a partir da verdade. Na essência da reflexão de Karol Wojtyla transparece uma profunda sintonia com a fenomenologia antropológica de Edith Stein. Sabe-se que o ser humano foi a grande paixão do Papa, isso se comprova já na sua primeira encíclica, *Redemptor Hominis* (RH), de 1979. Nesta se percebe a presença de sua antropologia filosófica amadurecida na academia e no trabalho pastoral.

Em junho de 1979, o Sumo Pontífice esteve em Auschwitz, onde fez a seguinte colocação: "Detenho-me convosco, caros fiéis, diante da pedra com inscrição em hebraico. Esta inscrição evoca a lembrança do povo cujos filhos e filhas estavam destinados ao extermínio absoluto".[71] No ano seguinte, o Papa publica a encíclica *Dives in Misericordia*, na qual desenvolve o tema da verdade a respeito de Deus (DM 10). O foco da encíclica é a exaltação do "Pai das Misericórdias", que, em Cristo, permite ao ser humano vê-Lo próximo de si, em suas dores e angústias, principalmente quando é ameaçado no próprio núcleo da sua existência e dignidade. Nesta encíclica se percebe a empatia de João Paulo II com todas as pessoas excluídas da vida social, e dela se repercute o convite, aos seus leitores, a se colocarem na pele do "outro", para fazer a experiência empática de captar o mistério de Deus, revelado em cada ser humano que vem a este mundo. Edith Stein, em sua tese doutoral, afirma que é no domínio mais íntimo e singular do "eu" que se torna possível encontrar a realidade espiritual do "outro", isto é, "Só quem se experimenta como pessoa, como totalidade de sentido, pode entender as outras pessoas".[72] Logo, assim como o Pai é misericordioso com o gênero humano, todos os homens devem ser misericordiosos entre si.

---

71 LECOMTE, Bernard. *João Paulo II.* Rio de Janeiro: Record, 2005, p. 563.

72 STEIN, Edith. *Sobre el problema de la empatía.* Madri: Trotta, 2004, p. 133.

Como se sabe, a filósofa não publicara todo o conteúdo de sua tese. Em sua autobiografia, informa que se perderam as partes que tratavam dos "capítulos sobre a empatia do ponto de vista social, ético e estético".[73] Entretanto, no *Einfühlung*, afirma: "Todo nosso mundo cultural, tudo aquilo que foi modelado pela mão do homem, todos os objetos de uso, todas as obras de artesanato, da técnica e da arte, são correlatos feito realidade do espírito".[74] Suas obras posteriores no campo da fenomenologia, de certa forma, recuperam e alargam o horizonte de sua concepção da empatia na realidade social. A obra *Indivíduo e Comunidade*, de 1919, aborda diretamente o tema da comunidade social e das relações do indivíduo com ela. A sua preocupação é salvaguardar o valor e a dignidade do indivíduo e da comunidade em seu sentido político e social. A obra seguinte, *Uma investigação sobre o Estado*, publicada em 1925, demonstra o contínuo interesse de Edith Stein em proteger e promover a pessoa humana, em todas as suas dimensões. Nessas obras, salienta que a fortaleza e o valor ético de uma sociedade dependem da atuação dos indivíduos. Ao Estado, por sua vez, cabe o dever de promover a cultura, a educação, a ética, e, consequentemente, a religião.[75]

É possível uma conexão entre as obras citadas de Stein com as encíclicas diretamente voltadas para a vivência social, como se percebe nas três encíclicas promulgadas por João Paulo II sobre a Doutrina Social da Igreja: *Laborem Excercens* (*LE*), em 1981; *Sollicitudo Rei Socialis* (*SRS*), em 1987 e *Centesimus Annus* (*CA*), em 1991. Elas tratam da questão do trabalho como sendo "a chave da questão social" (*LE 3*). A *Laborem Excercens* afirma a centralidade do ser humano que é sujeito e não objeto do trabalho, porque é "uma pessoa, um ser dotado de subjetividade, capaz de agir de maneira programada e racional e tendente a realizar-se a si mesmo". Nesse raciocínio, a *Sollicitudo Rei Socialis* acrescenta que o desenvolvimento autêntico do homem e da sociedade implica o respeito

73 STEIN, Edith. "Escritos autobiográficos y cartas". *In*: URKIZA, Julien; SANCHO, Francisco Javier (Orgs.). *Obras Completas*. Burgos: Monte Carmelo, 2002, p. 477-478, vol. I.

74 *Ibidem*, p. 110.

75 STEIN, Edith. "Escritos Filosóficos: Etapa fenomenológica". *In*: URKIZA, Julien; SANCHO, Francisco Javier (Orgs.). *Obras Completas*. Burgos: Monte Carmelo, 2005, p. 35-39, vol. II.

e a promoção da pessoa humana em todas as suas dimensões (*SRS 1*). Por sua vez, a *Centesimus Annus* propõe uma análise da história recente, que marca os caminhos do homem contemporâneo, e, também, aborda os temas da "propriedade privada e o destino universal dos bens" e do "Estado e cultura". Nessa encíclica, enfatiza-se o papel da Igreja, cuja doutrina social propugna e defende a primazia do ser humano dentro da sociedade (*CA 54*).

O Sumo Pontífice da Igreja Romana, dando continuidade à proposta do Concílio Vaticano II, de uma maior aproximação com as religiões cristãs e não cristãs, promulgou duas encíclicas direcionadas para o ecumenismo: *Siavorum Apostoli* (*AS*), em 1985, e *Ut Unum Sint* (*UUS*), em 1995. Em *UUS 2*, João Paulo II afirma que "o empenho ecumênico deve fundar-se na conversão dos corações e nas orações, ambas induzindo depois a necessária purificação da memória histórica". A reflexão vai se ampliando, e na *UUS 47* e *48*, há um convite para se apreciar os bens presentes nos outros cristãos. O documento frisa que o diálogo não deve se fixar na doutrina, mas envolver, principalmente, as pessoas. A Providência Divina fez com que Edith Stein, que se mudou para Gotinga com a finalidade de aprofundar os estudos, vivesse a experiência profunda do ecumenismo, no início do século XX. Stein, em seu ateísmo, conviveu pacificamente com pessoas de várias crenças religiosas. A empatia lhe impulsionava a dialogar com o que era estranho e difícil para a sua compreensão acerca do mistério da fé. Não se sentia incomodada em visitar as igrejas que seus colegas de universidade frequentavam. Em seu processo de conversão ao cristianismo lhe veio o questionamento se seria católica ou protestante, pois encontrava testemunhos de fé muito positivos nas duas religiões. Ao aderir à fé católica, Edith Stein tem em seu batismo uma celebração ecumênica: foi conduzida à pia batismal por sua madrinha Hedwig Conrad-Martius, filósofa judia convertida ao cristianismo.[76]

Enquanto faz a sua dissertação sobre o *Einfühlung*, a autora vive o drama da Primeira Guerra Mundial, com todas as suas consequências sociais. Em sua obra deseja focalizar na empatia a possibilidade do ser humano se ver a

76 HERBSTRITH, Waltraud (Teresia a Matre Dei). *Edith Stein: Em busca de Dios*. Espanha: Verbo Divino, 1969, p. 84.

partir de seu semelhante e se sensibilizar com a apreensão da realidade vital do "outro". Edith Stein não fala de cultura, mas de uma corrente de vivências similares, cujo enlace promove o respeito pelo indivíduo em sua singularidade, dentro do grande contexto social que frequenta. A encíclica *Evangelium vitae*, (*EV*), de 1995, quer promover uma nova cultura da vida humana, ameaçada pelas misérias, violências e guerras, que desfiguram o ser humano, imagem e semelhança de Deus. Na *EV 101* se diz que "não pode haver verdadeira democracia, se não se é reconhecida a dignidade de cada pessoa e não se respeitam os seus direitos". No *Einfühlung*, Stein afirma que à medida que o ser humano se compreende como corpo vivo e sensível e tem a capacidade de se transferir ao "outro", empatizando-se com ele, obtém uma nova imagem do mundo espacial e um novo ponto de orientação para os seus relacionamentos.[77] É justamente esta a proposta da encíclica quando fala que o "povo da vida" deve continuar a crescer em solidariedade para o bem de todos os homens.[78]

Após a conversão, Edith Stein aprofundará em suas meditações a busca da verdade como fonte primeira de conhecimento. Sua vida intelectual manteve sempre uma relação íntima com a oração, pois uma e outra se orientavam em vista da descoberta e aprofundamento da verdade. É também da verdade que se trata a grande encíclica *Fides et Ratio* (*FR*), de 1998, que oferece uma resposta precisa à crise da verdade no final do século XX. Nessa encíclica, João Paulo II aborda o tema central das relações entre a fé e a razão, a partir da interação entre filosofia e teologia, com o objetivo de oferecer diretrizes seguras para a investigação filosófica e teológica, como serviço à verdade. O Papa cita, na *FR 74*, grandes teólogos cristãos que se destacaram como excelentes filósofos, e, dentre eles, Edith Stein. Talvez seja ousadia, mas nas entrelinhas da saudação que o Santo Padre faz, antes mesmo de entrar na introdução à encíclica, parece descrever o mistério que sondou a vida de Teresa Benedita da Cruz:

> A fé e a razão (*fides et ratio*) constituem como que as duas asas pelas quais o espírito humano se eleva para a contemplação da verdade. Foi Deus quem colocou no coração do homem

---

77 STEIN, Edith. *Sobre el problema de la Empatía*. Madri: Trotta, 2004, p. 55-80.

78 COSTA, Armando C; MARTINS FILHO, *op. cit.*, p. 569.

> o desejo de conhecer a verdade e, em última análise, de O conhecer a Ele, para que, conhecendo-O e amando-O, possa chegar também à verdade plena sobre si próprio (cf. Êx. 33: 18-19; Sal. 26: 8-9; 62: 2-3; Jo. 14: 8; 1 Jo. 3: 2).

Assim, numa sondagem aproximativa das encíclicas de Pio XI e de João Paulo II com as obras e a vida de Edith Stein, pode-se perceber uma comunhão, uma confluência de ideias. O tema da empatia é constante, através de uma linguagem que espiritualmente une os seres humanos em busca de uma sociedade fraterna, que viva o ecumenismo e concilie a vivência da fé e da razão, em vista do bem comum e da promoção humana. Essas são contribuições não só para a Igreja Católica Romana, mas para toda a sociedade global, extremamente humanitárias. Tanto o pensamento steiniano quanto as encíclicas visam a promoção da dignidade humana e da paz entre os povos. A postura profética de Edith Stein continua a denunciar as realidades que ameaçam a vida. Provavelmente, no decorrer de sua história, a filósofa deve ter meditado muitas vezes sobre o *Salmo* 8: 5-7:

> Que é o homem, digo-me então, para pensardes nele? Que são os filhos de Adão, para que vos ocupeis com eles? Entretanto, vós o fizestes quase igual aos anjos, de glória e honra o coroastes. Destes-lhe poder sobre as obras de vossas mãos, vós lhe submetestes todo o universo.

9. A empatia no diálogo inter-religioso

O fenômeno da empatia, no diálogo inter-religioso, possibilita a aproximação das tradições religiosas, em virtude desse método fenomenológico intersubjetivo respeitar a manifestação religiosa do outro e despertar nos fiéis uma reflexão teológica aberta ao mistério revelado e interpretado pelo ser humano, que apreende e entra em comunhão com o divino e com o seu semelhante. Nessa perspectiva pode-se compreender a afirmação do teólogo Claude Geffré de que a comunicação entre as religiões apresenta-se em três formas distintas: o diálogo silencioso da oração e da contemplação, a cooperação religiosa em favor de um mundo melhor e o diálogo ecumênico.

A empatia enquanto fenômeno intersubjetivo traz uma intencionalidade abrangente, por isso, a aplicação hermenêutica de seu método no diálogo inter-religioso tem valoração própria, isto é, à medida que o ser humano vai captando o que seu próximo sente, apreendendo parte do mistério existencial do "outro", passa a reconhecer que há uma estrutura comum entre eles. O valor da empatia consiste, inicialmente, no reconhecimento de que cada pessoa tem um universo interior espiritual, cujas manifestações ganham consistência simbólica e poética, recebendo densidade na medida em que partilha tal mistério com outras pessoas, o que dará origem à uma comunidade religiosa, ou seja, participar de um rito religioso e ser membro de uma grei são vivências; os ritos correspondem à grei existente e remetem às pessoas a experiência do transcendente. A participação no culto tende na direção da religião que agrega e não existiria culto, com seus ritos e dogmas, se não houvesse uma instituição que respaldasse o valor espiritual dessas vivências, acenando para um horizonte mais pleno. Nesse processo, as pessoas e os grupos religiosos se deparam com suas diferenças e o que irá inviabilizar o truncamento das relações é, justamente, saber se colocar de forma singular diante do "outro" reconhecendo a sua dignidade humana, bem como a dignidade do outro grupo religioso.

A empatia permite, ainda, reconhecer que o "outro" tem todas as características humanas estruturais e possibilidades que o "eu" tem. Entretanto, mesmo sabendo que as estruturas do "outro" são iguais às do "eu", este não tem como saber quais possibilidades de abertura o "outro" ativou verdadeiramente. Daí a necessidade de se buscar entender, no sentido de sentir, quais possibilidades de vivência dialogal o "outro" ativou e o que de fato está vivendo em termos de abertura fraterna para com o fiel de "outra" instituição religiosa. Isso porque, da mesma forma que a religião é um poderoso instrumento de cura, pode se tornar, também, instrumento de manipulação e alienação. Em outras palavras, uma pessoa equilibrada irá reconhecer a alteridade semelhante a si e poderá efetuar operações espirituais iguais às suas, em benefício do bem comum. Por outro lado, a empatia não é realizada quando um indivíduo está fechado, sem condições de estabelecer relações com o mundo à sua volta, por não ter uma vida de sentimentos, o que anula toda possibilidade de solidariedade, compaixão e fraternidade.

A intersubjetividade ganha consistência por meio da empatia, que permite o reconhecimento da alteridade e promove uma tomada de posição espiritual, a fim de que haja um comportamento moral adequado à promoção do relacionamento entre as partes. Isso porque estar diante do "outro" respeitando as suas convicções exige maturidade e enraizamento em suas próprias tradições religiosas e culturais. A postura de cada fiel perante o ponto de vista e a crença do "outro" implica uma ética de cunho espiritual, que se concretiza na práxis hodierna. Na tradição judaico-cristã, em relação aos mandamentos, se encontra a passagem: "Ame o próximo como a ti mesmo"; nesse caso, amar significa reconhecer que o "outro" é como "eu", um ser com subjetividade, possuidor de valores, defeitos e qualidades. Da mesma forma que o "eu" quer estar de bem com a vida, deve-se desejar que o "outro" esteja também. Essas situações apontam para a vivência de valores, expressa no amor que faz com que as pessoas progridam em seus relacionamentos. Já a negação do "outro" por conta de sua diferença étnica, religiosa etc. é um contravalor nefasto, pois dela pode surgir o ódio, que desumana as relações e, por sua vez, destrói a fraternidade e inviabiliza a aproximação das pessoas e religiões. Infelizmente alguns líderes religiosos, por não compreenderem ou interpretarem mal a sua religião, chegam a justificar a animosidade para com o outro, com base em sua fundamentação escriturística, por isso a antropologia e a moral têm de ser tomadas como critérios de avaliação das religiões.

Diante dessas situações de valor e contravalor, pelo bem da humanidade as instituições religiosas devem se posicionar a partir da ética altruísta, calcada na valoração da intersubjetividade. Nesse sentido, a ética judaico-cristã sempre terá muito a contribuir com uma axiologia que visa atender às necessidades materiais e espirituais das pessoas. Independentemente de uma crença religiosa, cabe o reconhecimento de que existe uma moral natural, conquistada pela evolução do ser humano e das culturas, que exerce influência diretamente sobre as pessoas e suas circunstâncias, facilitando a intersubjetividade e normatizando a vivência social. Na fé judaica a Torá e o Talmude contém a regra de ouro para o equilíbrio social, enquanto que no cristianismo o comportamento com o "outro" deve ser pautado no mandamento do amor, como fez o próprio Jesus em suas atitudes de abertura e compaixão diante de todo ser humano. De fato, é próprio de cada pessoa a capacidade de valorizar, ou não, o ser e a realidade que se apresenta diante de si, porém, são as circunstâncias culturais e a abertura pessoal de cada um que ativarão o reconhecimento do valor do "outro". Nesse sentido a citação da filósofa Ângela Alles Bello ajuda a esclarecer esse fenômeno:

> [...] o amor é um valor para todos os seres humanos, com certeza, porém, que uma pessoa estenda este valor a todos os seres humanos nem sempre acontece – algumas pessoas se amam e outras se odeiam. Mas se perguntamos se o amor é um valor, todos dizem que sim. É importante compreender que o ser humano tem potencialidades que nem sempre são atuadas da mesma maneira.[79]

No encontro das religiões, tendo a empatia por base, os crentes, em virtude do sentimento religioso que possuem, podem apreender e compreender as diferenças cultuais, graças à potencialidade de reconhecimento do mistério presente no interior de cada tradição religiosa. No diálogo inter-religioso, também, existe o potencial para que as religiões criem laços, dialoguem e trabalhem juntas, pelo bem da humanidade. A atualização depende das situações ou da importância conferida ao diálogo, já que esbarra em questões políticas, sociais e em interesses pessoais de autoridades religiosas e governamentais.

Os avanços no reconhecimento da necessidade do diálogo inter-religioso são notórios para uma convivência social pacífica entre os povos, para isso é necessário que as tradições religiosas se unam cada vez mais pelo vínculo de se ter uma humanidade em comum e, em seguida, pelo fato de terem uma ética que acena para a fraternidade. Contudo, entre as doutrinas religiosas e os comportamentos dos fiéis há uma diferenciação que remete a questões culturais ou mesmo à incoerência entre fé e vida. No diálogo inter-religioso, o fenômeno da empatia permite que se coincida a doutrina religiosa e as práticas dos fiéis, de tal forma que haja entre os membros das diversas religiões: compreensão,

79 BELLO, Angela Alles. *Fenomenologia e Ciências Humanas*. Bauru: Edusc, 2004, p. 228.

entendimento, coerência e a busca pelo respeito à forma com que cada tradição religiosa procura entrar em comunhão com o mistério insondável de Deus. Segundo o fenomenólogo da religião Gerard van der Leeuw, os elementos comuns que as religiões buscam na comunhão com o *Totalmente Outro* são: a salvação, a remissão, ter uma potência que não pode depender de si mesmo, mas de Outro, ou seja, a pessoa se reconhecer criatura, limitada e necessitada de um ser superior que a ampare.[80] Para a fenomenologia, as religiões, por terem abertura ao transcendente e possuírem um sentido comunitário, são sempre intersubjetivas, com maior ou menor consciência por parte da pessoa. A fenomenóloga Ângela Alles Bello informa que, examinando o sagrado e o religioso na História das Religiões e os submetendo ao elemento hilético[81] e noético,[82] verifica-se que diante da realidade transcendente apreendida pela pessoa que crê, ela se entrega confiantemente, esperando a salvação, ao mesmo tempo em que pratica ritos que possam lhe garantir a vida eterna.

Na tradição judaico-cristã a divindade entra em contato com o ser humano e, de forma pedagógica, vai se dando a conhecer. Inicialmente, deixou os seus rastros em toda obra criada, para que as pessoas vendo e admirando, perscrutassem o mistério da existência buscando o seu artífice. Já nas primeiras páginas das Sagradas Escrituras se encontra uma relação muito peculiar do ser humano com Deus, relação esta que ganhará concretude histórica com o chamado feito por Deus a Abraão para se fazer uma Aliança (Gn. 17). Deus, além de sua simpatia para com o ser humano, que é sua imagem e semelhança, busca despertar nos homens uma empatia segundo os desígnios de seu coração. Nesse sentido, o judaísmo, nas figuras de Moisés e Elias, acena para um Deus que acompanha o seu povo propondo a vivência ética e o respeito à justiça, proferida pelos profetas. No cristianismo, a pessoa de Jesus de Nazaré encarna os valores ideais para o comportamento

---

80 *Ibidem,* p. 270.

81 *Ibidem,* p. 250. A filósofa informa que, na análise da subjetividade, Husserl identifica uma esfera que ele chama de Hilética. Esta propicia o relacionamento vital entre o mundo externo e a pessoa, com seu universo afetivo e emotivo.

82 *Ibidem,* p. 251. Retomando a terminologia de Husserl, a esfera valorativa é chamada de noesis ou noética. Pode-se dizer que o aspecto noético é aquele que Husserl chama de espiritual.

intersubjetivo e a implantação do Reino de Deus na terra. Esses personagens históricos apontam para uma ética vivencial capaz de ser compreendida pelas várias gerações e reconhecida como valores humanitários. A lei por ela mesma pode ser estéril, mas comprometida com a promoção da vivência social faz desabrochar o sentimento pela sacralidade do ser humano e do cosmos, seres que desvelam o Eterno no tempo. Dessa forma, é possível a todo ser humano entrar em estado empático com esses personagens bíblicos e apreender os seus valores e, também, o seu modo de viver a relação interpessoal com Deus. Portanto, a partir do primeiro homem criado, Deus mantém um relacionamento com toda a humanidade, pois essa é semelhante a Ele: um ser vivente e espiritual.

Edith Stein foi elaborando a sua reflexão teológica a partir de sua experiência do Deus revelado no cristianismo, em comunhão com o judaísmo. Nas entrelinhas de sua Tese Doutoral, pode-se interpretar que através da empatia se possa entrar em intimidade com Deus em outras religiões, pois a presença da divindade experimentada em si mesmo se encontra também na experiência dos "outros", ao mesmo tempo estranhos, mas irmãos. Stein conduz os seus leitores à mística quando desperta neles o desejo pelo conhecimento da Verdade que ultrapassa as fronteiras racionais e descortina o mistério divino, cuja contemplação retira o ser humano dos limites temporais, onde estão inscritas as tradições religiosas. Segundo Claude Geffré, é nesse diálogo silencioso da oração que as religiões atestam a presença de uma realidade última, transbordando a finitude do humano, e convocando o crente a uma saída de si para a comunhão com os outros fiéis no mistério insondável da transcendência. Percebe-se, assim, que a oração possibilita a vivência da gratuidade e a sensibilização do ser humano, para a edificação de um mundo pacífico. Ainda mais, a construção do Reino de Deus na terra depende da empatia entre as pessoas religiosas, pois a cooperação entre elas constitui um autêntico diálogo, o qual se dá por meio das obras de solidariedades em favor de uma sociedade mais humana e justa. Nesse sentido, o filósofo e teólogo judeu Franz Rosenzweig (1886-1929), em sua obra prima *A Estrela da Redenção,* afirma que a unicidade de cada ser humano, a realidade do mundo e a transcendência de Deus encontram sentido uma em relação à outra, constituindo os três vértices de um triângulo, que vai se correlacionar com um segundo triângulo inverso, composto pela criação que religa o mundo a Deus, a revelação divina que permite ao ser humano ser orientado pela Palavra Sagrada e a Redenção lhe dá como tarefa salvar o mundo, essencialmente pelo amor.[83] Rosenzweig expõe que um triângulo seria o judaísmo e o outro o cristianismo, e que ambos mantêm uma correlação referencial em virtude de suas raízes e propostas humanitárias. Os dois triângulos formam a estrela de Davi, que possui no centro o fogo eterno: o judaísmo, cuja irradiação é o cristianismo. Logo, as duas tradições religiosas não se excluem, ao contrário, têm o compromisso de dar testemunho vivo do Reino de Deus, por meio da Palavra que relata a revelação do amor de Deus presente nas Escrituras Hebraicas e Cristãs. Com essa afirmação, o filósofo esclarece que Deus, como aquele que salva, só pode ser reconhecido como Aquele que não quebra as promessas, ou seja, as promessas de Deus a Israel são irrevogáveis, assim como para os cristãos, e essa tensão somente será diluída através do diálogo amistoso entre os fiéis de cada religião. A busca por Deus, pelo ser humano, nasce da própria fonte divina que é transbordamento de amor, e os relacionamentos intersubjetivos, por sua vez, nascem de pessoas conscientes de que o amor de Deus só ganha concretude quando há respeito pelo outro. Assim, tendo deixado na alma humana a sua imagem e semelhança, o amor de Deus desperta e sustenta o diálogo calcado na fé revelada que culmina na redenção do gênero humano e de toda obra criada.[84]

A perspectiva teológica de Edith Stein se inscreve, também, na concepção de que Deus se revelou ao ser humano concreto nas Sagradas Escrituras e continua se dando a conhecer pela experiência que cada pessoa faz do sobrenatural no cotidiano. O enfoque de Edith Stein sobre o humano a aproxima do teólogo Hans Küng, que aponta na ética das relações humanas o caminho para o entendimento e a conversação entre

83 Franz Rosenzweig é um dos mais importantes filósofos-teólogos do século XX. Nasceu numa família de judeus assimilados, na Alemanha. Pretendia se tornar cristão, mas na busca pelas raízes do cristianismo se reencantou pela tradição judaica de seus ancestrais.

84 ROSENZWEIG, Franz. *La Estrella de la Redención*. Salamanca: Sigueme, 1997.

as religiões.[85] Dessa forma, a partir da percepção de que Deus age na humanidade, impulsionando as pessoas à conversação, se pode elaborar uma teologia do diálogo fundamentada na busca pela paz entre os povos e na apreensão do sentir existencial do "outro", o que implica o respeito à dignidade e o acolhimento da alteridade. Isto porque é na convivência social que se visibiliza a influência das concepções teológicas sobre os fiéis das diversas tradições religiosas, presentes na sociedade. Reconhecer tais presenças exige abertura, tolerância e amor entre os fiéis, bem como a necessidade de que cada tradição religiosa fortaleça a fé de seus crentes, para que esses não se percam num sincretismo que em alguns casos já deixou muitos indivíduos se tornarem ateus ou indiferentes à religião. Da parte dos teólogos, tal abertura exige um esforço na reflexão teológica sobre o mistério da presença de Deus nas religiões, esclarecendo os fiéis acerca da revelação presente no seio cultural de cada povo, conforme a riqueza e a pluralidade do mistério divino. O fenômeno da empatia facilita o relacionamento interpessoal e deverá iluminar quem tem como missão refletir as verdades da fé, bem como quem vive hodiernamente diante de posturas humanas diferenciadas, por influência de sua religião. A empatia dá vida à hermenêutica teológica que, segundo Claude Geffré, leva simultaneamente a sério tanto a historicidade da Verdade Revelada como a historicidade do intérprete humano, enquanto sujeito interpretante.

No seu livro *Crer e Interpretar*, o teólogo Claude Geffré busca responder ao desafio de uma teologia hermenêutica capaz de corresponder à experiência do pluralismo religioso.[86] No quinto capítulo, o autor incita os teólogos a refletir sobre a questão de Deus a partir da hermenêutica, pois a convivência das religiões no mesmo espaço social suscita ao fiel uma interpretação das Verdades fundamentais de sua fé, que não devem interferir no relacionamento com o "outro", no sentido de preterir a crença dele, em detrimento da sua. O teólogo, tomando a linguagem conciliar, afirma que a pluralidade das religiões em suas diferenças é um "enigma irredutível e

---

85 TEIXEIRA, *op. cit.*, p. 19.

86 GEFFRÉ, *op. cit.*, p. 173.

irrevogável". Cita o documento *Ad Gentes 11* afirmando que a diversidade religiosa constitui uma expressão das riquezas espirituais dispensadas por Deus às nações. Quando parte para elencar critérios para um "ecumenismo inter-religioso" entra em consonância com o que Stein já apontava em sua tese doutoral acerca do respeito ao "outro", sendo que o diálogo não apaga as diferenças religiosas, mas consiste em descobrir "semelhanças nas diferenças", que é uma modalidade própria da empatia. Esta, por sua vez, solicita a presença de interlocutores que se vejam com igualdade, para que o fenômeno do encontro aconteça. No pluralismo religioso, os interlocutores dialogam a partir da identidade da crença que possuem. O movimento desencadeado pelo diálogo, semelhantemente ao caminho traçado por Edith Stein, desemboca na descoberta de que muitos "eus" compõem e enriquecem a convivência social. Assim, também, cada religião deve contribuir com a promoção de uma vida melhor, para o ser humano e o bem da sociedade. Da mesma forma que o ser humano é impelido a se comunicar com o seu próximo, criando uma relação intersubjetiva, as tradições religiosas são também convocadas a criar um relacionamento gerador de vida. Geffré conclui esse capítulo da mesma forma que a filósofa conclui a sua obra *Sobre a Empatia*, isto é, os dois teólogos partem do humano para se atingir o divino: Stein fala da possibilidade da empatia do ser humano com um Espírito Superior e Geffré pontua que o diálogo inter-religioso deve retratar o ser humano em sua integridade e, ao mesmo tempo, a sua capacidade de se abrir ao mistério da alteridade transcendente de Deus.

Stein e Geffré estão imersos na cultura judaico-cristã e falam da alteridade a partir dessa concepção. O teólogo segue a sua reflexão hermenêutica se posicionando a favor do aprofundamento do mistério da encarnação de Cristo como perspectiva dialogal, já que o Verbo encarnado tem uma postura relacional aberta aos judeus e aos estrangeiros. Seguindo o exemplo do Mestre, os cristãos católicos devem se relacionar com as demais religiões, de acordo com a narração evangélica e, conforme o ensinamento do Concílio Vaticano II, tornando-se conscientes da irredutibilidade de cada tradição religiosa. A Igreja Romana, imersa na sociedade global, deve continuar a testemunhar os valores do Reino de Deus, personificados em Jesus Cristo, diante das diversas religiões, por meio de sua atividade missionária. O objetivo da missão não é promover a conversão dos fiéis de outras crenças, mas testemunhar que o seguimento de Cristo leva à convivência pacífica. Ainda mais, cabe ao cristão despertar no "outro" uma apreensão do mistério insondável de Deus, que o leve a viver melhor o relacionamento com o seu próximo, segundo ensina as grandes tradições religiosas. Isso porque a história, infelizmente, narra que em nome de Deus houve muita guerra e morte. Neste sentido, o diálogo inter-religioso recomenda que os fiéis voltem às fontes de suas crenças e façam uma hermenêutica dos ensinamentos fundamentais de sua religião, para evitar o fanatismo e os desentendimentos de toda ordem.

A proposta do Concílio Vaticano II, acerca da ação missionária da Igreja, se deu de forma concreta com Edith Stein, que não se converteu do judaísmo ao cristianismo, mas de ateia aderiu ao cristianismo. A filósofa, em meio aos seus estudos acadêmicos, se deparou com o fenômeno dos caminhos misteriosos de Deus, por meio da convivência com cristãos católicos e protestantes. O testemunho deles chamou a atenção de Stein, o amor deles por Jesus despertou nela a curiosidade por conhecê-lo. A empatia com o Judeu da Galileia mobilizou a jovem judia e a lançou novamente à religião de seus pais, porém o amor por Jesus a fez cristã. O processo de sua conversão ao cristianismo, ela insistirá, revigorou o seu judaísmo. A leitura da *Vida de Santa Teresa* fez com que descobrisse partes do mistério do Cristo, que posteriormente ela mesma experimentaria em sua vivência sacramental dentro das possibilidades da conjuntura socioeclesial do totalitarismo nazista.

O Concílio Vaticano II, inicialmente, pretendia buscar fundamentos para estabelecer uma relação dialogal com o judaísmo. Entretanto, a reflexão sobre a existência e a aceitação de Israel, como povo fiel à sua Aliança, incitou a Igreja Romana a revisar a sua teologia e, ao mesmo tempo, proporcionou aos teólogos cristãos a possibilidade de partirem para uma discussão legítima acerca do pluralismo religioso. O documento conciliar *Nostra Aetate*, com uma linguagem bastante empática, sinaliza a abertura, o acolhimento e o desejo que a Igreja Romana tem de estabelecer uma relação fraterna e dialogal com as demais religiões. *Nostra Aetate 2* afirma: "a Igreja Católica exorta seus filhos ao diálogo e à colaboração com os seguidores das outras religiões, para que deem o testemunho da fé e da sua vida cristã, reconhecendo, servindo e promovendo os bens espirituais e morais assim como os valores socioculturais presentes nelas". Essa abertura da Igreja Romana teve ótima repercussão no cenário plural que se descortinava na segunda metade do século XX.

Com essa mesma perspectiva, algumas correntes do judaísmo desde 1947 têm proposto o diálogo com os cristãos e estabelecido metas, para que esse se concretize na prática cotidiana. No ano 2000 as autoridades judaicas apresentaram o documento *Falai a Verdade – Dab'Ru Êmet* e, em 2009, o Conselho Internacional de Cristãos e Judeus (ICCJ) divulgou a atualização dos *Dez Pontos de Seelisberg*, tendo em consideração a evolução do diálogo inter-religioso no mundo. O novo documento apresenta Os *Doze Pontos de Berlim*, oferecidos como metas a serem conquistadas por judeus e cristãos, visando preparar o mundo para o Reino de Deus em sua plenitude, por meio da promoção da solidariedade, compreensão e da prosperidade humana.[87]

Em 1986, o Papa João Paulo II deu um importante passo para a consolidação do diálogo, convidando os líderes das grandes tradições religiosas para se reuniram em Assis, na Itália. O encontro teve como finalidade auxiliar os líderes religiosos a assumirem a responsabilidade em ajudar as crenças pessoais e comunitárias a "se traduzirem numa construção efetiva da paz". Nesse encontro o Papa frisou que o diálogo deve ser baseado na experiência religiosa sem cair no relativismo, nem no sincretismo. João Paulo II conclamou uma segunda reunião em 2002 e, mais uma vez, contou com a adesão da liderança das maiores instituições religiosas no mundo. O foco dessa reunião se voltou para a questão do terrorismo fundamentalista, condenando-o; as lideranças religiosas se comprometeram a instruir os seus fiéis a "não se deixar instrumentalizar pelos enfrentamentos entre nações, povos e culturas". Por fim, em 2011, o Papa Bento XVI promoveu um novo encontro em Assis,

87 Conferir anexo III.

onde se pode vislumbrar a convivência pacífica da liderança dos judeus, cristãos, muçulmanos, hindus, budistas, líderes de tradições africanas e de outras tradições espirituais. Uma novidade no encontro foi a presença de ateus, convidados pelo papa alemão a estarem presentes no evento, contribuindo com seus conhecimentos científicos.

Esse encontro inter-religioso de 2011 está em consonância com o que está sendo trabalhado nesta obra, confirmando a pessoa de Edith Stein como profecia e como testemunha do valor redentor da religião, da sacralidade do ser humano e do diálogo edificante entre os fiéis das várias religiões. Stein, quando ateia, vivia mergulhada no mundo da ciência e da cultura, buscando a verdade acerca do mistério da vida. Bento XVI, em seu discurso de abertura do encontro em Assis, descreve a realidade social do agnosticismo crescente no mundo, em meio às pessoas que não creem, mas estão à procura da verdade. O Papa repetiu a afirmação da filósofa de Breslau, dizendo que quem procura a verdade está à procura de Deus, e chama essas pessoas de "peregrinos da verdade, peregrinos da paz". De fato, Edith Stein foi uma peregrina: caminhou no judaísmo, pelo ateísmo, em meio a cristãos luteranos e católicos e finalizou a sua andança unida novamente aos judeus, como monja carmelita. No que se refere ao seu pensamento, houve um crescimento contínuo, reflexo disso é sua vasta obra que contribui com o avanço do conhecimento humano nas áreas da teologia, psicologia, filosofia, pedagogia e sociologia.

Pode-se constatar, assim, que a teóloga de Breslau semeou a empatia e cultivou a paz no seio social, com o objetivo de humanizar os indivíduos e indicar os passos da boa convivência. Stein, por meio de sua obra pedagógica, propõe a formação integral do ser humano com a finalidade de ajudar a sociedade a se aperfeiçoar e evoluir. A monja de Breslau se tornou profecia daquilo que o Papa Bento XVI propôs na abertura do encontro inter-religioso: "crentes e ateus devem se sentir juntos na caminhada para a verdade, comprometendo-se com a dignidade do homem e assumindo a causa da paz, contra toda forma de violência que destrói o direito". A experiência universitária de Edith Stein, junto às pessoas crentes, fez com que ela se sensibilizasse com o fenômeno da religião presente no coração humano.

Quando se tornou cristã, redescobriu o judaísmo e passou a dar testemunho da experiência redentora que tivera, cativando os corações humanos para Deus. A monja judia Edith Stein reza com cristãos luteranos, católicos e judeus, reconhecendo o valor espiritual das religiões. De certa forma, Stein – ciente de que a convivência e a oração com outras espiritualidades enriqueciam o seu universo religioso – antecipa o grande evento macro ecumênico iniciado por João Paulo II e continuado por seus sucessores.

No início do século XXI, a sociedade tem avançado no reconhecimento dos direitos humanos, contudo os mesmos não têm sido reconhecidos e respeitados pela grande parcela da sociedade globalizada e, de forma geral, a negligência para com tais direitos é aviltante, por isso, um dos objetivos do Encontro de Assis, em 2011, foi justamente pontuar que todos os seres humanos são irmãos, e que Deus atua em todo ser humano, que usando da razão pode perceber a existência do mistério de Deus e reconhecer nas sociedades valores universais. Como se sabe, a sacralidade do ser humano foi objeto de pesquisa e a grande causa da vida de Edith Stein. Ao perscrutar a alma humana, a filósofa se deu conta de que o *Totalmente Outro*, em seu mistério insondável, ultrapassa o horizonte do que a pessoa sozinha é capaz de conceber; por isso Stein apresenta a empatia como uma ética capaz de levar o ser humano a uma convivência altruísta e, através dessa, a uma partilha do que foi captado da experiência intersubjetiva e religiosa. A sua reflexão e a sua vivência são presságios do que o cardeal Jean-Louis Tauran, na época presidente do Conselho Pontifício para o Diálogo Inter-Religioso, organismo da Santa Sé, indicou como um dos objetivos do Encontro de Assis em 2011: "identificar, nas diferentes tradições religiosas, o patrimônio dos valores éticos comuns que permite aos crentes contribuir, como tais, para a afirmação da justiça, da paz e da harmonia". Dessa forma, o Encontro abordou, de maneira ainda mais explícita que os encontros macro ecumênicos de 1986 e 2002, o artigo segundo da Declaração *Nostra Aetate*: "A Igreja católica não rejeita nada que há de santo e verdadeiro nessas religiões. Considera com sincero respeito os modos de agir e de viver, os preceitos e doutrinas que, por mais que discordem do que ela professa e ensina, não poucas vezes refletem uma centelha daquela Verdade que ilumina todos os homens". Segundo o cardeal Tauran, o diálogo deve ser "um espaço para o testemunho recíproco entre os fiéis das diferentes crenças, a fim de que conheçam a religião do 'outro' e os comportamentos éticos que emanam dela". O Encontro ainda propôs como metas a convivência pacífica e solidária, a promoção de uma cultura do diálogo, e o respeito pelas convicções de crentes e não crentes.

Desde o início do pontificado do Papa Francisco o mundo contempla uma "Igreja em saída" na pessoa do sucessor de Pedro. Francisco já visitou vários países onde a população é de maioria muçulmana, budista, israelense, dentre outros credos, sempre esboçando o seu desejo de fortalecer os laços humanitários que congrega todos os povos. O Santo Padre, em seus discursos, tem manifestado o apelo para que todas as tradições religiosas se engajem em prol da dignidade do ser humano e no combate aos problemas que deterioram os relacionamentos entre os povos, dentre eles a injustiça social que causa miséria e leva milhões de pessoas à exclusão social, deixando-as sujeitas a doenças, à fome e, consequentemente, à morte. No encontro com os muçulmanos no Egito, o Papa enfatizou a importância da educação das novas gerações, tendo em consideração o dado antropológico que sustenta ser a pessoa humana chamada a abertura relacional, independentemente de sua cultura e orientações de vida. Ainda, acrescentou que caberá à pedagogia religiosa despertar em seus fiéis o desejo de superação da tentação da rigidez e do fechamento, própria do fanatismo que gesta a violência, e promover o diálogo aberto e dinâmico, humilde e ao mesmo tempo indagador, valorizando o passado e facilitando o diálogo com o presente. Conclui-se, assim, que o Pontífice é um promotor do diálogo, e sua atuação sensibiliza a condição humana tão preciosa para a filósofa de Breslau. De fato, Edith Stein, por meio da empatia, vivenciou o drama das pessoas no entreguerras e se deu conta de como a questão econômica influenciou a nação Alemã a usurpar a liberdade e os recursos financeiros de seus cidadãos, desdenhando da condição humana, inclusive tratando os judeus como sub-humanos e abandonando o seu povo à miséria, além de submetê-los à alienação política e religiosa. O clamor de Edith Stein pela vida humana ressoa no coração da sociedade e encontra acolhida também no pontificado do Papa Francisco, que propõe como meta para um diálogo inter-religioso promissor o trabalho conjunto das tradições religiosas, para a superação da pobreza e a promoção integral do ser humano, visando a construção do Reino de Deus na terra: "O caminho da fé leva-nos mais longe que o do conhecimento filosófico: ao Deus pessoal e próximo, Àquele que é o todo amante, o misericordioso, a uma certeza que nenhum conhecimento natural pode dar".[88]

88 HERBSTRITH, Waltraud. *Edith Stein: A loucura da cruz*. Paris: Éditions du Signe, 1997, p. 17.

Conclusão

Esta obra constata que Edith Stein está presente na história da humanidade, interpelando as pessoas à vivência da fraternidade dialogal. Como filósofa, Stein continua a despertar no coração humano o desejo pela verdade que concilia a racionalidade com o mistério. No seio da Igreja Católica Apostólica Romana, a monja carmelita dá testemunho de santidade pela força e serenidade que brotam de sua personalidade no enfrentamento de tempos sombrios. O fato de nascer e morrer entre os judeus confirma a pertença de Stein ao Povo de Israel por amor.

A abertura dialogal de Edith Stein pode ser vislumbrada no desenrolar de sua história, já em sua juventude demonstra não ter dificuldade em lidar com pessoas e ideias diferentes à sua formação. A sua busca pela verdade dos fatos, através do estudo da fenomenologia, a fez aceitar as diversas manifestações da vida. Em meio a essas manifestações, o fenômeno da religião surge com uma densidade que fez mudar a sua opção fundamental de vida. Passa do ateísmo para um catolicismo fervoroso, deixa de pensar no casamento e decide entrar para a vida monástica, renuncia a oportunidade da docência em outros países para se tornar postulante e noviça num mosteiro na própria Alemanha; perde a família que não compreende a sua conversão ao cristianismo e, por fim, entrega a sua vida, morrendo como mártir judia e cristã pela Santificação do Nome.

Este trabalho, certamente, ilumina aqueles que vivem momentos de turbulência seja em relação à falta de sentido pela vida, seja pelo relativismo moderno, seja ainda pela instrumentalização do ser humano como se fosse um mero objeto. Edith Stein lida com essas realidades no mundo universitário e nos relacionamentos truncados na sociedade, como o preconceito em relação à mulher. Por outro lado, experimentou a fraternidade entre pessoas de diversas crenças e, ainda, de descrentes e ateus. A realidade das duas primeiras décadas do século XX forjou nela o desejo de conceber um sistema que pudesse conciliar as pessoas entre si, e que possibilitasse igualmente a harmonização e o equilíbrio da pessoa. A sua proposta diante de todas essas situações está apresentada em sua obra *Sobre o problema da empatia*. Como pedagoga, Stein ensina que o fenômeno da empatia aproxima as pessoas, para que vivam a fraternidade e o respeito entre si.

Como se viu neste estudo, a partir da empatia, Stein passa a desenvolver o seu pensamento, centrando-se na antropologia fenomenológica. A filósofa articula a sua reflexão em suas diversas obras, que serão divididas posteriormente em escritos filosóficos, pedagógicos e místicos. Na filosofia, Edith Stein aplica o método fenomenológico sobre a realidade humana imersa no seio social, buscando levar as pessoas a viver de forma empática, para o bem pessoal, da comunidade e do próprio Estado. Nesses escritos se percebe o comprometimento da filósofa com os acontecimentos sociais e políticos de sua época. Ela aposta na empatia a chance das pessoas se reconhecerem em sua dignidade humana, composta de corpo, psique (alma) e espírito. A crença nos valores do ato empático inviabilizaria o caos que já se despontava novamente no horizonte de uma Europa que acabara de sair da Primeira Guerra Mundial.

A proposta da empatia no diálogo judaico-cristão visa favorecer a aproximação e o diálogo entre essas duas tradições religiosas, que têm em Edith Stein um verdadeiro baluarte. Sabe-se que após a destruição do Templo de Jerusalém, por volta do ano 70 da Era Comum, cristãos e judeus seguiram caminhos diferenciados, a partir da realidade enfrentada. A identidade de cada grupo foi sendo transformada pela inculturação no mundo greco-romano, ao mesmo tempo em que o judaísmo e o cristianismo buscavam firmar a identidade de seu sistema religioso. Todavia, a base para a permanência da cultura e da religião judaica e cristã se solidificou, na passagem do primeiro para o segundo século da Era Comum, com a oficialização dos livros assumidos por judeus e cristãos, denominados de Bíblia Hebraica ou Antigo Testamento ou, ainda, Primeiro Testamento. Essa base é fundamental para se estabelecer um laço de mútua compreensão e perdão pelos erros e atritos do passado. A empatia, vinculada a essa base, quer ser o apoio para o diálogo das atuais comunidades judaicas e cristãs. O judeu, ciente de sua própria experiência religiosa, pode, a partir dela, entender um pouco daquilo que se passa na alma do cristão católico, captando as suas expressões e os valores desencadeados pela sua vivência espiritual. Edith Stein, após a sua adesão ao catolicismo, voltou a frequentar a sinagoga, onde orava com muita liberdade, pois sabia que estava em casa. Ela soube apreender a base que unifica cristãos e judeus, conseguiu, também, entrar nesses dois universos, respeitando ambos e valorizando-os em suas respectivas tradições.

A empatia é um fenômeno que demanda a existência de interlocutores que tenham a humanidade em comum, independentemente de uma confissão religiosa. No entanto, o fato de ter uma crença deve facilitar e fortalecer o diálogo com a troca de experiência da manifestação do sagrado em cada tradição religiosa. É justamente isso que vem se dando entre judeus e católicos nas últimas décadas. Esse diálogo possibilita a consciência universal de que, para além de uma única religião, há um mistério maior que une as tradições espirituais numa efetiva e possível comunicação que acontece através da empatia. Esse fenômeno permite ao fiel sentir em sua alma o que se passa no coração do crente de outra religião. Dessa forma, há uma autonomia religiosa e, ao mesmo tempo, existem também estruturas comuns, como o sentimento religioso entre os fiéis das diversas religiões.

Um passo a mais no processo de aproximação entre católicos e judeus foi o reconhecimento, por parte da Igreja Romana, de que no decorrer da história, a grande luta dos judeus foi por sua sobrevivência, e no século XX, com o advento do Estado de Israel, os judeus conquistaram o direito de viver e de existir de forma digna em sua terra. No final do século passado, a Igreja Católica reconheceu o Estado de Israel e o Papa João Paulo II formalizou o diálogo com as autoridades religiosas do judaísmo. Os pontífices que o sucederam têm buscado estreitar ainda mais os laços de fraternidade com o Povo da Primeira Aliança.

Assim, confirma-se a hipótese de que a empatia é o caminho natural para o intercâmbio entre as religiões, possibilitando ao crente entender que a experiência espiritual do "outro" é semelhante à sua. A intersubjetividade garante a vivência pacífica das várias religiões numa estrutura comunitária. Diante de tudo o que foi refletido, pode-se afirmar que Edith Stein manifesta, em sua vida e em sua obra, ser uma pessoa que encarna a empatia, reflexo de sua vivência dialogal entre cristãos e judeus. Como religiosa, conduz as pessoas a uma experiência mística, onde poderão vivenciar plenamente a união de todos os povos com Deus. A reflexão steiniana a coloca como precursora não só do diálogo judaico-cristão, mas também do diálogo inter-religioso, a partir do *Einfühlung* como polo unificador de todas as pessoas.

Referências bibliográficas

Obras e artigos de Edith Stein

STEIN, Edith. *A oração da Igreja*. Rio de Janeiro: Agir, 1958.

______. *Obras Selectas*. 2. ed. Burgos: Monte Carmelo, 1998.

______. "Escritos autobiográficos y cartas". In: URKIZA, Julien; SANCHO, Francisco Javier (Orgs.). *Obras Completas*. Burgos: Monte Carmelo, 2002, v. I.

______. *Ser finito y ser eterno: Ensayo de una ascensión al sentido del ser.* México: Fondo de Cultura Econômica, 2002.

______. "Escritos antropológicos y pedagógicos". In: URKIZA, Julien; SANCHO, Francisco Javier (Orgs.). *Obras Completas*. Burgos: Monte Carmelo, 2003, vol. IV.

______. *Sobre el problema de la empatía*. Madri: Trotta, 2004.

______. *Source cachée: Oeuvres spirituelles*. Paris: Cerf, 2004.

______. "Escritos filosóficos: Etapa fenomenológica". In: URKIZA, Julien; SANCHO, Francisco Javier (Orgs.). *Obras Completas*. Burgos: Monte Carmelo, 2005, vol. II.

______. "Escritos filosóficos: Etapa del pensamiento cristiano". In: URKIZA, Julien; SANCHO, Francisco Javier (Orgs.). *Obras Completas*. Burgos: Monte Carmelo, 2007, vol. III.

STEIN, Edith. *A Ciência da Cruz: Estudo sobre São João da Cruz*. São Paulo: Loyola, 2008, n. 5.

STEIN, Edith; WALTHER, Gerda. *Incontri possibili: Empatia, telepatia, comunità, mistica*. Editado por Angela Ales Bello e Maria Pia Pellegrino. Roma: Castelvecchi, 2014.

Obras e artigos sobre Edith Stein

ALES BELLO, Angela. *Fenomenologia e Ciências Humanas*. Bauru: Edusc, 2004.

______. *Pessoa e comunidade. Comentários: Psicologia e ciências do espírito de Edith Stein*. Belo Horizonte: Artesã. 2015.

ALES BELLO, A.; CHENAUX, P. (Orgs.). *Edith Stein e il nazismo*. Roma: Città Nuova, 2005.

ALES BELLO, A.; ZIPEL, Nicola. *Ripensando l`umano: In dialogo com Edith Stein*. Roma: Castelvecchi, 2015.

ALFIERI, Francesco. *Pessoa humana e singularidade em Edith Stein*. São Paulo: Perspectiva, 2014.

BINGEMER, Maria Clara; PINHEIRO, Marcus Reis (Orgs.). *Narrativas místicas: Antologia de textos místicos da história do cristianismo*. São Paulo: Paulus, 2016.

BINGEMER, Maria Clara L.; YUNES, Eliana (Orgs.). *Profetas e Profecias: Numa visão interdisciplinar e contemporânea*. São Paulo: Loyola, 2002.

BINGGELI, S. "Edith Stein et la femme: Perspectives anthropologiques et spirituelles". *Nouvelle Revue Théologique*, 4 (123): 583-602, 2001 (França, Les Deux Mois).

CAMPOS, Fernando Arruda. "O tomismo de Edith Stein: Um diálogo com a fenomenologia de Husserl". *Convivium*, 49 (6): 528-534, 1982 (São Paulo).

CARDOSO, Carolina de R. Damas. *Contribuição de Edith Stein para a psicologia científica*. Curitiba: Appris, 2014.

CONRAD-MARTIUS, Hedwig. "Edith Stein". *Archives de Philosophie*, 22 (2): 163-174, 1959 (Paris, Beauchesne et ses fils).

DOBHAN, Ulrich. "Teresa de Avila y Edith Stein". *Communio*, 20 (2): 1999 (Espanha: Encuentro).

DOBNER, C. *Il libro dai sette sigilli, Edith Stein: Torah e Vangelo*. Saronno: Monti, 2008.

DRIESSCHE, Thibault Van Den. "Le sens Du renoncement...: Quand Edith Stein commente Jean de la Croix". *Ephemerides Teologicae Lovanienses*, 82 (4): 317-332, 2006 (França).

FACULDADE DE SÃO BENTO DO RIO DE JANEIRO. *Revista Coletânea*, 2 (4), jul.-dez. 2003 (Rio de Janeiro).

FERMIN, Francisco J. Sancho. *Edith Stein: Modelo y maestra de Espiritualidad*. 3. ed. Burgos: Monte Carmelo, 1998.

GARCIA, Jacinta Turolo. *Edith Stein e a formação da pessoa humana*. 2. ed. São Paulo: Loyola, 1987.

GARCIA, J. T.; SCIADINI, P. *Edith Stein: Holocausto para seu povo*. São Paulo: Loyola, 1987.

GYRÃO, Maria L. *Justiça a Edith Stein*. Rio de Janeiro: Fábrica de Livros, 2010.

HECHT, Emmanuel; SERVENT, Pierre. *O século de sangue – 1914-2014: As vinte guerras que mudaram o mundo*. São Paulo: Contexto, 2015.

HEIMPEL, Joseph. *Il rapporto tra la persona e la comunità nella visione Cristiana di Edith Stein*. Roma: OCD, 2005.

HERBSTRITH, Waltraud. (Teresia a Madre Dei). *Edith Stein: En busca de Dios*. Estela (Navarra): Verbo Divino, 1969.

______. *Demorar-se com Deus: Orar com João da Cruz, Teresa de Ávila, Teresa de Lisieux, Edith Stein*. São Paulo: Loyola, 1987.

______. *Edith Stein*. Madri: Editorial de Espiritualidad, 1987.

HERBSTRITH, Waltraud. *Edith Stein, a biography*. 2 ed. São Francisco: Ignatius Press, 1992.

______. *Edith Stein: A loucura da Cruz*. Paris: Editions du Signe, 1998.

______. *Edith Stein: Vita e testimonianze*. 5. ed. Roma: Città Nuova, 2000.

HOEGEN, M. *Edith Stein e il problema dell'empatia*. Roma: Studium, 1986.

KUSANO, Mariana Bar. *A antropologia de Edith Stein: Entre Deus e a filosofia*. São Paulo: Ideias & Letras, 2014.

LÉNA, Marguerite. "Edith Stein et Madeleine Daniélou: Le mystère de la personne au coeur de l'education". *Lumiere e vie*, 55 (269): 15-28, 2006 (França).

MARGARINO, Annalisa. *In Statu Viae: La fenomenologia religiosa in Edith Stein*. Roma: Edizioni OCD, 2002.

MEDEIROS, Frei Tito Figuerôa de. "Judaísmo e cultura em Edith Stein". *Grande Sinal*, 54 (3): 2000 (Petrópolis, Vozes).

MIRIBEL, Elisabeth. *Edith Stein: Como ouro purificado pelo fogo*. 2. ed. Aparecida, SP: Santuário, 2001.

NABUCO, Maria Anna. *Edith Stein: Convertida, carmelita, mártir*. Petrópolis: Vozes, 1955.

NOVINSKY, Ilana Waingort. *Em busca da verdade em tempos sombrios: Edith Stein*. São Paulo: Humanitas/FAPESP, 2014.

PERETTI, Clélia. *L'empatia nel rapporto interpersonale*. Dissertatio ad gradum Magisterii. Institutum Superius Scientiarum Religiosarum "Redemptor Hominis". Roma: Diss. Pontificium Athenaeum Antonianum, Roma, Itália, 1997.

RASTOUIN, Cécile. *Edith Stein (1891-1942): Enquête sur la Source*. Paris: Cerf, 2007.

RUS, Eric. *A visão educativa de Edith Stein: Aproximação a um gesto antropológico integral.* Belo Horizonte: Artesã, 2015.

SBERGA, Adair Aparecida. *A formação da pessoa em Edith Stein*. São Paulo: Paulus, 2014.

SCIADINI, Patrício. "Uma excelsa filha de Sião: Beata Edith Stein, carmelita descalça". *Grande Sinal*, 43 (3): 1989 (Petrópolis, Vozes).

SLEIMAN, J.; BORRIELLO, L. *Edith Stein: Testimone di oggi, profeta per domani*. Cidade do Vaticano: Librería Editrice Vaticana, 1998.

VOLTO SANTO, M. C. *Edith Stein: Un`ebrea testimone per la verità*. Milão: San Paolo, 1996.

Obras e artigos sobre o diálogo inter-religioso

BEUTHNER, Avraham Tsi. *Histórias maravilhosas*. Rio de Janeiro: A. Tsvi Beauthner, 2012.

BIZON, J. (Org.). *Diálogo católico-judaico no Brasil: Comissão Nacional de Diálogo Religioso Católico Judaico*. São Paulo: Loyola, 2005.

BRUTEAU, Beatrice (Org.). *Jesus segundo o judaísmo: Rabinos e estudiosos dialogam em nova perspectiva a respeito de um antigo irmão*. São Paulo: Paulus, 2003.

CONCILIUM. Fascículos 339-343. Petrópolis: Vozes, 2011.

COSTA, Armando C.; MARTINS FILHO, Ives G. (Orgs.). *João Paulo II: Encíclicas, n. 3*. São Paulo: LTr, 2003.

DALAI-LAMA. *Minha autobiografia espiritual: Ensinamentos, objetivos e discursos*. Rio de Janeiro: Bertrand Brasil, 2009.

DUPUIS, Jacques. *Rumo a uma teologia cristã do pluralismo religioso*. São Paulo: Paulinas, 1999.

FINGUERMAN, Ariel. *A teologia do holocausto: Como os pensadores judeus e cristãos explicam Auschwitz*. São Paulo: Paulus, 2012.

FONSECA, Gisa (Org.). *Os Doze Pontos de Berlim e a história da transformação de um relacionamento*. São Leopoldo: Oikos, 2012.

GEFFRÉ, Claude. *Crer e Interpretar.* Petrópolis: Vozes, 2004.

______. *De Babel a Pentecostes: Ensaios de teologia inter-religiosa*. São Paulo: Paulus. 2013.

HESCHEL, Abraham Joshua. *Deus em busca do homem*. São Paulo: Arx, 2006.

KLINGER, Elmar. *Jesus e o diálogo das religiões*: O projeto do pluralismo. Aparecida: Santuário, 2010.

KNITTER, Paulo F. *Introdução às teologias das religiões*. São Paulo: Paulinas, 2008.

KÜNG, Hans. *El Judaísmo: Pasado, presente y futuro*. 6. ed. Madri: Trotta, 2007.

LOHFINK, Norbert. *L'alleanza mai revocata: Riflessioni esegetiche per il dialogo tra cristinai ed ebrei*. Bréscia: Queriniana, 1991.

ORO, Ivo Pedro. *O outro é o demônio: Uma análise sociológica do fundamentalismo*. São Paulo: Paulus, 1996.

OTTO, Rudolf. *O Sagrado: Os aspectos irracionais na noção do divino e sua relação com o racional*. São Leopoldo: Sinodal/EST; Petrópolis: Vozes, 2007.

PONTÍFICIO CONSELHO PARA O DIÁLOGO INTER-RELIGIOSO. *Diálogo e anúncio*. 4. ed. São Paulo: Paulinas, 2005.

SACROSANCTUM OECUMENICUM CONCILIUM VATICANUM SECUNDUM. Const. Dog. *Lumen Gentium*, 21 nov. 1964.

______. Const. Past. *Gaudium et Spes*, 07 dez. 1966.

______. Decreto *Unitatis Redintegratio*, 21 nov. 1964.

______. Decreto *Ad Gentes*, 07 dez. 1963.

______. Declaração *Nostra Aetate*, 28 out. 1965.

TEIXEIRA, Faustino. *Teologia das Religiões: Uma visão panorâmica*. São Paulo: Paulinas, 1995.

______. *No limiar do mistério: Mística e religião*. São Paulo: Paulinas, 2010.

THOMA, Clemens. *Teologia cristiana dell'ebraismo*. Casale Monferrato: Marietti, 1983.

Obras e artigos complementares

ABBAGNANO, N. *Dicionário de filosofia*. São Paulo: Martins Fontes, 2000.

ARMSTRONG, Karen. *Uma história de Deus: Quatro milênios de busca do judaísmo, cristianismo e islamismo*. São Paulo: Schwarcz, 1994.

AZRIA, Régine. *O Judaísmo*. Bauru: Edusc, 2000.

BAUMAN, Zygmunt. *Amor líquido: Sobre a fragilidade dos laços humanos*. Rio de Janeiro: Zahar, 2004.

BÍBLIA. Tradução Ecumênica. 2. ed. São Paulo: Loyola, 1995.

BORGER, Hans. *Uma história do povo judeu: De Canaã à Espanha*. 2. ed. São Paulo: Sêfer, 2001, v. 1.

BÖSEN, Willibald. *Ressuscitado segundo as Escrituras: Fundamentos bíblicos da fé pascal*. São Paulo: Paulinas, 2015.

BOURSIER, Jean-Yves (Org.). *Musées de guerre et mémoriaux: Politiques de la mémoire*. Paris: Éditions de la Maison des sciences de l`homme, 2005.

BUBER, Martin. *Eu e Tu*. São Paulo: Moraes, 1974.

BROD, Menachem M. *Os dias de Mashiach: A redenção e a vinda de Mashiach nas fontes judaicas*. São Paulo: Associação Israelita de Beneficência, 1992.

CAMACHO, Ildefonso. *Doutrina social da igreja: Abordagem histórica*. São Paulo: Loyola, 1995.

CAMPOLINA MARTINS, A. H. "Da monstração fenomenológica à demonstração lógica: A leitura fenomenológica de Tomás de Aquino na síntese de Edith Stein". *In*: DREHER, L. H. (Org.). *A essência manifesta*. Juiz de Fora: Editora UFJF, 2003.

CARMO, Raymundo E. *Fenomenologia Existencial: Estudos introdutórios*. Belo Horizonte: O Lutador, 1974.

CRÔNICA DEL HOLOCAUSTO. Madri: Libsa, 2002.

DARTIGUES, André. *O que é Fenomenologia*. Rio de Janeiro: Eldorado, 1973.

DENZINGER, H.; HÜNERMANN, P. *Compêndio dos símbolos, definições e declarações de fé e moral*. São Paulo: Loyola/Paulinas, 2007.

ESTUDOS DA CNBB – 46. *Guia para o diálogo católico-judaico no Brasil.* São Paulo: Paulinas, 1986.

GOMES, C. Folch. *Antologia dos Santos Padres*. São Paulo: Paulinas, 1979

HUSSERL, Edmund. *Investigações lógicas: Sexta Investigação – Elementos de uma elucidação fenomenológica do conhecimento*. São Paulo: Nova Cultural, 1996.

______. *Meditações Cartesianas: Introdução à fenomenologia*. São Paulo: Madras, 2001.

IOANNES PAULI PP. Const. Apost. *Divinus Perfectionis Magister: Sobre a nova Legislação relativa às causas dos santos*, 25 de janeiro de 1983.

ISAAC, Jules. *Jesus e Israel*. São Paulo: Perspectiva, 1986.

JAPIASSÙ, H.; MARCONDES, D. *Dicionário básico de filosofia*. 5. ed. Rio de Janeiro: Zahar, 2008.

JOÃO DA CRUZ. *Obras Completas, n. 3*. Fátima: Carmelo de São José, 1977.

LECOMTE, Bernard. *João Paulo II*. Rio de Janeiro: Record, 2005.

LIBANIO, João Batista. *Eu creio, nós cremos: Tratado da fé*. São Paulo: Loyola, 2000.

MAHFOUD, M.; MASSIMI, M. (Orgs.). *Edith Stein e a psicologia: Teoria e pesquisa*. Belo Horizonte: Artesã, 2013.

MAIMÔNIDES, M. *Excerto sobre a profecia e as leis dos reis*. São Paulo: Maayanot, 1995.

______. *O Guia dos Perplexos: Parte 1*. São Paulo: Landy, 2003.

______. *O Guia dos Perplexos: Parte 2*. São Paulo: Landy, 2004.

MERTON, Thomas. *Questões abertas*. Rio de Janeiro: Agir, 1963.

REVISTA MAGIS: CADERNOS DE FÉ E CULTURA. A Igreja e a sinagoga: Nos caminhos do diálogo judeu-cristão, n. 15, 1996 (Rio de Janeiro: Centro Loyola de Fé e Cultura /PUC-Rio).

______. *Judeus e cristãos em diálogo*, n. 33, 2000 (Rio de Janeiro: Centro Loyola de Fé e Cultura /PUC-Rio).

REVISTA MORASHÁ, n. 75, abril de 2012 (C&D Editora e Gráfica).

REVISTA PERGUNTE E RESPONDEREMOS, ano XL, n. 443, abril de 1999.

RICOUER, Paul. *Na escola da fenomenologia*. Petrópolis: Vozes, 2009.

ROSENZWEIG, Franz. *La estrella de la redención*. Salamanca: Sigueme, 1997.

SANTA TERESA DE JESUS. *Obras completas: Moradas ou castelo interior.* Porto: Carmelo do Coração Imaculado de Maria, 1970.

SCHELER, Max. *Nature et formes de la sympathie*. Paris: Payot, 2003.

TERESA DE JESUS. *Livro da Vida*. São Paulo: Paulinas, 1983.

Filmes

A SÉTIMA MORADA. Zono Press. Márta Mészáros. Polônia, 1995, DVD, 105 min.

CORINGA. Dir. Todd Phillips. EUA, 2019, 122 min.

GÊNIO INDOMÁVEL. Gus van Sant. EUA, 1997, 126 min.

SAFRA, Gilberto. *A dimensão do espírito no ser humano: apreensão do sentido originário inerente às coisas e ao outro. Estudo de Edith Stein*. Série: Contribuições dos filósofos para a prática clínica. São Paulo: Edições Sobornost: aulas ministradas no LET – Laboratórios de Estudos da Transicionalidade em 11 de novembro de 2006. DVD 1 e 2.

SAFRA, Gilberto. *Conhecimento, espírito e amor: Os eixos principais da condição humana. Estudo sobre Edith Stein*. Série: Contribuições dos filósofos para a prática clínica. São Paulo: Edições Sobornost: aulas ministradas no LET – Laboratórios de Estudos da Transicionalidade em 06 de agosto de 2005. DVD 2.

SAFRA, Gilberto. *O ser humano*: *Corpo, psique e espírito. Estudo de Edith Stein*. Série: Contribuições dos filósofos para a prática clínica. São Paulo: Edições Sobornost. Aulas ministradas no LET – Laboratórios de Estudos da Transicionalidade em 12 de agosto e 2 de setembro de 2006. DVD 1 e 2.

ANEXO I
Carta de Edith Stein ao Papa Pio XI[1]

Edith Stein, ciente da ideologia nazista e da perseguição a todos que se opusessem ao sistema governamental, não hesitou em escrever ao Papa Pio XI, já que não poderia ter uma audiência com o Pontífice da Igreja, denunciando o mal-estar social na Alemanha e profetizando que o pior ainda estaria por acontecer. Esta carta de Stein tornou-se pública em 15 de fevereiro de 2003, por ocasião da abertura parcial dos arquivos do Vaticano. O conteúdo do documento, em virtude de sua fundamentação ética, política e religiosa, motivou uma Jornada de Estudos na Pontifícia Universidade Lateranense em 2003 e, posteriormente, foi publicado na coletânea de ensaios *Edith Stein e o nazismo*.[2]

Münster, 12 de abril de 1933

Santo Padre!

Como filha do povo judeu, que pela graça de Deus, há onze anos, é filha da Igreja Católica, eu ouso exprimir ao Pai da Cristandade aquilo que preocupa a milhões de alemães.

Há muitas semanas que nós somos espectadores, na Alemanha, de acontecimentos que mostram um total menosprezo pela justiça e pela humanidade,

1 BINGEMER, M. Clara; PINHEIRO, Marcus Reis (Orgs.). *Narrativas Místicas: Antologia de textos místicos da história do cristianismo*. São Paulo: Paulus, 2016, p. 365-367.

2 ALES BELLO, A.; CHENAUX, P. (Orgs.). *Edith Stein e il nazismo*. Roma: Città Nuova, 2005.

para não falar do amor ao próximo. Durante anos, os chefes do nacional-socialismo pregaram o ódio contra os judeus. Agora que eles conseguiram o poder e armaram os seus seguidores – entre os quais figuram alguns elementos criminosos conhecidos –, eles recolhem o fruto do ódio que semearam.

Que se cometiam violências, até pouco tempo, era admitido pelo regime. Não podemos ter ideia de até que ponto isso ocorria porque a opinião pública está amordaçada. Do que eu posso julgar por mim mesma, sobre a base de minhas relações pessoais, sei que não se trata absolutamente de casos isolados. Sob a pressão de vozes provenientes do exterior, o Regime passou a métodos mais "suaves" e tem emitido ordens para que "não se toque em um cabelo de qualquer judeu".

Este boicote – que nega às pessoas a possibilidade de desenvolver uma atividade econômica, privando-as da dignidade de cidadão e da pátria – tem empurrado muita gente ao suicídio: cinco casos foram trazidos ao meu conhecimento, somente dentre os que me estão mais próximos.

Estou convencida de que se trata de um fenômeno geral que provocará muitas outras vítimas. Pode-se pensar que os infelizes não terão tido bastante força moral para suportar seu destino. Mas se a responsabilidade cai em grande parte sobre aqueles que os empurraram a tal gesto, ela recai também sobre aqueles que se calam.

Tudo isto que aconteceu e que acontece cotidianamente vem de um governo que se define como "cristão". Não somente os judeus, mas também milhares de fiéis católicos da Alemanha – e, eu penso, do mundo inteiro – aguardam até depois de semanas e esperam que a Igreja de Cristo faça ouvir a sua voz contra um tal abuso do nome de Cristo.

A idolatria da raça e do poder do Estado, com a qual o rádio martela cotidianamente as massas, não é uma heresia aberta? Esta guerra de extermínio contra o sangue judeu não é ela um ultraje à santíssima humanidade de Nosso Salvador, da bem-aventurada Virgem e dos apóstolos? Não é isso uma oposição absoluta ao comportamento de Nosso Senhor e Redentor, que, mesmo sobre a cruz, orou por seus perseguidores? E não é isso uma mancha escura na crônica deste Ano Santo, que deveria ser um tornar o ano de paz e de reconciliação?

Todos nós que olhamos a atual situação alemã como filhos fiéis da Igreja receamos o pior para a imagem mundial da própria Igreja se o silêncio se prolongar por mais tempo. Nós estamos também convencidos de que este silêncio não pode por muito tempo obter a paz do atual governo alemão. A guerra contra o catolicismo se desenvolve na surdina e com meios menos brutais do que contra o judaísmo, mas de modo não menos sistemático. Não se passará muito tempo antes que um católico não possa mais ter um emprego, a menos que se submeta, incondicionalmente, à nova corrente.

Aos pés de Vossa Santidade, pedindo a bênção apostólica.

Dra. Edith Stein
Docente do Instituto Alemão
de Pedagogia Científica do Colégio Marianum de Münster / Westphalia

ANEXO II
Declaração *Nostra Aetate* sobre a relação da igreja com as religiões não cristãs

4. A RELIGIÃO JUDAICA

Sondando o mistério da Igreja, este sagrado Concílio recorda o vínculo com que o povo do Novo Testamento está espiritualmente ligado à descendência de Abraão.

Com efeito, a Igreja de Cristo reconhece que os primórdios da sua fé e eleição já se encontram, segundo o mistério divino da salvação, nos patriarcas, em Moisés e nos profetas. Professa que todos os cristãos, filhos de Abraão, segundo a fé, estão incluídos na vocação deste Patriarca e que a salvação da Igreja foi misticamente prefigurada no êxodo do povo escolhido da terra da escravidão. A Igreja não pode, por isso, esquecer que foi por meio desse povo, com o qual Deus se dignou, na sua inefável misericórdia, estabelecer a antiga Aliança, que ela recebeu a revelação do Antigo Testamento e se alimenta da raiz da oliveira mansa, na qual foram enxertados os ramos da oliveira brava, os gentios. Com efeito, a Igreja acredita que Cristo, nossa paz, reconciliou pela cruz os judeus e os gentios, de ambos fazendo um só, em Si mesmo.

Também tem sempre diante dos olhos as palavras do Apóstolo Paulo a respeito dos seus compatriotas: "deles é a adoção filial e a glória, a aliança e a legislação, o culto e as promessas; deles os patriarcas, e deles nasceu, segundo a carne, Cristo" (Rom. 9: 4-5), filho da Virgem Maria. Recorda ainda a Igreja que os Apóstolos, fundamentos e colunas da Igreja, nasceram do povo judaico, bem como muitos daqueles primeiros discípulos, que anunciaram ao mundo o Evangelho de Cristo.

Segundo o testemunho da Sagrada Escritura, Jerusalém não conheceu o tempo em que foi visitada, e os judeus, em grande parte, não receberam o Evangelho; antes, não poucos se opuseram à sua difusão. No entanto, segundo o Apóstolo, os judeus continuam ainda, por causa dos patriarcas, a ser muito amados de Deus, cujos dons e vocação não conhecem arrependimento. Com os profetas e o mesmo Apóstolo, a Igreja espera por aquele dia, só de Deus conhecido, em que todos os povos invocarão a Deus com uma só voz e "o servirão debaixo dum mesmo jugo" (Sof. 3: 9).

Sendo assim tão grande o patrimônio espiritual comum aos cristãos e aos judeus, este sagrado Concílio quer fomentar e recomendar entre eles o mútuo conhecimento e estima, os quais se alcançarão, sobretudo por meio dos estudos bíblicos e teológicos e com o diálogo fraterno.

Ainda que as autoridades dos judeus e os seus sequazes urgiram a condenação de Cristo à morte, não se pode, todavia, imputar indistintamente a todos os judeus que então viviam, nem aos judeus do nosso tempo, o que na Sua paixão se perpetrou. E embora a Igreja seja o novo Povo de Deus, nem por isso os judeus devem ser apresentados como reprovados por Deus e malditos, como se tal coisa se concluísse da Sagrada Escritura. Procurem todos, por isso, evitar que, tanto na catequese como na pregação da Palavra de Deus, se ensine seja o que for que não esteja conforme com a verdade evangélica e com o espírito de Cristo.

Além disso, a Igreja, que reprova quaisquer perseguições contra quaisquer seres humanos, lembrada do seu comum patrimônio com os judeus, e levada não por razões políticas, mas pela religiosa caridade evangélica deplora todos os ódios, perseguições e manifestações de antissemitismo, seja qual for o tempo em que isso sucedeu e seja quem for a pessoa que isso promoveu contra os judeus.

De resto, como a Igreja sempre ensinou e ensina, Cristo sofreu, voluntariamente e com imenso amor, a Sua paixão e morte, pelos pecados de todos os seres humanos, para que todos alcancem a salvação. O dever da Igreja, ao pregar, é, portanto, anunciar a cruz de Cristo como sinal do amor universal de Deus e como fonte de todas as graças.

Roma, 28 de outubro de 1965
PAPA PAULO VI

ANEXO III
Os doze pontos de Berlim[3]

Como já foi citado nesta obra, o International Council of Christians and Jews (ICCJ) – Conselho Internacional de Cristãos e Judeus – foi fundado em 1947 como reação ao Holocausto. Atualmente, é formado por 38 organizações em 32 países e, recentemente, muçulmanos têm também participado dos eventos da entidade. Os Doze Pontos redigidos em 2009, em Berlim, refletem a necessidade de atualizar o documento anterior, levando em consideração os avanços do diálogo inter-religioso que vêm ocorrendo desde 1947.

O documento divide-se em duas partes, sendo que a primeira traz orientações práticas para cristãos, para judeus e para as duas comunidades em conjunto, envolvidas e comprometidas com o diálogo entre Judaísmo e Cristianismo. A segunda parte do documento trata da história das relações entre o Judaísmo e o Cristianismo, uma relação única no mundo das religiões.

Os objetivos do documento são:

1. Combater o antissemitismo de cunho religioso, racial ou de qualquer outra natureza.

Em relação à Bíblia, destaca-se:

• Reconhecer a identidade profunda de Jesus e de Paulo como judeus de seu tempo e interpretar seus ensinamentos no contexto do Judaísmo do primeiro século.

---

3 FONSECA, Gisa (Org.). *Os Doze Pontos de Berlim e a história da transformação de um relacionamento*. São Leopoldo: Oikos, 2012.

• Enfatizar que as pesquisas acadêmicas recentes sobre os aspectos em comum e a separação gradual entre o Cristianismo e o Judaísmo são essenciais para a compreensão da relação entre judeus e cristãos.

• Apresentar os dois testamentos na Bíblia cristã como complementares ao invés de antagônicos ou inferiores/superiores. Encorajar as igrejas que utilizam lecionários a escolher textos bíblicos que apresentem este tipo de teologia afirmativa.

Em relação à liturgia:

• Enfatizar a ligação entre a liturgia judaica e a cristã.

• Buscar as riquezas espirituais da interpretação judaica das Escrituras.

• Eliminar das liturgias cristãs todas as alusões antijudaicas, principalmente na pregação, nas orações e nos hinos.

Em relação à catequese:

- Na formação dos cristãos de qualquer idade, apresentar de maneira positiva as relações entre judeus e cristãos, valorizando os fundamentos judaicos da fé cristã e descrevendo corretamente como os próprios judeus compreendem suas tradições e práticas; isto inclui os currículos das escolas cristãs, seminários e programas de educação para adultos.

- Conscientizar os cristãos sobre as tradições persistentes de antijudaísmo cristão e propor modelos para a renovação da relação singular existente entre Judaísmo e Cristianismo.

- Ressaltar a imensa riqueza encontrada na tradição, especialmente através do estudo de seus textos sagrados.

2. Promover o diálogo inter-religioso com os judeus:

• Compreender que o diálogo requer confiança e igualdade entre todos os participantes e rejeitar qualquer tentativa de convencer os outros a aceitar as nossas próprias crenças.

• Reconhecer que o diálogo estimula os participantes a fazer um exame crítico da percepção que cada um tem da sua própria tradição e também da tradição de seus parceiros, à luz de um relacionamento sincero com o outro.

3. Desenvolver a compreensão teológica do Judaísmo afirmando a sua integridade específica.

• Eliminar qualquer ensinamento que sustente que os cristãos substituíram os judeus como povo da Aliança com Deus.

• Enfatizar a missão comum de judeus e cristãos na preparação do mundo para o Reino de Deus ou o tempo Messiânico.

• Estabelecer relações de igualdade e reciprocidade no trabalho com organizações judaicas, tanto religiosas como leigas.

• Assegurar-se de que movimentos teológicos emergentes originários da Ásia, África ou América Latina, bem como movimentos feministas, de libertação ou qualquer outro, incluam em suas formulações teológicas a compreensão correta do Judaísmo e das relações entre cristãos e judeus.

• Opor-se a todo esforço organizado para converter os judeus.

4. Orar pela paz em Jerusalém:

• Promover a convicção de que há um parentesco espiritual real entre judeus e cristãos.

• Compreender plenamente o apego profundo do Judaísmo à Terra de Israel como um dado fundamental, e a ligação de muitos judeus com o Estado de Israel como questão de sobrevivência tanto física como cultural.

• Empenhar-se para melhorar as relações entre judeus, cristãos e muçulmanos no Oriente Médio e no resto do mundo.

5. Reconhecer os esforços realizados por numerosas comunidades cristãs no final do século XX para mudar a sua atitude em relação aos judeus.

• Tomar conhecimento destas mudanças através de um diálogo mais intenso com os cristãos.

• Levar em conta as implicações das mudanças realizadas nas igrejas cristãs em relação aos judeus e à compreensão do Judaísmo.

• Informar os judeus de todas as idades sobre estas mudanças, no contexto da história das relações entre judeus e cristãos, e de acordo com o nível educacional de cada grupo.

• Incluir informações básicas e corretas sobre o Cristianismo nos currículos das escolas judaicas, seminários rabínicos e programas de educação para adultos.

• Estudar o Novo Testamento como um texto sagrado para o Cristianismo e também como um texto literário escrito em grande parte por judeus num contexto histórico-cultural análogo ao da primeira literatura rabínica, de modo a proporcionar um olhar privilegiado sobre o desenvolvimento do Judaísmo nos primeiros séculos da Era Comum.

6. Reexaminar os textos e as liturgias judaicas à luz destas reformas cristãs:

• Entre outras coisas, colocar os textos problemáticos em seu contexto histórico, principalmente os que foram escritos quando os judeus eram uma minoria sem poder, perseguida e humilhada.

• Propor reinterpretações possíveis, mudanças ou omissões de partes da liturgia judaica, caracterizadas por um tratamento problemático dos outros.

7. Diferenciar entre a crítica imparcial a Israel e o antissemitismo:

• Apoiar-se em exemplos bíblicos de críticas justas como expressão de lealdade e amor.

• Ajudar os cristãos a compreender que, além da fé e das práticas religiosas, a identidade comunitária e a consciência de formar um povo fazem parte da autocompreensão judaica, fazendo com que a sobrevivência e a segurança do Estado de Israel tenham uma importância muito grande para a maior parte dos judeus.

8. Expressar apoio ao Estado de Israel em seus esforços para alcançar os ideais firmados na sua fundação, que Israel compartilha com muitas nações do mundo.

• Continuar a assegurar a igualdade de direitos para todas as minorias religiosas e étnicas, incluindo os cristãos que vivem no Estado de Israel.

• Chegar a uma resolução justa e pacífica do conflito entre Israel e palestinos.

9. Melhorar a educação inter-religiosa e intercultural:

• Combater toda imagem negativa dos "outros" e ensinar a verdade primordial de que cada ser humano é criado à imagem de Deus.

• Encorajar o estudo mútuo de textos religiosos, para que judeus, cristãos, muçulmanos e membros de qualquer grupo religioso possam aprender dos "outros" e com os "outros".

10. Promover a amizade e cooperação entre as religiões, bem como a justiça social na sociedade globalizada:

• Alegrar-se com a singularidade de cada pessoa e promover o bem-estar político, econômico e social de todos.

• Empenhar-se para garantir igualdades de direitos a todos, independentemente da religião, gênero ou orientação sexual, entre outros pontos.

11. Intensificar o diálogo com entidades políticas e econômicas:

• Colaborar, sempre que possível, com entidades políticas e econômicas para promover a compreensão inter-religiosa.

• Iniciar discussões com entidades políticas e econômicas acerca da necessidade urgente de justiça na sociedade globalizada.

12. Criar uma rede de contatos com todos que trabalham em prol da preservação do meio ambiente.

• Desenvolver a certeza de que todo ser humano é responsável pela preservação do planeta.

• Reconhecer o dever bíblico compartilhado por judeus e cristãos em relação à criação, e a responsabilidade de ressaltá-lo nos discursos e nas ações públicas.

Esta obra foi composta em sistema CTcP
Capa: Supremo 250 g – Miolo: Boivory Slim 65 g
Impressão e acabamento
Gráfica Santuário